发现广东

100个最美观景拍摄地

李栓科　主编

北京联合出版公司
Beijing United Publishing Co.,Ltd.

图书在版编目（CIP）数据

发现广东：100个最美观景拍摄地 / 李栓科主编
. -- 北京：北京联合出版公司，2018.6（2023.11重印）
ISBN 978-7-5596-1999-0

Ⅰ．①发… Ⅱ．①李… Ⅲ．①风景区－介绍－广东
Ⅳ．①K928.706.5

中国版本图书馆CIP数据核字(2018)第081816号

发现广东：100个最美观景拍摄地

主　　编：李栓科
策划编辑：张　婷
责任编辑：楼淑敏
营销编辑：王思宇
责任印制：焦文献
制　　版：北京美光设计制版有限公司

北京联合出版公司出版
（北京市西城区德外大街83号楼9层　100088）
北京联合天畅发行公司发行
北京华联印刷有限公司印刷　新华书店经销
字数：325千字　720毫米×1000毫米　1/16　印张：26.5
2018年6月第1版　2023年11月第7次印刷
审图号：粤S（2018）004号
ISBN 978-7-5596-1999-0
定价：88.00元

目录

如何使用这本书

本书带您深入景色丰富多样的摄影天堂——广东，重新梳理、发掘最美的100个观景拍摄地，帮助您开启一段独特的自助行摄旅途。

标题
表明本节主景点的名称

最佳推荐
表明本节主景点被旅游局重点推荐

地理信息
最佳观景拍摄点的详细方位

最佳拍摄时间
季节和时间对摄影至关重要，此处为相关建议

文字介绍
对本节主景点进行详细介绍

摄影指导
对拍摄手法的详细见解与指导，以供参考

配合摄影指导出现的摄影作品示例

景点相关信息
包括交通、门票、当地风物、节庆、住宿及美食推荐等内容

地图
标明景点方位及其他信息

相关观景拍摄推荐
介绍主景点附近有观景和拍摄价值的景点

图　　例

■ 广州市	省级行政中心	G25 长深高速	国家高速及名称、编号	广济桥	主景点
□ 潮州市	地级行政中心	S12 梅龙高速	省级高速及名称、编号	红花湖	最佳拍摄点
◦ 阳山县	县级行政中心	G205	国道及编号	笔架山	周边景点
◦ 长沙镇	乡、镇级行政中心	S223	省道及编号		
· 三洲村	村庄	X577	县道、小路及编号		拍摄点位于景区内
〜	河流、湖泊（水库）	梅坎线	铁路及名称		
梅江	水系注记		城区主要道路		

序言

广东位于中国大陆南部偏东，地势大体北高南低，境内山脉多东北-西南走向，境内水系呈折扇状、叶脉状向东南入海。

广东的旅游资源极具细节的丰富性。此地岩石性质极为复杂，抵抗外力侵蚀的能力不一，形成的地貌美景也多彩多姿。举个例子，传统的广东四大名山，即因其极具代表性的不同岩石性质，展示着不同的风姿。罗浮山为块状花岗岩构成，浑圆雄伟；由红色砂岩和砾岩构成的丹霞山，峭立如城寨；鼎湖山成于坚硬的石英岩，其瀑布与悬崖令人叹为观止；而宛如海上仙山的西樵山其实是一座由粗面岩构成的古火山。另外，由玄武岩（火山喷出岩）漫流而成的台地，还造就了雷州半岛的诸多美景，湛江市湖光岩景区中的玛珥湖就是一个由封闭式特殊类型火山口形成的火山湖。再次得益于广东境内的火山地质，其火成岩侵入现象集中，地壳多断层，使得此地温泉众多，全省有三百多处天然温泉点。

珠江水系中的西江发源于云南东北部的乌蒙山，经贵州、广西，从梧州进入广东，在肇庆市出羚羊峡后，散为多支，经磨刀门、横门等入海。珠江全长2 129千米，有350千米在广东境内，其年平均流量居全国第二位，仅次于长江。得益于这条短而粗壮的河流，加之充沛的雨量、不透水的花岗岩和变质岩，广东地区地下水位高、河网稠密，经过20世纪60年代的一些水库建设，留给了我们众多的"湖"、"潭"，成为新时期的半自然美景。在广东腹地，大小不一的山间盆地，成为了各山区的经济中心，也发展出了多处著名侨乡，其独特的围屋、碉楼等建筑群落，值得细观。

历史上，广东就是中国对外交流的桥头堡，改革开放以来，它一直引领经济发展，这要部分地归功于珠江三角洲的美丽富饶。面积约1.1万平方千米的珠三角，由西江、北江、东江等河流带来的淤泥在海湾内复合堆积而成，其1/5的面积是丘陵、台地与残丘。错落的岛丘使河水不能随意横流，此地甚至出现了一般三角洲所罕见的峡谷和险滩。前缘岛屿地势较高、数量众多，也使得水道入海口宛如门口，著名的珠江八门由此而生。广东的海岸线风采各异，有湾深堤长的三角洲，更有遍布溺谷和漏斗湾的岩岸，川山群岛、灯楼角等美景都是不可多得的天工造化。

富含营养的浅海环境与适宜的气候，催生了广东多处美丽的红树林。说到红树林，还得提到广东生物资源的丰富，这里有800多种陆栖脊椎动物，7 000多种野生维管束植物……

《中国国家地理》杂志社与广东省旅游局合作发起的寻找广东100个最美观景拍摄点项目，其目的就是把广东的自然之美、人文之美重新梳理，再次隆重地呈现在世人面前。2017年，《中国国家地理》广东特刊的出版，使读者对此地的自然、历史、现状有了清晰的了解；《发现广东》的出版，更是在对广东的深度了解之上，带领读者体验广东之美景。

希望本书能让更多的人了解广东、爱上广东。

因为广东，让人惊喜。

珠三角广府文化区

广州市、深圳市、东莞市、佛山市、珠海市、肇庆市、中山市、江门市、惠州市

广府，是汉族之下的一个民系。一般认为，广府人的先裔以古周人为主，秦汉两代移民后裔广府人，即为广府民系。广府文化是广府民系的文化，以广州为中心、以珠三角为通行范围的粤语文化，从属于岭南文化，在岭南文化中个性最鲜明、影响最大。而广州作为岭南政治、经济和文化的中心，有2200多年历史，被誉为"岭南古都"，是岭南文化和粤语的最早发祥地。

尽管广府历尽沧桑，但其文化独树一帜，使中华民族优秀的文化传统和地方特色在这里交汇传承，同时也独具地方风格与特色，其文化特点对广东社会乃至海外华侨华人至今仍产生着重要的影响。一片有着强韧创造力和吸纳力的沃土，才能产生丰富多元的本土文化。岭南文化是广东这片生命热土上那丛艳丽的花，那树芬芳的果，让人在别有韵味的语音语调中回味不尽。

广府文化旅游区以珠三角为依托，包括珠三角九市。其不仅以广州塔、珠海大剧院之类的大都会特色景观吸引着万千游客，林则徐销烟池与虎门炮台、孙中山故居、长岐古村等人文景观以及南沙湿地、梧桐山、贺江第一湾等自然景观同样也散发着迷人的魅力。又因地处南陲，远离中原，背山面海，北有五岭的独特地理位置，其别具特色的文化内容与地理风貌一直影响着广东地区的社会历史发展，并由此辐射至内地乃至海外。

现在的广府文化区，依托良好的产业基础和快速交通网络体系，重点开发传统优势旅游产品，建设全国旅游创新创意中心、人才智力高地和旅游制造业基地，同时借势港珠澳大桥通车，充分发挥5A级旅游景区集群的辐射带动作用，联动港澳，加强一程多站的城市旅游合作与联合推广，力求将其建设成为宜居宜游的大珠三角优质生活圈，打造成以大都会为特色的中国旅游业现代化、国际化的先行区。

中国第一家中外合作的五星级酒店、第一个高尔夫球场、第一个民营野生动物园、第一个现代化的露天温泉度假村，一个又一个"第一"诉说着这里的前卫；肇庆鼎湖山成为我国第一个自然保护区并首批加入联合国教科文组织"人与生物圈"计划；1号绿道的肇庆段被誉为"中国最美的绿道"，浪漫的情侣路、"岭南第一奇观"七星岩都是其沿途点缀。

此外，广东在全国率先开创了全方位协作、多层面参与的立体化旅游扶贫模式，为我国未来的扶贫事业打开了新思路。而广东国际旅游产业博览会的打造，更是广东旅游业蓬勃生命力的有力见证。

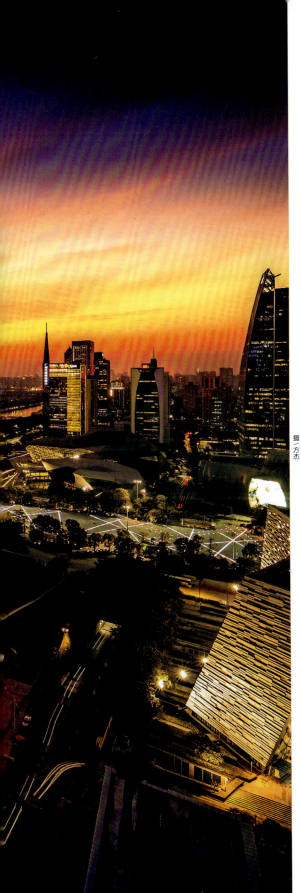

摄／方杰

发现广东：100 个最美观景拍摄地 1

广州塔＋花城广场 ＋省博物馆＋图书馆
新中轴线上的"南国美人"

📍 **最佳观景拍摄点：**
位于广州塔东北侧的猎德大桥
纬度： 23° 06′ N
经度： 113° 19′ E
大地高： 4 米
观看方位： 西偏南

⌛ **最佳拍摄季节：**
全年——"花城"四季长青，珠江全年奔流不息，无论哪个季节，都可以拍摄广州塔的美景。

🕐 **最佳拍摄时间：**
17:00~23:00——傍晚，广州塔沐浴在柔和的夕阳中，身侧的江面浮光跃金，波光粼粼；入夜，塔身的五色灯带环环点亮，流光溢彩。

　　静静流淌了两千余年的珠江与朝气蓬勃的广州城市新中轴线交汇之处，一座高塔从这里拔地而起，古老的历史与时代的气息不仅在它的脚下相会，也在它的身上获得了奇妙的融合。这，就是位列"羊城新八景"之首的广州塔。

　　塔高 600 米，中国第一、世界第三高塔的身份尽情展示着广州塔的峥嵘与自信。不同于一般高塔建筑"下宽上窄"的设计常规，设计师从东方女性的窈窕身影中汲取灵感，显出南国美人的婀娜之姿。

　　广东省博物馆外观设计概念源自广东传统工艺镂雕象牙球。广州图书馆新馆整体外观让人联想起一本翻开的书，两侧的灰白条砖墙幕则融入了岭南特有的骑楼文化元素，造型独特，别具一格。

　　"一座广州塔，俯瞰江与城。" 就像是一位来自岭南水乡的温柔女子，她侧身凝眸，眼前的珠江如玉带蜿蜒，东流入海，江心处的海心沙岛正准备扬帆起航；江的对岸是珠江新城，这片已然崛起的城市 CBD 仿佛总有着无尽的生机……

🍜 **餐饮：**

广州塔内共有四家餐厅，分别为 E 区 106/F 璇玑地中海自助餐厅、105/F 卢特斯法国旋转餐厅、103 – 103A 晖粤轩中餐厅和 –1/F 筷子荟餐厅。其中 106 层的璇玑地中海自助餐厅于 2014 年通过吉尼斯验证，被评为"建筑物中最高的旋转餐厅"，可鸟瞰广州塔周边景色。

📑 **门票：**

室内观光全票 150 元，提前预定或凭学生证可享受 120 元的优惠价。

🌐 **民俗节庆：**

每年春节期间举办的广州国际灯光节，以新中轴线周边景观和珠江夜景为主背景，联动海心沙、广州塔与花城广场，为广州市民与各地游客奉上一场五光十色的灯光盛宴。

🎁 **风物：**

联合书店珠江新城店位于高德置地冬广场 407A，总面积约 1 500 平方米。书店内的空间设计和装修风格都极具现代感。图书、文创、餐饮各区无隔断的跨界布局契合将艺术、文学引入生活的书店理念，书目侧重人文艺术。

🚌 **公共交通：**

地铁 3 号线或 APM 线可直达广州塔下。或乘坐 11 路、262 路、468 路、旅游观光 1 线公交车到广州塔西站，下车即可看见广州塔。公交车票价统一为两元，注意提前准备零钱。

 摄影指导：

1. 居于高处俯拍广州塔，将花城广场、省博物馆、图书馆等建筑也纳入画面，便构成一幅壮美的广州城市景观。

2. 大城市的夜景总是迷人的，拍摄应控制好曝光时间，避免曝光过度或者不足；尽量采用小光圈来增加景深，使整个画面都清晰美丽。当然，三脚架是必需的，多次尝试也是拍摄一张好照片的基本要素。

📍 **周边看点**

海心沙曾作为 2012 年广州亚运会开幕式的主场馆，岛上留存的 1 600 平方米露天水舞台。

花城广场位于珠江新城与新中轴线的交叉地带，与广州塔隔江相望，广场上林木、花草、浮岛湖精心排布，并有约两千米长的步行木栈道，意在打造广州中心的"城市花园"。

发现广东：100 个最美观景拍摄地　**2**

白云山摩星岭
鸟瞰广州风貌

📍 最佳观景拍摄点：

景区最高处可俯瞰广州市
纬度： 23° 11′ N
经度： 113° 17′ E
大地高： 382 米
观看方位： 向东，观看广州市区

🌡 最佳拍摄季节：

夏季

🕐 最佳拍摄时间：

日落时分，太阳在地平线处徘徊，与此同时，城市中万家灯火，自然的壮阔与人间的繁荣在这一刻交相辉映。摩星岭全天开放，所以不必担心无法下山。

作为白云山最高峰的摩星岭地处白云山苏家祠与龙虎岗之间。382 米的海拔高度使此处成为眺望广州市的最佳去处。

康熙年间就有关于白云山的记载，《广东志》在卷首将此山称为"摩星岭"，并点评其为"天南第一峰"。1965 年，朱德同志亲自登临白云山，并留下了"锦绣南天"的题字。山上的另一处题字在门岗 100 米处，"摩星岭"三字镌刻于一块巨石之上，高有 6 米有余，也被称为"吉星石"。虽然作为广州制高点，登临摩星岭难度并不大，从山顶广场开始，仅需一小时左右就可以登顶俯瞰羊城全貌，体验一览众山小的风光。由于山上多雾，经常能够看到鳞次栉比的摩天高楼穿破云雾缭绕的景象，天气晴朗时还可以遥望珠江，或是看到地标性建筑"小蛮腰"。

夏日夜上摩星岭另有一番韵味，路灯的光从树木的阴影中透出来，白日的炎热稍有消散。由于距离市区并不是很远，山上总是能见到很多来消闲的广州市民，或踢毽子，或聚在一起聊天。走在他们中间，听着粤地方言说着一些似懂非懂的家长里短，闹市之外也有了一丝烟火气息。

公共交通：
摩星岭距广州市区较近，多线公交均可到达。同时景区入口较多，注意分辨，通常来讲南门上摩星岭较为便利。

餐饮：
粤菜、早茶、顺德菜。

门票：
白云山门票5元/人，有月票和年票。摩星岭单独收费，另需5元/人。索道上山单程全票25元/人，下山单程20元/人。电瓶车从山顶公园到摩星岭10元/人。

住宿：
白云山景区四周不同价位住宿较多，可以按照自己需求预订。

民俗节庆：
重阳、中秋等传统节日，广州市民常来登白云山赏景。

风物：
广州艺术博物院：博物馆坐落在白云山脚，前身是有着四十多年历史的广州美术馆，院内收藏以中国历代书画作品为基础，特别是以岭南地区的书画作品为重点，藏品种类繁多，覆盖历史久，其中不少为国宝级文物，具有很高的艺术价值和历史价值。
博尔赫斯书店：仅有十多平方米的微型书店，是广州最早的一批独立书店。店内以翻译类作品为主，按照作者姓名字母排列。在当下市场为主的大环境下依然不受所谓的"畅销书"干扰，坚持以自己的态度守住一片单纯的文化空间。

摄影指导：

1. 摩星岭是白云山的最高峰，也是广州市的制高点。可以利用广角镜头来拍摄广州全城的风貌，白云山的一些植被能够作为前景；也可以利用长焦镜头抓取广州市某一部分高楼林立的建筑群来表现广州的繁华。如果既想要特写的建筑群，又想要比较大的画面来加强效果，可以采用拼接的手法，此时三维云台的使用能大幅增加接片的质量。

2. 当然，在白云山摩星岭拍摄日出日落也是很好的选择。三脚架能让画面稳定，小光圈让画面清晰，渐变镜或者黑卡能够让画面整体曝光平衡，最后加上反复的尝试，一定能拍出不错的照片。

摄／梁亦青

📍 周边看点

白云山

白云山是南粤名山之一，分为明珠楼游览区、摩星岭、鸣春谷、三台岭、麓湖、飞鹅岭以及荷依岭七个游览区，各个景点之间可以乘坐电瓶车，是放松休闲的首选去处。

Moxing Summit

摄／陈明辉

摄／陈明辉

摄\陈汉添

发现广东：100 个最美观景拍摄地 3

流溪河水库
北回归线上的绿色明珠

📍 最佳观景拍摄点：
水库东南部的五指山上
纬度： 23° 44′ N
经度： 113° 46′ E
大地高： 127 米
观看方位： 西偏北

⌛ 最佳拍摄季节：
12 月～次年 1 月——秋冬时节的流溪河水库，红叶绚烂似火，白梅胜雪傲霜，鲜艳的色彩映衬得湖面越发澄澈，呈现出如蓝宝石一般醉人的颜色来。南国冬短，红叶香雪的观赏期也较短暂，需把握时机。

🕐 最佳拍摄时间：
15:00~17:00——金色的夕阳与漫山红叶最为相配，下午的光线折射也有助于拍摄出碧蓝的水面。

位于广州市从化区北部与良口镇相连处的流溪河国家森林公园，就像一颗美丽的绿色明珠镶嵌在北回归线上。森林公园的中央是流溪河水库，当地人也称其为流溪湖，是这颗"绿色明珠"最璀璨的精华所在。

水库建于 20 世纪 50 年代末，总面积 1 146 公顷，蓄水量达 3.6 亿立方米，水深最深处近 80 米，集防洪、灌溉、发电、养殖、旅游于一身，是广州地区唯一的大型水库。旖旎风光吸引了大量的名人墨客，陈毅曾先后五次游湖而不厌，更写下了"评比岭南风物，景色此间多"的盛赞之辞。

走进景区，只见碧波万顷的湖面上分布着 22 座大小岛屿，岛上植被茂盛，郁郁葱葱。水库的东南部耸立着数座高峰，其中鸡枕山海拔 1 147 米，是广州地区第二高峰。群山之巅俯瞰，湖似青玉镜，群岛如翡翠点缀其间，恰似"大珠小珠落玉盘"；湖上远眺诸峰，山行云雾间，"远山时明灭"。湖光山色，俨然天成。只有水库大坝的存在还提醒着人们，这幅美丽的风光画卷原来竟是"高峡出平湖"的人工结晶。

🚌 **公共交通：**

从广州出发，可在市站、广园站等汽车客运站乘坐广州往从化的班车，到达从化客运站后转乘街口—森林公园空调大巴直达公园门口。或在从化汽车站公交车站乘坐从化12路（吕田线）公交车，到广州流溪河林场森林公园站下车。公交车分段计费，到森林公园票价4元。

🍵 **餐饮：**

景区周边有许多农家乐，可以品尝从化的本地美食。水库鱼、山坑螺、山水豆腐、红葱头鸡都是推荐菜品。

🎫 **门票：**

流溪湖景区门票全价40元，学生证享受半价优惠。湖上游船和五指山景区需另外购票。

🏠 **住宿：**

流溪湖水库距离从化市区约30千米，景区内有别墅、山庄、商务酒店等不同规格的住宿，价钱比景区周边和市区略高，但胜在环境优美，游玩方便。离景区较近的溪头村等村落也有农家乐和山庄可供住宿。

🌐 **民俗节庆：**

每年12月中下旬至次年1月底，流溪河国家森林公园都会举办"梅花节"和"红叶节"，吸引游客前来赏景游玩。至2017年"流溪梅花节暨流溪红叶节"已开办至第十五届。

🎁 **风物：**

从化地区是广州有名的水果之乡，盛产荔枝、龙眼、砂糖橘、柿子、三华李、青梅等水果。流溪河森林公园出产的流溪茶叶、流溪蜂蜜、流溪话梅更有"流溪三宝"的美名。

摄影指导：

1. 可以在水边拍摄美丽的湖光山色。选择石头、草木等作为前景，以远处的山峰为背景，拍摄一幅绝美的自然画卷。水库的颜色可以说是点睛之笔，平白无奇的颜色会使整个画面看起来很普通。建议在天气好的时候拍摄，蓝天白云倒映在水中，给人无限遐想。当然，日出日落时的光线也能给水库带来别样的色彩，值得拍摄。

2. 也可从高处俯拍流溪河水库，有条件的话还可以进行航拍。此时建议使用广角镜头来表现整个流溪河水库的风貌。

3. 给画面增加一些趣味点可以使画面看起来更加有生机。水面的船只、山道的车轨等都是可以纳入画面的元素。

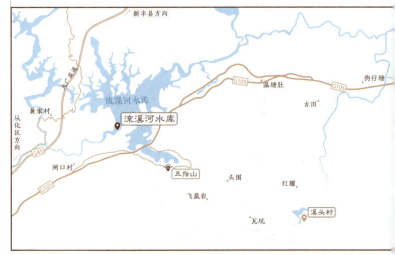

摄/邓爱良

摄/邓爱良

摄/陈鸿瑁

📍 **周边看点**

溪头村

距离流溪河国家森林公园十几分钟车程的鸡枕山脚，坐落着"广州最美乡村"溪头村。这座小山村没有流芳千古的名胜古迹，也没有珍稀的奇花异草，却凭着原生态的景观和淳朴的乡情让无数游客流连忘返。溪头村是流溪河的发源地之一，既有鸡枕山、溪源幽谷、黄茶园等自然风光，也有古朴的村落民居。村子与鸡枕山间是村民种植的大片果园，每年 3~4 月李花开时，漫山遍野如白雪皑皑，美不胜收。

摄/陈伟坚

发现广东：100个最美观景拍摄地 4

荔枝湾
老西关的"清明上河图"

📍 最佳观景拍摄点：
广州市司法大楼（龙津西路158号）楼顶
纬度：23°07′N
经度：113°14′E
大地高：13米
观看方位：向西

🏆 最佳拍摄季节：
5月～次年2月——拍摄时最好选择晴天。

🕐 最佳拍摄时间：
16:00~22:00——夜晚正好拍摄"桥心月色灿流霞，桥外东西有人家"的荔枝湾夜景。

走过恩宁路的大屋骑楼，穿过老城区的窄街旧巷，一湾碧水豁然于眼前。曲折蜿蜒的水道上拱立着五座廊桥，湖光如镜，倒映出桥身倩影；两岸古树嵯峨，绿叶浓荫掩映着青砖白墙。这条浅浅的水湾，就是荔枝湾；这幅充满水乡风致的美丽画卷，就是荔枝湾的核心景观"碧溪五渡"。

如果说广州塔是羊城的新名片，那么荔枝湾便承载着广州的旧时光。这里曾是广州最繁华的商贸中心，"十里红云，八桥画舫"，素有"小秦淮"的美名。这里也曾是最典型的岭南水乡，大小河涌交织成网，白荷红荔五秀飘香，"荔湾渔唱"的清歌自西汉初响，至明清而盛，直到20世纪中才随着城市的变迁而逐渐没落。荔枝湾的小桥流水、绕岸垂榕，河上

人家的桨声灯影、艇仔粥香，河边老街的西关大屋，满洲窗、木趟栊……一草一木、一砖一瓦，都深深地印在广州的城市记忆里，凝成老广州人挥之不去的"西关情结"。

荔枝湾曾因水质污染和城市发展所需被填埋覆盖为城市道路，今日所见荔枝湾，是故道复流。花舫又穿梭在河道之上，大戏台传来咿咿呀呀的粤曲，两岸的红灯笼挑亮了水色，各式酒旗和往来行人给宁静的水湾带来热闹生机。尽管无法再现河涌交通、红荔满枝的古时原貌有些遗憾，但重新流淌在车水马龙都市中央的这湾浅水仍然向世人展现了千年羊城人水共荣的独特文化生态，伴着市井街坊的温情气息，演绎出一卷又一卷属于老西关的"清明上河图"。

荔枝湾地区还曾是清朝广东十三行的重要分布区域，见证了广州城的贸易发展史。现在的荔湾湖公园内还有广州十三行博物馆，丰富的馆藏充分展现了当时广州的贸易盛况，是广州"千年商都"美名的重要历史见证。

荔湾湖地处闹市区，被高架路包围的荔湾湖公园闹中取静，河涌两岸广植榕树、樟树、荔枝树等热带树种，四季常绿。即便夏日广州炎热难耐，荔枝湾一带仍有市民外出休闲散步。

早上沿着荔湾湖晨跑后，去附近的粤式茶楼点上"一盅两件"茶点，在满足味蕾和留恋南国美景的同时，也能感受到广州人生活的惬意与舒适。

摄／陈汉添

🚌 **公共交通：**

乘坐公交到多宝路口或泮塘站，步行约 5 分钟；也可乘坐地铁 5 号线到中山八路站 D 出口，或 1 号线到长寿路站 E 出口，步行约 10 分钟。

🍵 **餐饮：**

泮溪酒家位于荔湾湖畔，是广州三大园林酒家之一。荔枝湾沿岸也有诸多小吃摊档，荔湾艇仔粥、泮塘马蹄糕都是特色。

🏛 **民俗节庆：**

荔湾大戏台有不定期粤曲表演。此外有春节水上花市、元宵灯会、三月三北帝诞庙会和端午节赛龙舟。

🎁 **风物：**

泮塘五秀是指古时荔枝湾一带广泛种植的五种水生植物，分别为莲藕、马蹄、菱角、茭笋、茨菇。流传至今，人们大多知晓的是泮塘马蹄，这里的马蹄以清甜无渣出名，做成的马蹄糕、马蹄露也晶莹剔透，格外爽脆滑口。

西关铜艺始于 19 世纪中期，是国家级非物质文化遗产。手工打铜铺曾在西关一带遍地开花，但手工铜器的黄金时代随着西关的衰落一同逝去，时至今日只有恩宁路上还开有打铜铺面。

荔湾博物馆馆址前身是陈廉仲公馆，1993 年被列入广州市文物保护单位。公馆原为西洋别墅与中式园林结合的建筑体，辟为博物馆后，在原馆址东侧又加建了一栋复原的西关大屋，以展示广州传统民居建筑结构和西关民俗风情。

宝山书屋开在长寿路的一间典型西关民居里，店面虽小，却藏书逾万，从 1985 年开办至今三十余年，全靠店主苏伯一人打理。店内收书主要为中医和文学书籍，看书议价，只售不租。

摄影指导：

1. 荔枝湾很大，既可以居高拍摄全景，也可以身临其中拍摄近景。全景拍摄需要找到一个好的角度，将整个荔枝湾拍摄下来，可以用广州的高楼作为远景，田园和城市的对比使画面的层次感更加鲜明。

2. 荔枝湾内可拍摄的景致非常丰富。河上的游船、熙熙攘攘的人群、街道、古典的建筑房屋和节庆活动等，都是可以进行风景拍摄或者人物写真的好元素。拍摄这些局部景致时，尽量不要纳入周围的高楼，使整个画面看起来更加和谐。

恩宁路

诞生于 1931 年的恩宁路，位于荔湾区的中心地带，东起宝华路与上下九毗邻，西北至多宝路与荔枝湾相接。这条老街曾是西关最繁华的地方，鼎盛之时街面可并行八顶大轿，一时风光无二。现在的恩宁路已不再是城市主道，但历史仿佛凝固在了这里。一条短短 700 米的街道，浓缩了八和会馆、金声电影院、詹天佑纪念馆、李小龙故居等十几处文物古迹，道路两旁连绵不断的骑楼群更是尽显旧时风情。

上下九

上下九步行街是广州三大传统繁荣商业中心之一，也是西关特色最浓郁的一条商业街。步行街全长 1 237 米，东起上下九路，西至第十甫路，贯穿宝华路、文昌路两条横街。街道两侧店铺鳞次栉比，商品琳琅满目。步行街上更散布有数十家大小食肆，其中既有陶陶居、广州酒家等大型茶楼，也有陈添记鱼皮、欧成记云吞面等以西关特色小吃闻名的小店，是享誉广州的美食一条街。

摄｜蓝远峰

发现广东：100 个最美观景拍摄地 **5**

南沙湿地
冬季观鸟圣地

📍 最佳观景拍摄点：

乘观景船进入湿地内部
纬度： 22° 36′ N
经度： 113° 38′ E
大地高： 0 米
观看方位： 乘船观看

⏳ 最佳拍摄季节：

夏季、冬季

🕐 最佳拍摄时间：

景区营业时间为 09:00~18:30，可以选择临近开门或关门的时间，此时游人较少，过多的游客会惊扰水鸟。

　　被称为"广东最美湿地"的南沙湿地位于广州市最南端，亦是广州市最大的一块湿地。此处原先是珠江入海口处的一片滩涂地，因常年有候鸟经过，经合理改造之后成为了湿地公园。除了候鸟以外，越来越多的本地鸟类也选择在园中定居，因此这里成为了鸟类摄影爱好者的必来之地。

　　园内开凿的将近 25 千米的曲折小河形成了一段曲水迷宫，夏季穿行其中，荷叶下常有小鱼游过，也可以租借一辆自行车在林荫道上穿行。

　　冬季是观鸟的最佳时间，而南沙湿地公园正是候鸟从西伯利亚到澳大利亚迁徙线上的中转站，有 24 种、上万只鸟类在此栖息觅食，其中包括非常珍稀的黑面琵鹭、白琵鹭、黑翅长脚鹬等品种，湿地温暖的气候和舒适的环境吸引它们在此落脚歇息。游客可以乘坐游船进入湿地深处。观赏候鸟需要耐心和运气，屏息静气在两侧的芦苇荡深处寻找鸟类的身影，聆听远处不时传来翅膀拍打水面的声音，每只出现在视野当中的鸟类都会引起船中一小串压低了嗓门的赞叹。湿地中同样种植了大片的红树林，泛舟于其中可以观赏其独特的生态系统，感受"曲水芦苇荡，鸟息红树林，万顷荷色美，人鸟乐游悠"的惬意画面。

🚌 **公共交通：**

平日：地铁 4 号线蕉门地铁站下，
转南沙 2 路在新垦站或百万葵园站
转南沙 11 路到达南沙湿地游览区。
节假日：地铁 4 号线蕉门地铁站下，
转南沙 23 路直达南沙湿地游览区。

🍜 **餐饮：**

在十九涌海鲜市场可以品尝刚刚打
捞出的海鲜，各种品种应有尽有。

🏷 **门票：**

湿地公园门票 50 元 / 人，船票（含
门票）150 元 / 人，也可进园后单
独购买船票，价格为 100 元 / 人。
平日游船整点发船，节假日根据人
流，即满即发。单车：单人 10 元 / 小时，
双人 20 元 / 小时，电瓶车：10 元 /
人 / 两程。

🏠 **住宿：**

最近的村镇为新垦镇，可以提供住
宿；也可住在广东市区内。

📷 **摄影指导：**

选择舒适、颜色靠近自然环境色的长裤长袖、帽子。过于鲜艳
的穿着会让鸟儿受到惊扰。拍摄时使用自然光，不可用闪光灯，
以免惊扰水鸟。注意保护水鸟的栖息环境。

📍 **周边看点**

南沙湿地荷塘

南沙湿地荷塘位于广东省最大的湿地公园——南沙湿地公园内。荷塘中种有上千亩荷花，其中引进了牡丹荷、江溪红莲、五色睡莲、香睡莲等近百个品种的荷花、莲花。夏季一到，一望无际的荷塘内的荷花随着荷叶徐徐起舞，还有小鱼悠游其中，成为夏日里绝美的风景。

摄—陈汉添

余荫山房
独具匠心的园林瑰宝

📍 最佳观景拍摄点：

闲趣亭内，面向文昌阁
纬度： 23° 0′ 52″ N
经度： 113° 23′ 23″ E
大地高： 14 米
观看方位： 西偏北 17°

🏺 最佳拍摄季节：

夏季 6 月~7 月——紫薇绽放，花团锦簇，与
庭院相互掩映。

🕐 最佳拍摄时间：

16:00~18:00，落日余晖，彩霞当空，妙不
可言。

余荫山房，又称余荫园，位于广州市番禺区南村
镇，是岭南四大古典私家园林之一。占地三亩的余荫
山房，完美继承了岭南园林特有的小巧玲珑的艺术风
格。一隅方圆之间，水榭楼台、树木花草搭配得有条
不紊，不愧为岭南园林小型宅院的代表作。

余荫山房始建于清同治六年［1867 年，一说为
五年（1866 年）］，为举人邬彬所建。作为番禺南
村邬氏的第廿三世的邬彬，为纪念先祖，感激承蒙福
荫，故取"余荫"作为园名，旧时所在的南村镇名为
南山，又怀着一片冰心，以"山房"命名，成就了这
隐居之所。

余荫山房园内包含两大景区，一是南部的旧园区，
二是扩建的文昌苑景区。旧园区保留了古时的遗韵，
红雨绿云、浣红跨绿廊桥、深柳藏珍是园内三大景观，
深柳堂、临池别馆、卧瓢庐、玲珑水榭是园内四大建
筑。以旧时园主用于会客的深柳堂为主，四周向外延
伸了桥廊、书斋、庐舍等；新园区则融合了现代的造
园技艺与岭南园林的特色。碧波荡漾的池水中，闲适
的鸭儿成群结队绕池悠游，金色的锦鲤在水中摇曳，
微风拂面，岁月静好，在耳畔，仿佛听到邬公颇具意
味的感叹，"愿集名流笠屐，旧雨同来，今雨同来"。

🚌 **公共交通：**

余荫山房位于广州地铁 7 号线板桥站附近，出站后需步行 20 分钟。如不想步行过多，可在地铁 7 号线员岗站下车，出站后搭乘公交番 30 路到达余荫山房总站下车。

🍵 **餐饮：**

老广州好吃鸡，讲究——"无鸡不成宴"，白切鸡、文昌鸡、盐焗鸡、花雕鸡……各大酒楼几乎都有以鸡为主料的招牌菜。

🎫 **门票：**

门票全价 18 元，团购价格为 15 元，需提前一天在携程上预约。学生票 9 元。身高 1.2 米以下儿童、65 岁及以上老人免门票。

🏠 **住宿：**

余荫山房位于番禺区南村，如想入住高档连锁酒店，需回到市区，附近便捷酒店较多，可自由选择。

🏮 **民俗节庆：**

五月初五端午节之际，除了熟知的龙舟赛，在水道密布的番禺等地，会有"龙船景"表演活动。每逢端午时节，水乡中龙舟披红戴绿，尽情展现着各个村镇的独特风貌。

🎁 **风物：**

沙湾姜汁撞奶（位于余荫山房内）：姜汁撞奶起源于番禺，是当地的传统甜品。余荫山房内的这家姜汁撞奶现磨现做，坐在窗旁，吃一碗姜汁撞奶，眺望远处文昌阁，惬意。俗话说，广州有三件宝：烧鹅、荔枝、凉茶铺。烧鹅当属裕记和深井；荔枝可在成熟季节去从化、增城采摘；凉茶铺遍布大街小巷，所谓民谚"凉茶铺多过米铺"。

摄影指导：

1. 光线的把控在拍摄园林时显示尤为重要，不论是白天还是夜晚，把握光影和冷暖的对比，能很好地表现出园林的宁静舒适。

2. 余荫山房中有亭台楼阁、堂殿轩榭、桥廊堤栏、山山水水等众多景致，构图时切记不要让画面看起来太乱，要突出主体，尽可能去掉不必要的元素。

3. 利用构图和光影，园林中有很多细节都能拍摄出很好的意境。但在拍摄较大场景的画面时，应避免人物的乱入。

📍 周边看点

莲花山旅游区

莲花山旅游区距离余荫山房约 17 千米。莲花山风景区是一处有着距今 2000 多年历史的世界规模最大的古采石场，自西汉初年到道光年间，此地一直有进行采石活动。典型的丹霞地貌和海蚀地貌与古代人类的采石活动留下的痕迹，造就了莲花山内奇伟的景观。

摄／邹梓轩

发现广东：100个最美观景拍摄地　**7**

广州大观湿地
城中绿肺

📍 最佳观景拍摄点：
湿地内部使用无人机进行鸟瞰拍摄
纬度：23°10′N
经度：113°24′E
大地高：29米
观看方位：向西

🏺 最佳拍摄季节：
夏季，此时湿地的水体植物最为茂盛，同时还有荷花盛开，最适合拍摄。

🕐 最佳拍摄时间：
17:00~18:30

在寸土寸金的广州天河区，湿地原址是一处年久破败的水塘，早年未开发前，村民引水塘水灌溉，后来城市发展挤占农田，水塘变得黑泥淤积、杂草丛生。政府考虑过将该地填平建楼，但是后来经过多方论证，还是选择了湿地改造方案。

2013年起，湿地开始改造，2016年，改造基本完成。现在已经形成了净化城市水体，汛期防洪泄洪，居民休闲观光的多功能景观区。湿地内种植了诸多净化水体的绿植，为城市增加了一抹绿意的同时，调节了局部小气候，城市绿岛释放的氧气也让居民受益。与此同时，由于市政建设，地表的自然排水系统被破坏，大观湿地在雨季汛期能集纳雨水，既能防止城市内涝，也定期补充了城市地下水，湿地内的一个个水塘，也被比作"海绵泡"。

作为一个现代化的人造湿地景观，大观湿地还在细节之处凸显着设计者的用心，因为地势不平，大观湿地设计成了错落有致的多级水体，水体可以由高到低流下，增加了湿地的景观多元性；同时，湿地的地砖选择了渗水砖，有着表面不积水，吸入的水易蒸发的特点。

现在，湿地已成为广州这座大城市市民闲暇时间可供选择的郊野胜地，同时也是城市绿色发展理念最好的见证。

摄影指导：

1. 广州大观湿地有着得天独厚的自然环境，随处可见的花花草草、树木水体等，都是可以特写拍摄的元素。

2. 由于湿地面积很大，运用航拍的技术或许能得到意想不到的视角，运用镜头去切割出让人眼前一亮的作品。

🚌 **公共交通：**

可乘地铁 6 号线到高塘石站，然后转公交或者步行到达大观湿地公园，交通十分便利。

🍵 **餐饮：**

景区附近有不少农家菜馆，同时也有大型酒楼，能满足不同口味需求。

🏷 **门票：**

免费。

🏠 **住宿：**

因景区位于广州市区，所以各类住宿均可选择。

摄／余志瑺

摄／晓冲

摄／余志瑺

📍 **周边看点**

火炉山

临近大观湿地的另一处城市郊野公园，因山峰形似火炉而得名，以山景著名，十分适合户外锻炼和亲子出游。

摄／邓梓轩

莲花山古采石场
鬼斧神工造就绝壁千寻

📍 最佳观景拍摄点：
从燕子岩下的小径仰观高大参差的石壁，配合从中折射出来的光线，两岸巨石仿佛摇摇欲坠，令人胆战心惊，感受到自身的渺小。

纬度： 22° 59′ N
经度： 113° 30′ E
大地高： 5 米
观看方位： 整个采石场由北向南绵延，大部分山体面朝东方。

⧗ 最佳拍摄季节：
夏季

🕐 最佳拍摄时间：
7:00~9:00

摄／陈碧信

　　许多人在步入西汉南越王墓的遗址时曾感叹于墓中巨石累叠所造就出的恢宏气势，而那些巨石就来自于距此不远的莲花山古采石场。此处被称为古采石场，是因为其开凿年代可以上溯到距今 2000 多年前的西汉初年，同时此处也是我国境内最为古老的一处非金属矿采矿场，整座莲花山共 40 余座丘陵都是可供开采的对象。山体经过几千年开矿的切削变得瘦削锋利，露出丹霞地貌特有的红色砂页岩纹理，甚至比华山还要奇崛，乍一看让人不由得想起西南地区的石林。但是这里每一划刀刻斧凿的痕迹都代表了古代先民的智慧和勇气。

　　采石场中最大的切割痕迹近 40 米高，平均高度也达 25 米，切面光滑平整。在生产工具尚不发达的古代，这样巨大的工程是如何完成的，令人感到不可思议。为了运送这些石料，古代工匠甚至开山凿路，在山体上辟出一道门，来使它们通过。有些凿出的薄壁在其高度的对比下显得仅有一掌薄厚，当光线在这些薄如蝉翼的石墙间穿过时，赤红色岩壁上明暗交织，画面丝毫不逊色于美洲的羚羊谷。

🚌 **公共交通：**

先乘坐广州地铁 3 号线到市桥站或地铁 4 号线到石碁站，再转"市桥—莲花山"的汽车，即可到达莲花山。或从广州的汽车站乘坐汽车到番禺市桥后，再转"市桥—莲花山"汽车便可到达莲花山。

🍵 **餐饮：**

可以品尝以莲蒂、莲蓬、莲子、莲藕、莲叶等制作成的特色菜肴。姜汁撞奶也是地道的当地小吃，将生姜汁和蜂蜜放入水和牛奶中，甜中带有一丝辛辣，鲜嫩可口。

🎫 **门票：**

人民币 54 元 / 位；团体票 30 人以上九折，100 人以上八折；车辆上山费 20 座以上客车、大型货车：35 元 / 辆；小车：30 元 / 辆。

🏠 **住宿：**

广州莲花山岭南佳园度假酒店：紧邻莲花山，交通便利，可以提供单人房住宿，是价格实惠的五星级度假酒店。

由于采石场距广州市区并不算远，可以当天来回，也可选择住在广州市区内。

🎪 **民俗节庆：**

旅游区每逢新年和与观音菩萨相关的重大节日有庙会活动，可以前去祈福许愿。

📷 **摄影指导：**

1. 夏季山中树木葱翠，池水丰沛，而且空气也更为通透，更容易拍摄出石壁、池水、光线互相折射的效果。

2. 由于大量山体向东，建议上午拍摄，这样不会造成逆光，并且清晨光线角度较低，便于拍摄阳光打在石壁上的景色。

周边看点

莲花塔

莲花塔高九层，内为十一层，塔身曾经历数次战火，但仍然屹立不倒。古时从水路南下，当看到此塔时便表明已经进入广州，也因此莲花塔被称为"省会华表"。游客可以买票进入塔内，踏着青石板螺旋而上，登高远眺，最远可以望到林则徐烧毁鸦片的虎门地区。

莲花寺

莲花寺与莲花塔仅隔百米，寺内供奉有千手千眼观音、圣观音等多座神态各异的观音菩萨像，香火旺盛，传说极为灵验。

燕子崖顶端的观景亭

漫步于采石场中，沿路会看到许多飘满浮萍的水潭，这其中大部分并非天然形成，而是采石之后留下的坑道积水而成。燕子崖便直伸入这样的一处水潭中，登上位于燕子崖顶端的观景亭，四下的石柱石屏一览无遗，人类的巧夺天工与自然的雄浑壮阔尽收眼底。当年的工匠劈山取石之时，不知可曾想到，那些被开采的石块，或深埋于地下，或湮灭于历史当中；而这些无名匠人留下的痕迹，却最终成为奇观存留于世，不断地被后来人瞻仰、赞叹。

摄／陈冲

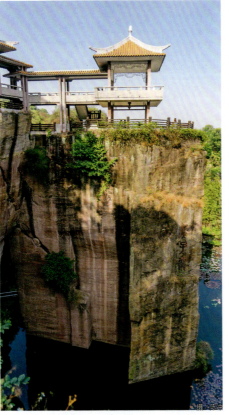

摄／陈冲

摄 — 陈冲

发现广东：100个最美观景拍摄地 **9**

天后宫
坚守的信仰 心灵的方向

📍 **最佳观景拍摄点：**
景区内的南岭塔
纬度：22° 45′ N
经度：113° 36′ E
大地高：15 米
观看方位：自南岭塔向东南方向，俯瞰天后宫和伶仃洋。

⏳ **最佳拍摄季节：**
春季和夏季都是十分适宜拍摄的季节。农历三月廿三的妈祖诞，两岸的信众们从各地前来朝拜，场面壮观。夏季，大角山草木葱茏、圣像前香烟弥漫，是一幅超凡脱俗的景象。

🕙 **最佳拍摄时间：**
上午十点左右，是最舒适的时光，阳光正好、视野清晰、色彩明丽，适宜拍摄远景和风光照。

在岭南，妈祖被称为"天后"或"天妃"，是坚强勇敢的象征，是能庇佑海洋儿女平安健康的海神。为传承妈祖信仰，广州南沙区建立了东南亚最大天后宫，在其广场正中央，由365块花岗岩做成，高14.5米的天后圣像面朝大海、巍然耸立。

南沙天后宫前为天后宫广场，后为宫殿建筑群，两者之间以双数的长阶梯相连，建筑群依山而建，以天后像为中轴对称、高低错落排列，集北京颐和园和南京中山陵的建筑特点为一体，气势宏伟庄重，被誉为"天下天后第一宫"。

蹈海天后、四海龙王供奉在献殿，天后宫的中心——正殿，则供奉着3.8米高的天后像和八尊陪神。正殿内的陪神是天后宫的首创，他们原先都是宋、元、明、清四朝中与天后有密切关系的文臣武将，在历史的变迁中，和天后一样，发生了从人到神的转变，为妈祖信仰添上一笔真实又缥缈的神话色彩。

登上南岭塔，整个南沙天后宫尽收眼底，朝广场中央天后圣像的方向眺望海洋，这座塔就是天后的指向塔，有天后在的这片土地就是人们的根。

🚌 **公共交通:**
可乘广州地铁 7 号线到大学城南换
乘地铁 4 号线到金洲地铁站,转乘
公交车南沙 4 路直达天后宫东门,
或乘南沙 5 路到天后宫西门。

🍵 **餐饮:**
要吃海鲜和各式水果,就要到南沙
十九涌。在这里的农贸、海味街上,
随处都是新鲜肥美的海鲜和味美价
廉的热带水果。买了海鲜可到路边
大排档进行加工,加工费一般在
15~20 元一位。

🏷 **门票:**
成人票 20 元。全日制学生(研究
生除外)凭学生证享半价优惠。注
意各大网络平台卖的都不是门票,
是景区导览、讲解票。

🏠 **住宿:**
南沙天后宫 1994 年由祖籍广东的
霍英东出资重建,2001 年霍英东
基金会又投资兴建了广东第一家港
商独资的五星级酒店——南沙大酒
店。酒店就在大角山后方不远处,
有海景餐厅、海景房和几万平方华
丽的大花园。

🏮 **民俗节庆:**
每年农历三月廿三妈祖诞,在南沙
天后宫都会举行盛大的祭祀活动。

🎁 **风物:**
以广州为中心的珠三角民间刺绣简
称"广绣",为中国四大名绣之一。

摄影/陈冲

 摄影指导:

1. 天后神像是天后宫的象征,也是最能表现天后宫的拍摄元素。
拍摄时建议把天后神像放在画面居中的位置,以表现出她的重
要地位。前景可以选择前来上香的信徒,背景则建议选择天后
宫气势巍峨的建筑来进一步衬托天后神像。

2. 天后宫的人文活动和其周围的大海等自然风光也是可以拍摄
的素材。

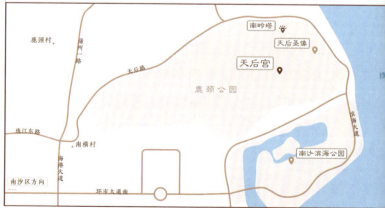

周边看点

南沙滨海公园

南沙天后宫出正门右拐不远，就是南沙滨海公园。这里是广州唯一的亲水公园，植被茂盛，亚热带植物有一百多种；眼睛形状的万人观海广场，可观无敌海景；首个人造城市海滩，人在大都市，也能享受海边的休闲与浪漫。

摄／陈冲

摄／陈冲

发现广东：100 个最美观景拍摄地　**10**

沙面
民国缩影，风云变幻

📍 **最佳观景拍摄点：**
全景区
纬度： 23° 06′ N
经度： 113° 14′ E
观看方位： 四面皆可

⚱ **最佳拍摄季节：**
沙面作为人文景观并不受季节限制，可谓一年四季都是最佳拍摄时间。但总体说夏季较为炎热且为旅游旺季，如需避开人流请选择春秋出行。

🕐 **最佳拍摄时间：**
周末沙面人流量较大，建议避开。

　　沙面是珠江冲积形成的沙洲，因此得名沙面，地处广州市市区西南部，面积不过 0.3 平方千米，大街小巷不过 8 条。

　　没想到这个貌似平平无奇的小岛却成了民国时代的缩影。沙面自宋朝开始便成为了中国内外通商的重要港口和游览胜地。由于其优越的地理位置，鸦片战争伊始就遭到列强觊觎。《天津条约》签订后，沙面沦为英、法租界，由此开始了它新的生命阶段。

　　19 世纪末 20 世纪初，沙面租界基本成型，从领事馆到商行、从教堂到电报局，这里一应俱全。此时，岛上基本上已没有了中国人的踪迹。这里的建筑多采用模仿西方文艺复兴的手法建造，法国东方汇理洋行、英国圣公会都采取了这种手法，建筑雄伟严谨。或采折衷主义，不讲固定法式，只要求比例均衡、线条流畅，沙面英国领事馆就是其代表建筑。此外还有殖民地式、仿哥特式等，具有极高的美学价值和建筑价值。

　　历史的车轮不断前进，现在沙面已成为广州市的一个重要地标。时代不只给了中国带来了伤痕，也带来了进步。闭关锁国的打开为中国也带来了新的浪潮。在历史长河中，一声叹息。

🚌 **公共交通:**

广州市内可乘广州地铁 1 号线黄沙站 F 出口下,地铁 6 号线文化公园 A 出口下。或乘公交 1、9、57 等在六二三路下,也可坐公交 81、102 等在文化公园站下。或乘水上巴士 1 在西堤码头下即可到达。

🍚 **餐饮:**

沙面小岛上现已十分现代化,岭南餐馆、咖啡店、特色主题餐厅一应俱全,从法国鹅肝到冰岛生蚝,极尽享受。漫步其间,不如找个地方坐下小憩,充分感受沙面民国时期建筑中焕发出的新的生机。

🏠 **住宿:**

豪华型住宿推荐广州白天鹅宾馆、广东胜利宾馆,闹中取静,品味奢华。

经济型住宿推荐广东沙面宾馆、广东鹅潭宾馆,二者均历史悠久,沿袭了英法建筑风格,且虽历史悠久却干净如新。服务到位,位置优越,价格适中,实属优选。

🏛 **民俗节庆:**

沙面的教堂每到圣诞节会用装饰在圣诞树上的彩球装饰在教堂外的围栏上,虽然没有圣诞树却也别具一种圣诞气氛。

🎁 **风物:**

广州的风物来源于它的历史,跟随苏轼的足迹到莲香楼,从沙面到珠江新城 CBD,广州市的小清新与大繁荣熔铸在它的历史积淀中,沉积在它的城市气质里。在这里,传统与现代交融,传统文化与外国文化碰撞,激荡出了灿烂的火花。

摄影指导:

1. 沙面之前是租界,很多欧陆风情建筑,银行、领事馆等建筑都见证了广州近代史的变迁。利用树木、街道牌、雕像等作为前景,拍摄沙面建筑的风情,光影的变化更能凸显出其历史感。当然,拍摄夜景也是不错的选择。

2. 航拍整个沙面或许是一个不同寻常的角度。将整个沙面、周边的珠江和远处的广州市区高楼纳入画面,表现出沙面整个的风貌以及在广州这个大都市映衬下的难能可贵。

摄／陈冲

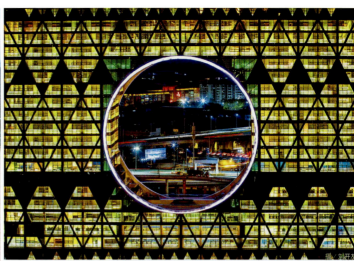

摄／刘开友

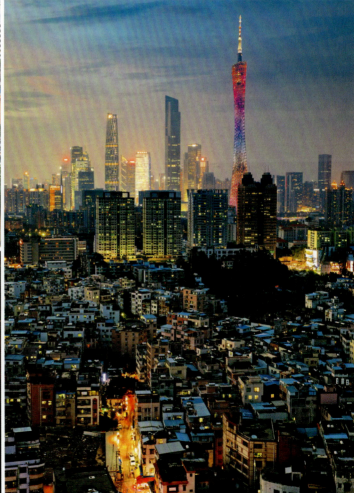

摄／徐小天

摄／陈冲

发现广东：100个最美观景拍摄地　11

南粤苑 + 宝墨园
集岭南古建大成

📍 **最佳观景拍摄点：**
南粤苑的回廊上可以拍摄水中的鲤鱼。
纬度： 22° 54′ N
经度： 113° 17′ E
大地高： 1 米

最佳拍摄季节：
夏秋相交之时，气温不至于炎热，天高气朗，适宜拍摄出金色琉璃顶与天空的色彩对比。

🕐 **最佳拍摄时间：**
早晚，阳光相对柔和，斜侧光线更富有表现力。

位于番禺的南粤苑和宝墨园是一对毗邻而立的姐妹园，二者皆为近代建筑，并且融合了岭南古建、园林艺术、水乡风情等富有当地特色的元素，一砖一瓦皆有典故，漫步其中，令人感到趣味盎然。

在两个园林中，宝墨园的历史更为悠久，知名度也更高。园林始建于清末年。50 年代被毁，后又重建翻修，才有了今天的宝墨园。清末民初，这里曾是包相府，现在的园林布局中依然保留了这一部分结构。包拯的画像悬挂于大堂之上，并且配有栩栩如生的塑像，展现了包公在断案中的铁面无私。

除此之外，细观园内的地名，如治本堂、清心亭、仰廉桥，也可以看出当地对于包拯所

代表的刚正不阿精神的赞颂。在参观完包相府后，可以到紫洞舫点一杯清茗，在此小憩片刻。此处建筑仿船型而建，内部用名贵柚木装饰，常年上演各类粤曲。

南粤苑虽然为新建园林，但是正如其正门处镌刻的对联所写，"一代风流承古韵"。园内建有赵泰来藏品馆和珍宝馆，展出各种奇石珍宝。同时建筑采用飞檐斗拱，红柱琉璃瓦，颇有皇家气派。

园内的各个景点均由一条"千象回廊"连接，回廊曲折蜿蜒，晴日可以遮挡骄阳，雨日又可以遮风避雨。回廊上还有许多长椅，供游客休息观景。临水处可以看见成群鲤鱼在水中游弋，争抢游人丢入水中的饵料，金色的鳞片

在阳光下如同锦缎。

宝墨园占地面积广，经过多次扩建，成为了一座规模较大的园林。周围农田村落依旧，河涌密布，船只来来往往，是一个适宜珠三角居民节假日休闲游玩的好去处。

值得一提的是，宝墨园种植了不同季节各具特色的植物，春日观鱼，夏日赏荷，秋天赏菊，冬天赏梅，四季皆有不同景色。春节前后，宝墨园还有花展，浓浓的节日气氛感染了每一个游园的人，岭南特色的春季花市历史悠久，寓意吉利的花木在园中一一陈列，堪称宝墨园一大特色。

摄／陈碧信

🚌 **公共交通：**

广州市汽车客运站坐车到宝墨园，
半小时一班。

乘坐广东地铁到市桥站，转番67
路或番12路公交车，总站便是宝
墨园站。

🍜 **餐饮：**

沙湾奶牛皇后：当地的老字号甜品
店，点一碗价格亲民的姜撞奶，看
着店内摆放着的获奖证书和奖状，
感受一下地道的广东生活。

🎫 **门票：**

宝墨园54元/人，南粤苑50元/人，
购买通票为85元/人。

🏠 **住宿：**

住在广州市内，可以当天往返。

🏛 **民俗节庆：**

正月十八"康公出巡"：康公是
宋朝著名的抗辽功臣，每逢正月
十八，当地村民组成舞龙舞狮队，
抬着康公的神像在街上进行为期两
天的"康公出巡"活动。队伍蜿蜒
几百米长，行进路线一气呵成，不
走回头路，热闹非凡。

番禺"十乡会"：每年正月初十，
由数百人组成的队伍在鞭炮锣鼓声
中上街巡游。这一盛会最初来自于
明朝时期，番禺十个村落的村民聚
集在一起抗击外来侵占和欺侮，并
且延续至今成为了一项传统。

 摄影指导：

使用广角镜头可以获得更为宽阔的视野。利用好前后景的关系，
善于使用借景的手法，制造出层次感。园林内往往建筑、植被
繁多，切忌画面元素杂乱无章。

长隆旅游度假区

包括动物世界、水上世界、欢乐世界等一系列园区的大型主题公园，《爸爸去哪儿》曾经在此处拍摄取景。在这里，可以尽情地与动物亲密接触，也可以在过山车上尽情大喊。建议游玩一到两天。

大夫山森林公园

公园内群山连绵，湖泊清澈。可以在此骑单车，郊游，尽情呼吸新鲜的空气。

沙湾古镇

作为历史悠久的岭南文化古镇，沙湾古镇内保留有古祠堂 100 多座，以及大量明清时期的建筑。众多传统民艺也在此得到保存和发展，如果对岭南传统文化感兴趣，可以前去亲身体验。

摄／万杰

岭南印象园
岭南文化的特色"窗口"

📍 **最佳观景拍摄点：**
景区内部无固定观景点，可依据个人喜好选择拍摄。
纬度： 23° 02′ N
经度： 113° 24′ E
大地高： 683 米
观看方位： 四面皆可

⧗ **最佳拍摄季节：**
四季皆可——春天的油菜花海，木棉花田；夏天的独特水乡风情；岭南秋天，秋高气爽；冬日可参观建筑群。

🕐 **最佳拍摄时间：**
9:00~10:00，16:00~17:00

　　来到广州，若要感受岭南民俗文化、体验岭南特色风情，就一定要去位于广州市大学城南部的岭南印象园看看了。

　　初入岭南印象园，便被其独特的建筑所吸引。一幢幢灰砖堆砌而成的房屋整整齐齐依水排列，屋檐上石雕精美，房顶形态各异，或镬耳高墙，或窄门高屋，极具传统岭南建筑风格。沿着古色古香的石板街道步步向前，不时便会有新的发现与惊喜。看那店铺前随风轻摆的丝绸旗，再看那植物根须做成的韵味十足的门帘，一个个文化元素一点点细节布置，仿若回到了古时的岭南小村，原汁原味，古色古香。

　　止步观赏美景可不是一个明智的选择，迈入店铺之中方能深切体验岭南之民俗文化特色。老酒坊中，佳酿的香气阵阵袭来，行至此处，不妨停下匆匆步伐，和同行亲友打上一壶双蒸酒，于谈笑间一饮而尽。才出酒坊，又见街的那边由最初萧氏宗祠布置而成的红火热闹的舞狮会馆，若是赶上表演，也可一睹带有当地风韵的醒狮表演，还寓有驱除灾祸的好兆头。

　　出了古街巷，或于旁边临水修建的小亭一坐，静静领略岭南水乡之美；也可沿着曲折木制栈道缓缓前行，在枫树林中穿梭，感受自然美景。

🚌 **公共交通：**

广州地铁 4 号线或 7 号线均可到达（大学城南站），番 310、番 52、201 公交、384 公交。

🥢 **餐饮：**

荔湾艇仔粥、岭南古法烧鸡、客家大盆菜、传统竹升面等值得一尝。

🎫 **门票：**

全票 60 元 / 人；

脱产全日制在校学生凭学生证、教师凭教师证享受优惠，40 元 / 人；

身高 1.2 米 ~1.5 米的儿童、60~69 周岁的老人持身份证件可享半票优惠，30 元 / 人；

身高不足 1.2 米儿童、70 周岁及以上的老人持身份证件、军官、残疾人等持有效证件可享免票优惠。

🏠 **住宿：**

景区内部不提供住宿，附近有雅乐轩酒店、华工酒店、南国会国际会议中心等，也可选择近旁穗石村、南亭村的民宿。

🌐 **民俗节庆：**

每年春节的岭南大庙会、端午节的赛龙舟具有独特的地域特色。

🎁 **风物：**

特色物产：花生糕、果仁酥、鸡公榄、姜撞奶、古法芝麻酱、古法芝麻油。民间技艺、手工业：烧玻璃、糖画、剪影、土制爆米花、草编、埙、捏面人等。

 摄影指导：

窄门高屋和镬耳高墙是岭南印象园的建筑特点，也最能体现岭南风情。建议在高处俯拍，拍摄方向可以沿着某条街道，角度不要太大，尽量表现出这些建筑的层次感和美感，让人一眼看到会觉得很舒服。

📍 **周边看点**

黄埔军校

位于广州市黄埔区长洲军校路170号的黄埔军校，系国共第一次合作时期由孙中山在中共与苏联帮助下所创办，培养了大批指挥人才。军校旧址建筑工整高大，依稀可见往日庄严肃穆之风。

摄／陈冲

摄／陈冲

摄／陈明辉

摄／陈冲

摄｜胡晓雪

13

百万葵园
春风桃李花开处

📍 最佳观景拍摄点：
花之恋酒店前大型花圃
纬度：22° 37′ N
经度：113° 37′ E
大地高：-5 米
观看方位：西南方向

🏆 最佳拍摄季节：
除了全年开放的向日葵、薰衣草和玫瑰外，春季还有樱花、油菜花和郁金香，夏秋季也有千日红、鸡冠花、夏堇等十几种花卉开放。

🕐 最佳拍摄时间：
清晨是拍摄花朵的最佳时机，此时许多花刚刚绽放，花瓣上还带着露珠，光线也更加柔和。

　　如果你看过电视剧《薰衣草》，那么一定会对其中一望无际的紫色薰衣草田记忆颇深。这样的一片薰衣草田就位于距广州市不远的百万葵园当中，普罗旺斯的浪漫在此触手可及。除去薰衣草，园内还有终年盛开的向日葵，热烈如同流动的黄金铺撒在田野上，仿佛从梵·高的名画中走出一般。园内还种植着大片的玫瑰、海棠等花卉，使得这里四季鲜花不败。公园的设计者还积极向世界知名花卉大师学习，其中包括北海道"四季彩丘"的农场主熊谷留夫先生。园内七彩的花海便归功于熊谷留夫先生，在不同季节，花海呈现出不同的颜色，不同花卉之间的颜色对比也非常和谐。其中翠菊的绿叶终年不凋，仙女花则需要一代代的定向培育才能像今天游客见到的一样花瓣轻盈飘逸，园方致力于每年培育出新的品种，满足游客的观赏需求。花海中不时能看到情侣脸上洋溢着幸福的笑容，在此拍摄婚纱照片。

　　除了花海，这里还有为小朋友提供的各种游乐设施和动物表演，如果玩累了可以在餐厅品味与葵花相关的美食，或是坐着小火车环游园区。园中建有一座城堡式的高级酒店，不同房间用不同的花卉主题进行装饰，极力在每个细节让人感到宾至如归。

🚌 **公共交通:**

唯一直达百万葵园的方式是动物园南门公交总站坐"如约巴士"，途径广州塔，去程 9:30，回程 16:30。

地铁 4 号线可以在蕉门站转南 2 路、南 23 路，在百万葵园站下。

天河和珠海客运站可以坐大巴到万顷沙转南 2 路，在百万葵园站下。

从新垦也可以坐南 2 路、南 23 路到达百万葵园。

🥣 **餐饮:**

葵花鸡:园内餐厅的特色菜，以葵花籽喂养长大的鸡为食材烹饪而成，肉质鲜美，绿色天然。

🎫 **门票:**

成年人平日 160 元/人，周末、节假日和黄金月（2、3、4、5、10 月）170 元/人，网上预订有优惠。

🏠 **住宿:**

花之恋城堡酒店:位于百万葵园中的鲜花主题酒店，从房内的窗户向外望去，层层鲜花从脚下铺展开去，簇拥着酒店。夜间还可以在此欣赏灯光秀。

 摄影指导:

1. 为了减少枝叶对于花朵主体的干扰，可以把光圈放大，使用微距镜头拍摄。

2. 可以随身携带一个小喷壶，人工在花朵上制造出露珠的效果。

3. 拍摄花海时可以善用不同花卉间，以及花卉和周围环境间色彩的对比和反差，尽量避免直射光线。

📍 **周边看点**

● **南沙湿地公园**

广州最美湿地,每年冬天成千上万的候鸟来此越冬。可以乘坐小船进入湿地内部,在芦苇荡中前行,观赏独特的红树林景观。

摄—阮烁

发现广东：100 个最美观景拍摄地　**14**

梧桐山
莫叹前路远，烟云飞渡直上梧桐山

📍 最佳观景拍摄点：
风景在途中，中途仰拍沿山脊向上延伸的攀山石径，到达山顶后可以俯瞰鹏城风貌。

纬度： 22° 23′ ~22° 43′ N
经度： 113° 17′ ~114° 18′ E
大地高： 最高海拔 944 米
观看方位： 体验爬山之旅，最美不仅是山顶风光，爬山途中亦可感受绿水青山之秀美

⏳ 最佳拍摄季节：
夏末秋初

🕐 最佳拍摄时间：
登山、下山全程约需要 6 小时，赶正午到达山顶光线充足，可以清晰俯瞰、拍摄城市风光和大鹏湾辽阔景象。

　　"雾绕云缠风光独秀尘嚣外，谷幽峰峻画意千重仙境中。"这一对联正是对深圳八景之一"梧桐烟云"的最佳写照。"梧桐烟云"是梧桐山重要景区之一，由于广府地区长久绵延的雨季和梧桐山的地势，山间常年云环雾绕，如临仙境；如若能赶在天朗气清之时登高望远，则似有坐拥南中国海的豪情。

　　登高览胜，可取攀登路径众多，从泰山涧路线登顶是公认的风景最美的登山路，幽静而古老的登山路非"梧桐山大望村—横排岭村—梧桐山水库一百年古道"莫属。大约 3 千米路程历经 2 小时，穿越高山密林最终到达大梧桐顶。最易攀爬的路线是"梧桐山大望村—盘山公路—停车场—好汉坡—大梧桐顶"，全程约 3 千米，2~3 小时登顶。下山的选择以"仙湖植物园—弘法寺—小梧桐"最为合理，无论是弘法寺的仙气，还是植物园的灵气都让你回归自然。

　　梧桐山三大主峰鼎峙，向西俯瞰市区蓬勃朝气，向南则与香港大雾山对峙，向东可饱览大鹏湾之浩渺。

摄影指导:

🚌 **公共交通:**

从广州去深圳十分便捷,高铁(广州南到深圳北)、动车(广州东到深圳)36 分钟~1.5 小时不等,班次众多。深圳站位于罗湖区,距离梧桐山较近。

来到深圳市区后,可以根据登山路线选择相应公车:东边沙头角 / 盐田,可选择大巴 103、202、205、208 等,南边仙湖 / 莲塘,可选择大巴 220、218、113 等,西边梧桐山村,可选择大巴 211。梧桐山村是登梧桐山的主要入口,传统盘山公路 / 泰山涧路线 / 麻水凤路线 / 桃花源路线等都由此进入。北边龙岗可选择大巴 361、330。

🥢 **餐饮:**

花里、梧桐凤凰农家菜馆、大自然素食、茶米人花园餐厅、梧桐丽江月榕庄。茶馆:倚天招凤亭茶艺馆,位于景区小梧桐顶。咖啡厅:艺术在场咖啡画廊吧。

🏠 **住宿:**

深圳四月街缝纫生活馆、深圳七秒时光庭院客栈、深圳静山花海艺术馆梧桐山客栈。

🏮 **民俗节庆:**

深圳的主要节日有南山荔枝节(6~7月)、沙井金蚝节(12月),以及 9~11 月举办黄金海岸旅游节,深圳迎春花市自 1986 年起,至今已举办三十余年。

🎁 **风物:**

龙岗"三黄鸡"、南头荔枝、南山桃、石岩沙梨、金龟橘、龙华方柿、沙井蚝、松岗腊鸭、西乡基围虾、福永乌头鱼等农副产品。

登高远眺,西面就是深圳市区,不论是白天还是夜晚,深圳的高楼林立和车水马龙都是非常值得拍摄的画面。加上山间的云雾缭绕,让画面更加如梦如醉。拍摄时建议采用长焦镜头,为了使画面清晰,应使用较小的光圈。夜晚拍摄对稳定性要求很高,三脚架能帮很大的忙。

摄/颜昌雄

摄/邹敏

周边看点

梅沙踏浪（大、小梅沙）
位于深圳东部大鹏湾，青山环抱、碧水蓝天，是当地人周末度假的休闲之地。大鹏湾面向中国南海，拥有典型的亚热带风光，海水清澈、沙质细软，与快节奏的特区生活相去甚远。在大梅沙的海滩上矗立了几组主题雕像，记录下曾经"深漂一代"的梦想与努力。

东湖公园
东湖公园东与梧桐山相连，北临深圳水库，是一个集观赏、游览、文娱为一体的综合性公园，园内有成熟景点百余处，12个专类景区，各个季节开展各类活动和比赛，诸如画眉斗雀比赛、杜鹃花展、盆景展等。

仙湖植物园
仙湖植物园既是旅游观光的风景园林，又是中国观赏科植物科研基地和保护区。另外园内的弘法寺是深港地区重要的佛教圣地、旅游点以及宗教文化传播和研究中心。

发现广东：100 个最美观景拍摄地

15

莲花山公园
都市中的世外桃源

📍 **最佳观景拍摄点：**
最高处可以鸟瞰深圳市最为繁华的部分。

纬度： 22°33′N
经度： 114°03′E
大地高： 92 米

⧗ **最佳拍摄季节：**
春季百花盛开，落英缤纷，适合拍摄。

🕐 **最佳拍摄时间：**
深圳纬度低，日照足，尽量避开光线最为强烈的正午，选择早晚拍照。

莲花山公园位于深圳中轴线的北段，从正式开放至今，已经有近二十个年头的历史。

公园正如其名字一样，依山而建，不过这里最高处也只有 100 米左右，更像是现代都市中的一小块供人放松的绿色岛屿。登上山顶，脚下高楼林立的福田区一览无遗。其中直插天空的便是深圳第一高楼——平安金融中心，除此以外还能够看到包括百度、腾讯等大型公司的办公大楼。一座座摩天大厦在地面投下阴影，玻璃外墙上反射着阳光，令人不由得惊叹城市的繁荣。

如今的深圳市，当年只是南海边毫不起眼的一块荒山野岭，直到邓小平在这里画了一个圈，才有了今日的繁华都市。

公园是深圳市民日常休闲的首选，行走在公园步道上，能看到人们在慢跑、野餐、放风筝，甚至还有可以让大家共同学习的英语角。

园内还种植着各类植物，每年春季桃花盛开，夏季凤凰木会开遍漫山遍野。道路的两旁则是绿树参天，夹杂着落英缤纷，这里也因此成为了一个天然大氧吧。

从深圳莲花山上眺望，深圳的天际线尽在眼前，市民中心、平安金融中心等深圳知名地标，都能清晰的辨认。眼前的高楼林立和繁华都市，只用了短短四十年，这一切都得益于改革开放总设计师邓小平。莲花山上的邓小平塑像面朝深圳关内，阔步行走的形象象征了深圳从不停止的脚步。

莲花山有地铁直达，现在随着深圳市区的不断扩展，已经成为了城中的市民公园——周末去莲花山前的市民中心深圳书城逛逛，然后爬一爬莲花山，在山脚的草坪上看孩子们放风筝——这样的生活方式已经融入深圳人的生活。

摄 / 曹展溢

摄影/邹碧雄

🚌 **公共交通**：

有公交和地铁线路可以到达公园。

🍵 **餐饮**：

利苑酒家：总店在香港的老牌粤菜，其位于香港的店铺曾被评选为米其林星级饭店。今日人人知晓的杨枝甘露便首创于利苑酒家。

咖啡店：黑邮票爵士，看过《爱乐之城》的人一定会对其中的爵士乐念念不忘，在这里你可以欣赏到现场的爵士演奏，也可以品尝香醇的咖啡。

🎟 **门票**：

免费参观。

🏠 **住宿**：

可以住在深圳市内。

📷 **摄影指导：**

莲花山公园闹中取静，周围就是繁华的深圳市区，现代和自然的结合在莲花山公园中表现得淋漓尽致。拍摄是应该着力表现出这种强烈的对比，反差越强烈，越能表现出莲花山公园的美。航拍也不失为一种很好的表现方法。

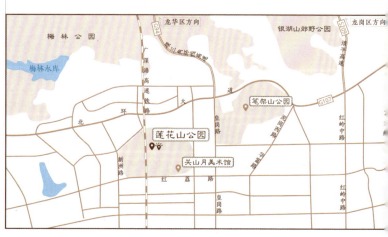

摄/邓化

摄/林建令

摄/刘世辉

周边看点

关山月美术馆

与莲花山公园一墙之隔，以岭南画派大师关山月先生的名字命名，其中展品也以大师的作品为主，不同时期还会有不同的特展。

笔架山公园

位于市区内，可以在公园内慢跑、品茶、垂钓。园内还有一条河流穿过。适宜来此度假消闲，感受自然。

深圳湾

深圳湾位于深圳市西南部，这里同香港隔海相望。站在深圳湾公园远眺可以观赏到对岸的城市风光以及跨海公路的美景。深圳湾东北部有红树林公园，公园内种植着9千米长的红树林带，在这里可以观赏到红树林独特的风景。

摄｜钟亦武

发现广东：100个最美观景拍摄地　**16**

太子湾邮轮母港
深圳"邮轮时代"的到来

最佳观景拍摄点：

港口属开放区域，可自由选择合适地点与角度进行拍摄。

纬度： 22° 28′ N
经度： 113° 54′ E
大地高： 0 米

最佳拍摄季节：

四季皆可。

最佳拍摄时间：

全天皆可。

　　太子湾邮轮母港位于蛇口一突堤，是华南地区规模最大的邮轮母港。港湾的建成与开港，标志着深圳"邮轮时代"的到来。

　　作为深圳极具标识性和规模的邮轮枢纽点，太子湾邮轮母港从陆上部分到海上风光，都有着属于自己的独特魅力。港湾周边海岸旁高楼林立，全然一幅都市现代化的摩登景观。视角微转，便可见整齐停泊在母港的多艘邮轮，随着距离的渐近，邮轮的重量感与气势愈发明显。

　　顺着通道进入开放的甲板，大海的气息扑面而来。一望无垠的大海与澄蓝的天空在远处相接，美妙无比。站在甲板上，闭上眼睛，静静感受着湿润的空气、拂面的海风，轻松愉悦之感油然而生。

　　随着邮轮的缓缓离港，岸上林立的建筑物会在目光中渐渐模糊而淡出视野，心中此时会不禁浮起一种离开繁杂忙乱都市生活的欣喜，心情宁静而美好起来。

　　傍晚的太子湾邮轮母港结束了一天的匆忙，静静笼罩在金色的夕阳之下，时有返航抵达的邮轮驶入，在附近的海面上激起水花，一圈圈荡漾开来。

　　随着时间的推移，天色越来越暗了，港口周边的灯火、建筑物上的灯光都一个个亮了起来，璀璨斑斓，装点着夜里神秘的港湾与大海。

🚌 **公共交通：**

太子湾邮轮母港位于深圳市南山区海运路一号蛇口邮轮中心。

乘坐地铁的旅客可在蛇口港 C 出口出站，转乘免费接驳巴士前往蛇口邮轮中心；接驳巴士线路全程 1.5 千米，每 10 分钟一班，路程约 6 分钟，运营时间从 6:45~23:00。

公交车：K105，328 可直达。

🥢 **餐饮：**

游览完毕后，可就近于蛇口食街尝试深圳当地诸多特色美食小吃。

🎫 **门票：**

暂无门票。如需乘邮轮游览，有多种票价可选。海上观光途经蛇口邮轮母港 –SCT– 深圳湾，分为日航（16:00~18:00）和夜航（19:00~21:00）两个时间段，票价 200 元，推广期 150 元（一价全包：下午茶套餐、顶层甲板免费观光）。

🏠 **住宿：**

可于深圳市内选择不同风格的住宿。

🏛 **民俗节庆：**

妈祖诞庆、沙井上香、渔民娶亲、渔灯舞等。

🎁 **风物：**

沙井鲜蚝、基围虾、海胆等海鲜新鲜且营养价值高，南山区西丽所产的鲜芒果也十分美味。

摄影指导：

1. 夜晚的太子湾游轮母港灯火通明，港湾周边高楼林立，是拍摄夜景绝佳的地方。居高俯拍整个太子湾游轮母港和高楼大厦，可以充分展现太子湾游轮母港的壮丽夜景。拍摄时应尽量选择较小的光圈，使整个画面都能够保持清晰。同时应准确把握好画面整体的曝光度，不能过暗或者过亮，可多次尝试以拍摄出一张满意的照片。

2. 除了夜景，因为太子湾游轮母港得天独厚的地理环境，日出和日落时分也是不错的拍摄时间。可以选择停泊或者航行中的轮船为前景，以广阔的大海和绚烂的天空为背景进行拍摄。

3. 当然，停泊在太子湾游轮母港的大型游轮也是可以选择的拍摄元素。拍摄时可以采用近距离仰拍来表现游轮的宏大规模和精美细节，也可以居高俯拍或者远距离拍摄来表现游轮的整体轮廓。

摄／邓飞

摄／钟亦武

📍 **周边看点**

东门老街

东门老街是深南东路以北，立新路以南，新园路以东，东门中路以西17.6万平方米范围内的17条街道和所有商业设施所共同组成的区域。老街历史悠久，有着丰富的文化景观和自然景点，街旁大大小小商铺林立，各色商品琳琅满目，是休闲娱乐的好去处。

摄·黄山湖

发现广东：100个最美观景拍摄地　**17**

逆水流龟明末古村堡
老城故事多

📍 最佳观景拍摄点：

走近村屋拍摄古建筑曾经的精美和岁月留下的侵蚀，捕捉老院子里依然浓厚的生活气息。

纬度： 22° 51′ 21″ N
经度： 113° 39′ 43″ E
大地高： 32 米
观看方位： 从进入村堡的桥上观看村落与护村河的相依相伴，也可以近距离观察旧城墙留下的岁月痕迹。

⧗ 最佳拍摄季节：

不限。

🕐 最佳拍摄时间：

借助日光拍摄老城墙、旧房子与今天生活融为一体的静谧感。

　　"逆水流龟村堡"又名"白沙水围村"——村堡四周是 18 米宽的"护村河"，因而得名。

　　古村堡建于明末，村落与外界相连的是一座木吊桥，可以拉起来，用作防御工事，但现在已经被修成了水泥道。村堡中还保存着最初样子的老房子，砖砌的墙体上用生蚝贝壳加高一截，也提醒堡里人警惕来犯。村堡的城墙四角用糯米汁和石灰搅拌加固过，不易被炮火损坏，因而又称作"金包银角"。也有传说"拆烟墩，建水围"，村堡围墙是邻近的烽火台拆下的砖砌成的，当然牢不可破。

　　村堡最初的主人郑瑜将村落建成龟形，一是图其美好寓意；另一方面，为了藏住财宝，建造村子，反清复明，将七船金银运到白沙镇。逆水流龟古村堡里有两口井，一口至今是村民饮用水的来源，另一口井则是暗道井，为逃生之用。

　　古村堡的价值还在于村内纵横交错的宽约 20 厘米、深 10 厘米的排水渠，无论多大的雨水都能及时排走，从未发生过水淹内涝的情况。

摄影指导：

1. 航拍能得到最好的角度，可以将整个村堡、四周的人工河和周围的建筑街道纳入画面，能充分展现出逆水流龟明末古村堡的风格和特点。

2. 除了拍摄整个古村堡的整体特色，里面的古建筑也是一个好的拍摄素材。建筑的细节尤其能反应建筑的历史，采用大光圈来拍摄能很好地刻画这种细节。

🚌 **公共交通：**

从广州出发可搭乘高铁自广州南到虎门站下车，车程仅需 17 分钟。逆水流龟古村堡位于虎门镇，可以乘坐公车虎门 8 路、17 路，在新世纪酒店站下车，或虎门 5 路到白沙广场站下车，步行即可到达逆水流龟古村堡。逆水流龟村堡距离虎门站约 3 千米，或可打车前往。

🍵 **餐饮：**

翠苑酒楼、汉威大酒楼、金洲夜市、不夜天美食广场，海鲜和粤菜是当地特色。面豉蒸黄皮头，"虎门第一鲜"，是虎门人最钟情的菜肴；家乡碌鹅，客家风味；虎门蟹饼，海鲜名肴之首，入口即化，回味无穷；虎门蒸三干，指的是将本地盛产的虾干、银鱼干、鲚鱼干配上佐料蒸。

🎟 **门票：**

免费。

🏠 **住宿：**

东莞 2513 酒店公寓（虎门万达广场店）、东莞青年阳光精品酒店（虎门万达广场店）。

🎁 **风物：**

莞草编织：传承两千余年的工艺，厚街、道滘和虎门是主要产地，草质优、制作精良、花样繁多，十分畅销，自汉代已负有盛名。

博物馆：

鸦片战争博物馆，又叫虎门林则徐纪念馆、海战博物馆，作为鸦片战争时期历史的见证，该博物馆兼具纪念性和遗址性，可以看到林则徐销烟池与虎门炮台旧址。

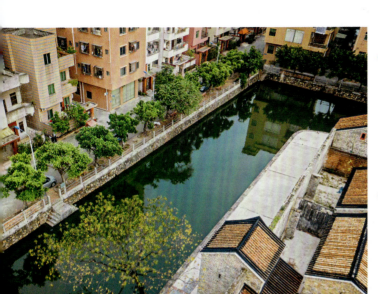

摄／吴山湖

📍 **周边看点**

- **威远炮台、虎门大桥**

  虎门大桥连接广州市南沙区，横跨珠江口；广东水师提督关天培为加强中路海防，清道光十五年（1835年）建起威远炮台，正控珠江主要航道。搭乘323路、虎门2路于威远炮台站下车即可。

- **沙角炮台**

  与大角炮台共同构成虎门海防的第一重门户，始建于清嘉庆六年（1801年），曾是鸦片战争的战场。搭乘虎门9路、虎门10路于沙角炮台站下车即可。

摄／陈碧信

摄／陈碧信

摄／陈冲

摄｜罗杨

发现广东：100个最美观景拍摄地 **18**

南社古村
岭南建筑的一张名片

📍 最佳观景拍摄点：

全景位置观景点在北门城楼上。

纬度： 23°03′N
经度： 113°53′E
大地高： 12米
观看方位： 东偏北30°

🏛 最佳拍摄季节：

四季皆宜——春夏季节，万物复苏，为古朴的
南社古村增添了更多趣味和生命力；冬季的
斋醮活动等，也是古村的一大看点。

🕐 最佳拍摄时间：

6:00~19:00。清晨和傍晚，光线色彩丰富，
光影效果也最佳。白天光线充足，也能更好
地体现建筑的细节和特色。

　　据记载，南宋末会稽（今浙江绍兴）人谢尚仁因
战乱南迁，几经周折定居于此地，代代相传，迄今已
有八百多年历史，村子里谢氏村民高达90%。这里
保留了祠堂30多间，古民居300多间，是一个较完
整的明清古建筑群。

　　南社古村并不大，总体布局独具匠心。古村外围
是一堵坚固的围墙，始建于明崇祯末年，以具有东莞
特色的红石做墙基，用青灰色的砖墙打造坚实的墙体，
再配上淡红色的琉璃瓦檐，守护了一代代家族的安全
和文化的传承。连着围墙有一个拱形大门，正上方刻
有"西门"两个大字，一面写着"谢"字的红色旌旗
飘挂其上，旌旗两侧各有三个长方形的墙孔，这便是
进入南社古村常规的入口——西门。

　　步入西门，中间是古桥流水，设有西门塘、百岁塘、
祠堂塘、肚蕉塘四个池塘。两岸是一排排错落有致的
各式宗祠，红砖绿瓦、丹楹刻桷。古村里还有一幢西
洋特色和广州西关特色兼具的小洋楼——毓生洋楼，
登上二楼阳台走廊向下欣赏古村风景，别有一番风味。

🚌 **公共交通：**
早上 6:30 首班车，约 30 分钟一班车，从广州汽车客运站出发，乘坐广增 4 线到新塘牛仔城站下车，转乘新塘太阳 - 石龙西湖站，经 29 站至茶山路口站下车，换乘 852 路至中国电信站下车，再转乘 L6 路途经 4 站至茶山南社社区站下车，南社明清古村落售票处就在附近。

🍵 **餐饮：**
"将军饭"及特色餐厅南社人家。

🎫 **门票：**
窗口正常票价 30 元，学生及 60~70 岁老人半价，窗口十人以上团购 8 折优惠，美团上也有优惠价。

🏠 **住宿：**
古村周边有卡迪文化生活酒店、八方、七天等连锁酒店、方中假日酒店（四星级）。古村内还有南社人家民宿、隐香古苑精品民宿。

🎪 **民俗节庆：**
南社斋醮是东莞最具本土特色的传统民俗活动之一，始于清朝光绪三十四年（1908），每隔三年临近冬至会举行一次"打斋"庆典。南社斋醮旅游文化节期间，可以欣赏到南社斋醮大巡游、传统婚俗表演、龙狮汇演等众多精彩节目，品尝"百岁松糕"、"百岁翁饼"等特色美味小吃。每年的农历三月廿五的"茶园游会"也是当地一项历史悠久的民俗活动。

🎁 **风物：**
茶山公仔是东莞茶山特有的一种传统民间手工艺术品。它以泥模印制而成，正面色彩鲜艳，制作精细，而背面却平整朴素。当地还有一句俗语"茶园公仔，要面前不顾背底"。

摄影指导：

1. 除了拍摄南社古村的一些人文活动外，应尽量在人少的时候来拍摄南社古村的美丽景致。清晨是拍摄的最佳时间，此时游客比较少，不会干扰构图，并且光线柔和，能很好地表现出南社古村的静谧和美感。

2. 小桥流水可以说是古村落的灵魂，构图时建议充分利用好石拱桥、小河和水中的倒影。建议沿着河流的方向进行拍摄，能够使画面有更好的纵深感。

3. 南社古村属于明末清初建筑，且保存较好，特写拍摄南社古村的建筑风格能够很好地表现出它的历史。祠堂、阁楼、书院、牌楼等都是可以选择的拍摄主体。

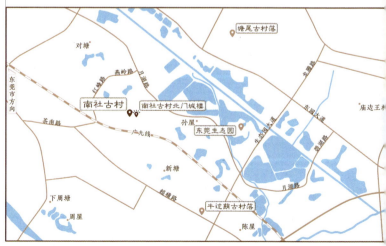

摄／袁隆斌

摄／陈冲

📍 周边看点

牛过蓢古村落

在南社古村的不远处，还有一个同样有八百多年历史的古村落，叫牛过蓢古村落。牛过蓢古村落环境优美、历史文化深厚，至今仍保存80间完好的明清古建筑，其中代表性建筑有麦日桃故居。

塘尾古村落

塘尾古村落始建于宋朝，坐北朝南，古围墙作为边界，村口有一大两小三口池塘，依照自然山势缓坡建立。村落布局极具岭南风味，村落民居常与书室、祠堂结合，成为塘尾古村落独特的地方。

东莞生态园

犬牙交错的溪岸，绿波荡漾的湖面，随意洒脱的花草，在东莞生态园内，这样纯粹迷人的风景随处可见。2013年12月东莞生态园获批国家城市湿地公园，也成为珠三角地区首家国家城市湿地公园。

摄／邓爱良

摄／陈碧周

发现广东：100个最美观景拍摄地 **19**

林则徐销烟池与虎门炮台

近代史的一声轰鸣

📍 最佳观景拍摄点：

林则徐纪念馆
纬度： 22° 45′ N
经度： 113° 39′ E
大地高： 26 米
观看方位： 北偏西

⏳ 最佳拍摄季节：

历史古迹类景观，拍摄不受季节限制。

🕐 最佳拍摄时间：

黄昏时分，夕阳洒在海口江面，渲染了雄壮的氛围，更能衬托出炮台的历史感。

虎门是清政府"一口通商"政策下洋船进出广州的"中路咽喉"。嘉庆期间开始在此设立水师提督衙署，因其特殊的地理位置，成了清政府稽查鸦片走私输入、抵抗白银出超危机、部署海上防御的重要地点。

随着禁烟运动在此开展，虎门收缴上来的鸦片数量惊人。道光皇帝下旨命林则徐等官员将鸦片就地销毁，林则徐详细问询鸦片化学特征后，命人在虎门海滩挖两个大池，用盐卤、石灰这两样鸦片最忌之物将鸦片浸化、翻搅、燃尽，再随潮水尽数送入汪洋大海。虎门销烟成为中国近代史上一个标志性事件，也是第一次鸦片战争的重要导火索之一。

后水师提督关天培等人采取积极战备措施，在虎门设置 300 余门大炮，沙角炮台等为第一道防线，威远炮台等为第二道防线。鸦片战争爆发，虎门各炮台相继被英军攻破，将领关天培"创痕遍体，血濡衣襟"，最终殉国。如今沙角炮台旧址后方仍有为纪念抗击英军阵亡的 75 位清军将士而设的"节兵义坟"。

如今硝烟既定，我辈复临遗址，只见销烟池池水清清，沙角炮台绿树葱茏，江流入海处风平浪歇，货船缓缓驶过；虎门大桥横亘江面，桥上车辆往来不绝，一片祥和景象。

摄影指导：

1. 拍摄虎门炮台时，可以有多种角度选择。正对出炮口拍摄，可以近距离特写拍摄，能够很好地表现出大炮让人胆寒的气势。拍摄时，角度不能太正，可以稍微有一点仰角或者俯角，以展现出大炮的炮身。

2. 还可以正对点火索拍摄，建议采用仰拍，以天空或者河流为背景，表现出大炮虽经历风雨，但仍然矗立的雄伟英姿。

3. 旧址的后面还有虎门大桥，拍摄可以将虎门炮台和虎门大桥结合到一起，两者可以相互映衬。

🚌 **公共交通：**

从广州东站出发开往东莞站的高铁大约每 10 分钟一班。林则徐销烟池与威远炮台、沙角炮台三处景观相隔一定距离，可分别前往。销烟池所在的林则徐公园可乘坐公共汽车线路虎门 3A 到达。威远炮台可乘坐虎门 2 路到达。沙角炮台旧址位于虎门镇沙角社区，可乘坐虎门 9 路，首末班时间为 6:30、20:00，或乘坐虎门 10 路（10 路仅限节假日通往炮台）。

🥢 **餐饮：**

膏蟹、麻虾，蒸灼焗煮各具风味。东莞水果香甜远近闻名，麻涌（chōng）香蕉是当地的传统作物。冼沙鱼丸：东莞传统美食，取新鲜鲮鱼，剔除鱼骨，将鱼肉反复敲打数小时制成。鱼丸胶质充足弹性大，入口韧性强，营养丰富。

🎟 **门票：**

无需购票，凭身份证等有效证件即可到领票处排队领票。团体参观可预约免费讲解。

🏠 **住宿：**

最舒适：东莞康帝国际酒店。最经济：懒窝青年旅舍，位于东莞市中心，提供 wifi 空调房，但共用浴室。

🎡 **民俗节庆：**

洪梅花灯是当地特色的民间手工艺品，点灯、开灯、结灯等习俗流传数百年，元宵节期间当地举办洪梅花灯节，游人如织。

🎁 **风物：**

石龙竹器：石龙竹器街曾经辉煌一时，有三百多家售卖手工编制竹器的商铺，老街位于石龙镇中山西路。

周边看点

鸦片战争博物馆
完整了解鸦片战争历史的好去处，保留抗击英军的火药桶等实物，可直观感受战争细节。博物馆免费参观，周一闭馆。

海战博物馆
是展现我国海防历史的重要参观基地，可详细了解鸦片战争时期虎门地区防御部署细节。该馆周二闭馆。

发现广东：100个最美观景拍摄地　**20**

松山湖
最是一年春好处

📍 最佳观景拍摄点：

松湖烟雨景色最佳

纬度：22°53′N

经度：113°53′E

大地高：24米

⚱ 最佳拍摄季节：

春季百花盛开，除桃花以外，园中还有洋紫荆、梅花、梨花等花卉，按照不同花时依次开放。

🕐 最佳拍摄时间：

清晨花瓣上还带着晨露，湖面上也弥漫着雾气，是最好的拍摄时间。

在多数人的认知中，松山湖代表着东莞市最强的经济实力，作为高新产业园区，以华为为代表的一系列知名企业的入驻使得这里充满蓬勃向上的气息。

与此同时，由于东莞市在开发初期非常注重湖区的生态改造，在这里修建沿湖步道并且栽种大量植被，使松山湖在担当着东莞经济科技领头羊的同时，也成为当地市民日常观光的首选。

整个松山湖景区围湖而建，又细分为松湖烟雨、松湖花海、状元笔公园、月荷湖公园、阳光沙滩、桃源公园等多个景点，其中最为著名的为松湖烟雨。

每年园内的桃花在暮春时节绽放得最为绚丽。

无数游人登上高处，看着成片的桃花像粉色的地毯一样在脚下铺开，其中间或夹杂着一些其他颜色的花作为点缀，斑斓的色彩令人陶醉。

许多市民选择在树下野餐，在和煦的微风中享受盎然春意。欣赏完湖边春景之后，还可以在这里钓鱼，玩卡丁车，野炊。

松湖烟雨的步行区禁止自行车进入，建议从松湖烟雨入口进入，步行欣赏完松湖烟雨的景色后，再租车骑行到下一个景点。

体力不足的人可以优先选择松湖烟雨到阳光沙滩这一段路程，园区的精华主要集中在这一段路程上。

摄 / 陈瑜

摄影指导:

1. 松山湖原本是一个天然的大型水库，周边自然环境特别好，可以在湖边选择一个植物茂密、视野开阔的地方进行拍摄。拍摄大面积湖泊的时候，尽量选择天空比较有特色的时候进行拍摄，使湖面和天空能够相互映衬。为了避免画面太过单调，可以选择一些花草来充当前景。如果天空没什么特色，可以减少其在画面中的比例。

2. 当然，航拍松山湖也是一个很好的选择。松山湖和周围的开发区，自然与城市的完美结合，也只有航拍的角度能带来这种视觉的强烈对比。

🚌 **公共交通:**
东莞市毗邻深圳，自驾开车仅需 1 小时左右。东莞市内多条公交线路均可到达。

🥢 **餐饮:**
景区的凯悦酒店提供粤菜、下午茶以及各类国际美食，从原料选取到摆盘都力求精益求精，可以在此一饱口福。
咖啡馆 / 餐厅推荐:D-Union，由获得咖啡杯测大赛大奖的大师提供多种单品咖啡，同时也有食物供应，以融合国人口味进行改良的西餐为主。

🎫 **门票:**
松江湖免费进入，可以租赁自行车，具体价格不等，需要押金。

🏠 **住宿:**
可以直接住在东莞市内，对住宿要求较高的人可以尝试景区内的凯悦酒店。

摄 / 陈瑜

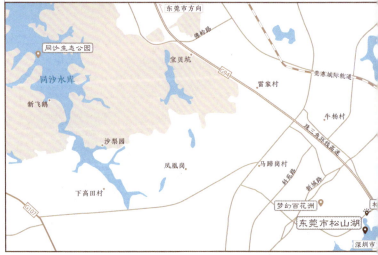

摄／陈瑜

摄／袁隆远

📍 **周边看点**

梦幻百花洲
位于松山湖旁的中心公园里，如其
名所说，园内栽种了薰衣草、玫瑰、
非洲菊等各类花草，百花盛开时犹
如置身梦境。公园门票 60 元 / 人，
可以提前在网上购买折扣票。

同沙生态公园
从松山湖到东莞市区路途中可以顺
道前往同沙生态公园，园内同样以
骑自行车与徒步为主，漫步其中令
人忘记城市生活，仿佛置身山林。
而且此处游人较松山湖更为稀少，
是旅游度假的好去处。

摄／陈清风

摄／陈冲

可园
可羡人间福地，园夸天上仙宫

📍 最佳观景拍摄点：

可园是典型的岭南园林景观，处处有景，景景不同。主体建筑可堂庄严高耸，双清室构造精妙，主人曾在这里吟风弄月，是可园两处典型的建筑。

纬度：23° 02′ 34″ N
经度：113° 44′ 37″ E
大地高：38 米
观看方位：可园的环碧廊最为有名，环绕整个园林，循径一周，徐徐观赏可园景致。

⧗ 最佳拍摄季节：

4~10月

🕐 最佳拍摄时间：

中午光线充足拍照为佳

可园，清代粤中四大名园之一，始建于清道光三十年（1850年），园林小巧却"咫尺山林"，玲珑不乏精致。修筑此园前，张敬修三次被李文茂起义军打败，三次被降职返乡。好在皇帝没有定罪只是撤职，他回到故乡修筑可园，与家人平安团聚，尽一份孝心。

园林竣工庆贺之日，文人墨客高朋满座，品评这座园林时仿佛被盛大筵席所震撼，溢美之词无以言表，只是纷纷称赞"可以！可以！"张敬修遂将园林由"意园"改名为"可园"——可堪游赏之园。

居巢、居廉是张敬修的幕宾，客居可园多年，每有得意之作，便会在画幅上多盖一个"可以"的印章，表达了"花能解语还多事，石不能言最可人"的意思。

张敬修的侄子张嘉谟在《可轩跋》里记载了可园的"无可无不可"之意，提醒和教育子孙后代在宦途中量力而行，适可而止，"纯任自然，无所濡滞"。

这里一楼、三桥、五亭、五池、六台、六阁、十五间房、十九间厅也多以"可"字命名。登顶最高建筑可楼的邀山阁，莞城景色便尽收眼底。

摄影：陈冲

公共交通：

可以从广州东站、广州站搭乘动车、城轨、火车到达东莞站、东莞东站。市内途径可园的公车线路有 3、4、7、15 路等，在可园站下车。

餐饮：

烧鹅濑粉、黎姨鸡蛋仔、牛杂。

门票：

8 元、10 元（带邮资封）。

住宿：

青旅类：东莞台北青年公寓，东莞顺旅太空舱青年公寓（可园店）。

公寓类：东莞浪琴居主题服务式公寓（恒大店），东莞雅诗居酒店式公寓（万江家汇店）。

快捷类：7 天连锁酒店（东莞雍华庭风情步行街店），东莞万江区栢丽商务酒店。

民俗节庆：

春节游黄旗：黄旗，即黄旗山，山上黄旗古庙、黄岭道院等古迹是人们朝拜的地方。宋代以来，每逢春节当地人们就有到山上朝圣的习俗，把黄旗山看作朝山、祖山，登山踏青，游览山景，拜谒神灵。

风物：

腊肠："广东腊肠数东莞，东莞腊肠数麻涌"，东莞的厚街腊肠相传已有 800 多年历史，追溯到南宋末年，战乱频繁，腊肠是避难常备的食物，可蒸可煮可烤，十分美味，流传至今。

摄影指导：

可园小巧玲珑，构景错落有致，拍摄时要注意凸显层次感，呈现咫尺山林之意趣。

📍 **周边看点**

● **迎恩门楼**

东莞地标建筑，唐至德二年（757
年），东莞县城西城门建于此，明
洪武十七年（1384年），砖筑城
门重修以石砌，红墙饰以碧瓦，丹
柱飞甍，蔚为壮观。

发现广东：100个最美观景拍摄地 **22**

西樵山
理学名山 佛道胜地

📍 **最佳观景拍摄点：**
山南、宝峰寺、观日亭的三处观景摄影平台

纬度： 22° 55′ N
经度： 112° 58′ E
大地高： 346 米

⧗ **最佳拍摄季节：**
春夏秋——西樵山的春季百花竞姿，夏季有茂林修竹，秋有乌桕红叶和天湖边的水杉。

🕐 **最佳拍摄时间：**
16:00~18:30

"南粤名山数二樵"，"二樵"中的西樵说的就是位于佛山市南海区西南部的西樵山。西樵山不高，主峰海拔仅有 344 米，放在祖国的名山大川中几乎可算是"微不足道"，但这座不以"会当凌绝顶"取胜的小山，却有着不逊于其他名山的人文底蕴与自然风光。

"未有珠三角，先有西樵山"的民谚道出了西樵山的悠远历史。

这是一座诞生于距今 4500~5100 万年前白垩纪中后期的古死火山。多次火山喷发与沉积形成了它外陡内平，犹如莲瓣簇拥的主体山貌，千万年来风蚀水侵的自然之力则造就了这里"七十二峰峰峰皆奇，四十二洞洞洞皆幽"的秀丽风光。火山沉寂多年以后，文明从这里

开始孕育。南粤大地的早期先民们在此定居，创造了灿烂的"双肩石器"文化。宋明以降，无数文人墨客、游士学子驻足西樵，吟咏山水，留下了 150 多幅匾额楹联与上百处摩崖石刻；以陈白沙、湛若水为代表的一众理学名家先后在此建立书院，开坛授徒，樵山子民崇尚读书研学的风气至今不衰，西樵"理学文化名山"的美誉也由此而来。

不独儒家爱此山，西樵山自古以来更是佛道圣地。这里流传着许多与道教渊源深厚的传说。相传吕洞宾游历南粤，曾左脚踩罗浮，右足踏西樵，留下了仙足、仙床、试剑石等仙人遗迹。而明代西樵山佛教发展鼎盛之际，曾同时有宝峰寺、云岩古寺、接承寺、白云古寺等多座寺庙，香火极旺。

今日在西樵山中央的大仙峰顶，伫立着世界最高的南海观音坐像，每逢"观音开库日"（农历正月二十六），西樵人都会来到这里，将对未来的美好愿想诉诸慈悲的观音，祈求一年风调雨顺，阖家安康。

倘徉在西樵山水间，九龙岩、翠岩、冬菇石、石燕岩等奇峰幽谷、怪石险崖，与大大小小二百多处碧潭清泉、平湖飞瀑交错间出，互相映衬，构成了一幅幅"水在山中山在水，不知人在画中游"的自然奇观。而南麓山脚的万亩桑基鱼塘，与零星散布在山间的七座岭南古村，给山清水秀的樵山带来了人间烟火的温暖气息。这样一座理学名山、佛道圣地，又有如画美景和古风犹存的风俗人情。"不到西樵山，不算到岭南"，可谓是名不虚传。

摄 / 刘世辉

摄7 刘鸿辉

🚌 **公共交通：**

从北门徒步或乘坐观光车上山可乘坐 226、227A、樵 9、樵 16 路公交车到西樵山北枢纽站；乘坐樵 16 路公交车到樵园站，可从白云洞入口搭乘观光索道。南门为自驾车出入口。佛山市旅游城巴 1 线同时经过北门和白云洞两个入口。

🍜 **餐饮：**

佛山是粤菜之乡，本地特色焖鹅和紫背菜、佛手瓜等都十分美味。

🎫 **门票：**

西樵山门票全价 70 元，学生证半价。持当天景区门票可免费游览黄飞鸿狮艺武术馆。门票不包含观光车和观光索道票。

🏠 **住宿：**

西樵山景区内有两家酒店，分别为四星级的云影琼楼酒店和三星级的西樵山大酒店。也可选择在南海区辖的西樵、九江、丹灶等镇的酒店住宿，交通方便，且更加经济实惠。

🏮 **民俗节庆：**

"半山扒龙舟"、"大仙诞"、"开笔礼"等，最为盛大的当属每年五一、十一双节期间举办的"黄飞鸿杯"狮王争霸赛。

🎁 **风物：**

西樵大饼，相传起源于明朝弘治年间，用清泉和面粉，猪油、砂糖发酵制成，色白微黄，入口松软。

📷 **摄影指导：**

1. 雄伟的南海观音坐像是西樵山的标志，拍摄时建议将坐像前的高耸阶梯纳入画面，以广阔的天空为背景，将南海观音坐像的气势淋漓尽致地表现出来。

2. 航拍整个南海观音坐像及周围的风貌，也是一表现手法。当然，除了身处西樵山拍摄，还可以航拍整个西樵山和其周围广袤的平原风貌，大自然的绝美景象绝对让人眼前一亮。

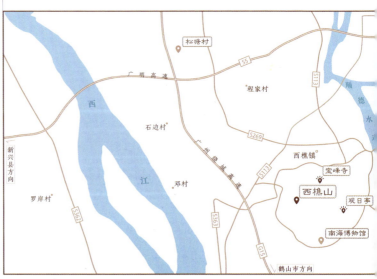

摄／陈明辉

📍 **周边看点**

松塘村

位于西樵山以西约 10 千米处的松塘村，是一座已有近八百年历史的古村庄。古时科举人才辈出，有"翰林村"的美誉；今日亦文风鼎盛。这里三山环抱，百巷朝塘，清幽古朴的长街深巷中，庄严肃穆的宗祠家庙、翰墨飘香的书舍家塾和颇具岭南特色的镬耳屋民居点缀其间。2010 年，松塘村获批入选"中国历史文化名村"。

南海博物馆

位于西樵山南门入口东侧，馆藏文物以南海境内出土文物和南海籍历代书画家作品为主，其中康有为书法、信札手稿真迹最有特色。场馆虽小，但若想全面了解南海历史和西樵山文化，这里值得一去。

摄／陈碧霞

摄／刘世辉

摄／陈汉添

发现广东：100个最美观景拍摄地　**23**

清晖园
清晖毓秀，岭南古园

📍 最佳观景拍摄点：
一勺亭对面连廊东北角

纬度：22° 50′ 20″ N
经度：113° 14′ 58″ E
大地高：0 米
观看方位：南偏西 15°

⏳ 最佳拍摄季节：
6~7月，感受"过雨荷花满院香"的沉醉。

🕐 最佳拍摄时间：
16:00~17:00

清晖园位于佛山市顺德区市中心，始建于明朝，初为状元黄士俊宅第，后为顺德望族龙家所有。在此后的四百余年间，历任园主对此地几经加工的设计扩建，令其格局逐步稳定，留存至今的布局便是从清嘉庆年间流传下来的。

如今，以玲珑布局和人文魅力著称的清晖园，作为岭南园林的代表，是游客到访顺德的必去之处。

清晖园虽处市中心，却呈现出远离外界嘈杂的清静之态，每个前来到访的游人，都能沉醉其中。这令人陶醉的原因，恐怕要归因于清晖园的构筑精巧与文化内涵。不管是蔚为壮观的建筑艺术，以水贯通的绿树繁花与石山小桥，还是文人墨客留下古朴精美的楹联字画，在阳

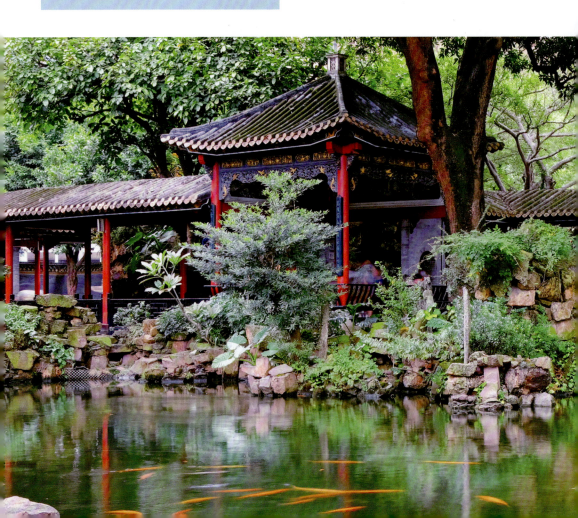

光的照射下流光溢彩的玻璃小筑，这些美景与历史古风，都是漫步于园中便能体味到令人回味无穷的乐趣。

每到夏日，满池的荷花都会让清晖园变得如同画卷般美丽。若想尽赏曲径荷风，最好的去处就是这里了。

设计精妙的清晖园通过前疏后密的独特布局与遍布的池塘，令园即使在盛夏也不觉闷热，绿树掩映下，荷花迎风摇曳，倒映着景物的水面微泛涟漪。园中美景每年都是如此与游人邂逅，映衬着古老的庭院，光影交错间，犹如时光流转，手抚其中的一砖一瓦，仿佛能与明清的文人雅士进行一场穿越古今的对话。

真可谓"昏旦变气候，山水含清晖"。

清晖园还是广东四大园林之一，是岭南园林的代表作。善用西洋元素和南洋元素装饰园林，是岭南园林区别于江南园林的重要特点。

花窗格、彩玻璃、芭蕉肥、荔枝壮，都是清晖园的特色，如果说江南园林是含苞待放，那么岭南园林就是娇艳欲滴。

清晖园地处顺德市中心，走出园林，随处可见商铺林立。虽然园中幽静，园外却一片繁华，作为广东四小虎的顺德，除了久负盛名的美食，清晖园也为她增光添彩。

摄 / 罗俊杰

🚌 公共交通：
从广州南站出发，乘坐广珠城际轻轨到顺德站，再乘坐佛314路到达清晖园站。

🍵 餐饮：
烧鹅、猪杂粥、鱼生、桑拿鱼、毋米粥、伦教糕、蹦砂、双皮奶。

🎫 门票：
门票全价15元。门票团购价格为12元，学生票7元。顺德市民、6岁或身高1.4米以下儿童、65岁老人免门票。

🏠 住宿：
清晖园地处市区，附近便捷酒店和高档酒店数量都很多，可自由选择。如想体验当地特色，可选择香云纱园林酒店。

🎐 民俗节庆：
行通济：
每年正月十六，佛山当地人家都会走出家门，手持蕴含美好寓意的风车、风铃、生菜，口念"行通济，无闭翳"通过通济桥。所谓"通济"，其意思是"必通而后有济也"，其中寄托着人们希望新的一年中，能够一路通顺，生活和谐的美好愿望。华盖路步行街，是岭南西洋特色的商业步行街，以骑楼建筑为主，距今已有800多年历史。步行街内有当地特色的甜品店和手信店，游完清晖园可顺便逛逛。

🎁 风物：
香云纱。

📷 **摄影指导：**

1. 清晖园地势较低，处于顺德中心区，周围高楼林立。在取景构图时，应注意避免树木、屋顶后的高楼入镜，或可以用后期软件对高楼进行整体修除，以保持画面的古朴统一之感。

2. 园内以水贯通，水中锦鲤成群也是清晖园的一大特色，建议用偏振镜消除水面倒影进行拍摄。

3. 园内树木、花卉、苔藓等植物逾百种，一年四季都郁郁葱葱，每逢夏季荷花盛开，也是微距、静物摄影的好场所，可携带微距镜头或长焦进行拍摄。

4. 下午时分，彩色玻璃门窗会有阳光从屋檐下打入，如对彩色玻璃进行拍摄，要选择下午阳光斜照时入园。

5. 清晖园对具有顺德户籍的居民免费开放，每逢周末假日游人络绎不绝，可选择工作日以避开高峰，前往拍摄。

摄／陈明辉

摄／吕毅鹦

摄／刘世辉

📍 周边看点

逢简水乡

逢简水乡距离清晖园约 15 千米。逢简水乡是顺德最早有人聚居的地方，村落里水道绕村蜿蜒，有"广东周庄"之称。在民风淳朴的村子里，租一班手摇船，在摇晃的船上体验水乡宁静。

顺德伦教香云纱

当地特产香云纱，是用纯植物染料染色的桑蚕丝绸织物，为顺德区伦教街道所独有。2008 年入选国家非物质文化遗产，已有近 600 年的制作历史。

顺德博物馆

博物馆距离清晖园 8 千米，主要分为顺德人情乡土、海外乡情、明清家具、顺德美食和巨星李小龙等主题展览，是了解顺德历史文化的最好去处，特别是在炎热的天气，中午可前往。入馆免门票，周一闭馆。

摄／刘世辉

摄｜吕毅鹏

发现广东：100个最美观景拍摄地 **24**

梁园
清素淡雅通幽处，曲水萦回天合一

📍 **最佳观景拍摄点：**
韵桥、湖心石是景区的打卡地标，对奇石摄影感兴趣的朋友一定要到秋爽轩拍摄、玩赏。
纬度： 23°02′N
经度： 113°06′E
大地高： 40米
观看方位： 可外观赏池水波光粼粼，也可于院内坐听涓涓细流。移步换景，方见梁园曲径通幽之趣。

⌛ **最佳拍摄季节：**
4~10月，春季尤为显得生机盎然。

🕐 **最佳拍摄时间：**
8:30~17:30，中午光线充足，拍照为佳。

佛山梁园、顺德清晖园、番禺余荫山房及东莞可园并称为清代广东四大名园。梁园建于清代嘉庆、道光年间，是广府地区著名书法家梁蔼如、梁九章、梁九华及梁九图叔侄四人，历时四十余年建成，总称为梁氏宅园。"庭院深深深几许"，一进庭院一派风味，从"十二石斋"到"群星草堂"，从"汾江草芦"到"寒香馆"，园林虽小，设计十足。穿过略显低调的院门，去发现别有洞天的雅致。

梁园自建成以来饱受岁月的侵蚀，也经历战火的侵吞，梁氏家族的兴衰也寓于岭南历史长河中。清代文人墨客常雅集于此，"流觞曲水、列坐其次"。今天的梁园将曾经的文化内涵一以贯之，海纳百川，成为诗社、楹联、盆景、书画、篆刻、粤剧、茶艺等众多丰富的民间艺术活跃与传承的载体。

园内秀水、奇石、名帖被称为"三宝"。梁氏宅邸、祠堂与园林融为一体，独具匠心；曲径通幽、曲水环绕与亭台楼阁共同呈现出典型的岭南水乡魅力，动静相宜、疏密成趣。

🚌 **公共交通：**

自广州搭乘地铁广佛线即可到达佛山市区，八达通、岭南通均可在广州、佛山的地铁使用。从广州沙园站地铁站出发，约 30 分钟可以到达祖庙南桂路地铁站，A1 出口步行至花苑广场公车站搭乘 232B 可到达梁园，全程地铁 + 公车约一小时车程，票价 7 元。

梁园景区公车站有 105 路、106 路、114 路、118 路、128 路、141 路、146 路、152 路等经过，十分便利。也可选择在佛山的祖庙地铁站，从同在佛山市区的祖庙、岭南天地等景点游览起；从祖庙步行至梁园约 1 千米路程。

🥢 **餐饮：**

九层糕，盲公饼，盲公丸（陈氏盲公丸，位于祖庙北边的飞鸿手信街），双皮奶（民信老铺）。

🎫 **门票：**

10 元，学生证半价，每周六免费。

🏠 **住宿：**

景区附近推荐佛山中学时代青年旅舍，暖暖居青年旅舍。

🎁 **风物：**

大沥醒狮会：每逢正月过半，南海大沥众多狮会纷纷舞动起来，观者如潮，仿佛用这种热闹与激情驱散冬季的湿冷。

乐安花灯会：乐安花灯会已有 300 余年历史，正月初九开始摆花灯，春节期间各家纷纷赶墟逛灯市、买花灯，祈求新年福气。

📷 **摄影指导：**

1. 园林的拍摄讲究的是意境。场景和角度的选择至关重要，建议选择一些精致的、光影交错的场景。

2. 梁园中庭、水、石等元素都经过精心构思，拍摄时可以抓住某个重点的元素，应着重体现所处的意境。

3. 给画面增加趣味点能够让画面更加吸引人，喷发的喷泉、怪异的石头和婀娜的植物等都是可以来点缀图片的。另外，不同的角度也能带来不一样的视角，可以尝试放低你的相机，能拍摄到另一番景象。

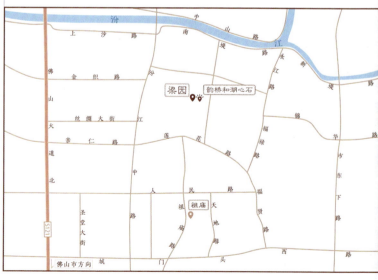

摄／陈明辉

📍 周边看点

祖庙

广东人喜以水为财，因而佛山人视祖庙为福庙，供奉水神。它既有古朴典雅的岭南建筑，又有工艺精美的艺术珍品，今天，当地人日常生活也仍然与祖庙息息相关，新人举行婚礼，新婚夫妇喜添贵子，家中孩子升学，常常来到祖庙借灵气；更稀松平常的是祖庙也承载了生活的气息，晨练、看戏，是当地人生活不可或缺的一部分。

摄／吕毅鹏

摄／陈明辉

摄／刘世辉

摄｜刘世辉

南风古灶
窑火百年不断

📍 最佳观景拍摄点：
南风古灶的南门
纬度： 23° 00′ N
经度： 113° 04′ E
大地高： 22 米
观看方位： 西南方向

⧗ 最佳拍摄季节：
人文类景观为主，四季景色相差不大。

🕐 最佳拍摄时间：
开放时间 8:30~17:30，建议错开旅行团高峰时间拍摄。

在熙熙攘攘的佛山市区中，南风古灶守住一隅，静静地向来往的游人展示佛山市曾在历史中兴盛一时的制陶产业。景区内部共有两座窑址，最有名的便是闻名中外的南风古灶。古灶建于明代正德年间，属于龙窑，窑身细长，沿坡势而建，其形状如同一条卧龙盘踞于山坡之上，龙窑之名也因此而来。与古灶相对而建的另一座龙窑名为高灶，比起南风古灶年纪更轻，但也经历了百年的风风雨雨。当初建造高灶的人特意选址在此，想必也是带有高灶能够继承南风古灶繁荣香火的心愿。紧贴着炉窑生长着一棵参天古树，虽然窑内不断有热气传来，但是多年以来树木依然郁郁葱葱，不失为一处奇观。

除了两座窑址外，为了宣传发扬当地的制陶文化，园区内同样设有陶瓷博物馆以及艺术街区，定期展出艺术作品。陶瓷文化在这里经历百年传承而历久弥新，焕发出新的生机。除展览之外，这里还组织各类陶瓷烧制的交流活动，常年邀请相关领域的大师来此切磋交流。写有"南风古灶"四个字的牌匾便是著名书画家关山月先生的手笔。

漫步于岭南民俗文化的街道当中，欣赏两边或古朴或现代的陶瓷艺术品，并且深入了解陶瓷烧制的全过程，甚至自己亲自动手参与其中，感受泥土中所蕴含的生机，千年的陶瓷文化得以在南风古灶薪火相传。

摄影指导：

制陶文化是拍摄南风古灶景区应该着力表现出的。南风古灶和高灶被称为陶瓷活化石，画面中应融入暖色调，能让人能够感受到它们浓厚的历史感。除了拍摄一些局部特写，拍摄其他场景时建议不要将颜色反差过大的元素纳入画面，不利于整体感觉的表现。

摄/陈明辉

🚌 **公共交通：**

佛山市已开通高铁，从主要城市坐高铁即可前往。109、120、137、桂26、临8路公交车至南风古灶站。

🍜 **餐饮：**

甜品：仁信老铺可以吃到水牛奶制成的双皮奶，辉记甜品店虽然知名度稍逊一筹，但是味道不输前者。

正餐：细妹五香牛杂、应记面家。

🎫 **门票：**

25元，网络购票有优惠价格。

🏠 **住宿：**

南风古灶位于市区，交通便利，周边酒店众多，选择范围很大。

💠 **民俗节庆：**

佛山祖庙三月三北帝诞庙会是当地最为盛大的传统节庆之一，届时将举办拜祭北帝的祈福活动，同时也会有盛大的庙会和巡游。此项传统也入选了国家级非物质文化遗产名录。

🎁 **风物：**

佛山的民间工艺继承了岭南民艺特色，剪纸、版画、彩灯、陶艺都体现出当地的文化特色。

先行图书：对于无数人来说，推开书店的那扇大门，是他们从繁忙沉闷的都市生活迈入精神的理想国最为便捷的途径。虽历经数次搬迁，先行书店在这座城市中已经度过了20多个年头。这里或许可以称作是佛山最为坚守的文化地标。

NICE CORNER CAFE：一家开设在街角的咖啡店。坐在路边，捧着一杯咖啡，看路上行人匆匆，别有一种惬意。

摄／刘世辉

📍 周边看点

- **叶问堂**
  馆内介绍了大名鼎鼎的一代宗师叶问的一生，同时也介绍了咏春拳的基本知识以及师承关系。距离祖庙很近，可以一起参观。

- **佛山祖庙**
  建于北宋年间的祖庙是供奉道教北方玄天大帝的神庙，也曾是佛山各宗祠议事的场所，2017年大热的综艺节目《极限挑战》也曾在这里拍摄取景。

摄／陈明辉

摄／陈明辉

发现广东：100个最美观景拍摄地 26

美的鹭湖森林度假区
欧陆风情小镇

📍 **最佳观景拍摄点：**

园区内使用无人机拍摄
纬度： 22° 50′ N
经度： 112° 46′ E
大地高： 11 米
观看方位： 四面皆可

🏆 **最佳拍摄季节：**

夏季树木葱郁，蓝天与碧蓝的湖水相互映衬，
百花盛开；小镇上的建筑白墙红瓦，拍出来
的色彩饱和度最好。

🕐 **最佳拍摄时间：**

日出或傍晚时分

摄／刘世辉

　　美的鹭湖森林度假区属于佛山市近几年新开发的一批景点之一，以休闲度假类景点为主，同时此地也是上千只白鹭的家乡，因此湖水得名为白鹭湖。度假区内又细分为若干区域，每个区域还拥有各自的停车场。其中爱丽丝庄园内种植了各色花草，并且按照《爱丽丝梦游仙境》的故事情节来布置，造型夸张的花架让人宛如置身奇幻王国，漫步于树篱迷宫当中，或许下一个转角就能看到白兔先生手握怀表从前方匆忙跑过。

　　安纳希小镇则是以法国的同名小镇为蓝本，将大陆另一端的街道建筑完美复制过来。曾写出名著《悲惨世界》的法国作家雨果曾说过："无论怎么写，我的诗也不如安纳希美。"街角的咖啡店、古典主义风格的小楼、彩色方砖铺就的地面，天气晴朗时蓝天映照白墙，使人恍如身处异国。这里也成为了拍照的极佳场所，有时还能看见新婚情侣来此拍摄婚纱照。园区围绕白鹭湖而建，一片生态别墅群也正在打造当中。为了突出人与自然的和谐相处，此地还提供汽车旅营，并为露营爱好者提供了扎帐篷的场地。夏季的傍晚，与三两亲朋好友宿营烧烤，听着各类鸣虫在草丛内窸窣，在星空下分享自己的心事，该是何等惬意。

摄影指导:

1. 美的鹭湖森林度假区有着多样的精致，优美的自然风光、欧陆风情的建筑等都是可以拍摄的素材。利用航拍拍摄整个度假区的生态环境，也是一个很好的选择。

2. 如有机会，拍摄在此栖息的白鹭也是一个不错的选择。为了不影响白鹭的正常活动，此类拍摄需要用长焦镜头进行抓拍。

🚌 **公共交通:**
较为偏远，建议自驾前往。也可乘车到最近的车站杨和镇公交客运站，然后再打车前往景区。

🥢 **餐饮:**
安纳希小镇中的美食街提供各色美食。景区内的餐厅有莫奈印象，菜品质量高，还时常推出团购价，非常实惠。

🎫 **门票:**
安纳希小镇免费，爱丽丝庄园80元/人，网上可购买含餐票和优惠票。

🏠 **住宿:**
美的鹭湖汽车营地酒店：参考国外的旅营式酒店，即可以选择林中木屋，也可以体验一下住房车的感觉。车前有单独的空地，可以用来烧烤。

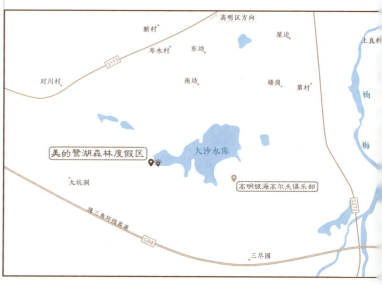

摄／刘世辉

📍 周边看点

高明银海高尔夫俱乐部

无论是初来球场的新手还是常客，都能找到适合自己难度的球道，该球场配套设施完善，是符合国际标准的高尔夫球场。

高明西坑水库

西坑水库位于高明区西南部，距杨和镇约 19 千米，这里白鹭来来往往，偶尔栖身于水草之间，偶尔在湖面盘旋，成为山水之间一道动态的风景线。水库还为游客们提供木舟，人们可以置身其中，体验一把泛舟游湖的乐趣。

摄／刘世辉

摄／欧炜平

发现广东：100个最美观景拍摄地　**27**

高明峰江石场
矿坑出平湖

最佳观景拍摄点：
在高明区明城镇茶田村用无人机拍摄
纬度： 22°50′N
经度： 112°39′E
大地高： 12米
观看方位： 东北方向

最佳拍摄季节：
夏季，植被茂盛，处于丰水期，拍摄各类景物皆宜。

最佳拍摄时间：
日出或日落之际

大地奉献了自己的矿藏之后，再用一汪湖水填满了自己的伤疤，带给人们又一种馈赠。

地处佛山市高明区的峰江石场，是工业遗迹和自然景观的结合典范。

曾经平坦的土地因开矿而形成了大坑，开矿期间，也因为污染问题而对生态和周边居民生活造成影响。

但是停止开采后，大坑被华南丰沛的雨水和地下水补给填充，随着时间的流逝，渐渐形成了一个湛蓝的平湖。

现在的峰江石场，可以看见覆盖着自然植被的地表上有一个凹陷的湛蓝湖泊，在湖泊的

边缘，还能看到当年的工业遗存，灰色的裸露岩石是曾经挖掘的痕迹。

大地的伤痛早被湖水的湛蓝遮盖，这里已经成为当地小有名气的摄影景点。

湖水的湛蓝搭配上别致的工业遗迹，特别是近年来自然生态逐渐恢复，植被重新覆盖，使这里形成了独一无二景观。

这样的景观背后，有着人类的幸运，大自然在自我愈伤的同时，重新带给人们别样的景色。当然，这里也是启发我们对开采行为的反思的宝地。

值得一提的是，峰江石场地处高明区，距

离佛山的西樵镇较近，当地最有名的特产是西樵大饼。起源于明朝的西樵大饼一般重两斤，由面粉、鸡蛋、白糖、猪油制成，是佛山人婚丧嫁娶的重要礼品。

摄 / 刘世辉

🚌 **公共交通：**

由广州出发，可乘高铁或客运到高明市区，然后转乘公交到龙尾站，再步行到达。

🍵 **餐饮：**

附近有农庄可以品尝家常菜，也可到高明区或者佛山市就餐。当地特色菜同珠三角地区粤菜大同小异，口味清淡、食材考究、注重原汁原味。当地特色美食：西樵大饼、山水豆腐花、鱼生、臭屁醋火锅。

🏷 **门票：**

免费。

🏠 **住宿：**

离峰江石场不远的明城镇有住宿可供选择，如果对住宿要求高，可前往高明区或佛山主城区住宿。

🏮 **民俗节庆：**

农历四月十四是佛山的民间节庆"大仙诞"，这一天将祭祀各路神明，民众祈求保佑的同时，也逛庙会，体验传统文化和休闲娱乐。

📷 **摄影指导：**

1. 想要拍摄高明峰江石场的自然奇观，航拍是最好的选择。拍摄时将形成的湖泊和石场周边的地貌全部纳入画面，充分表现出它的自然之美。

2. 近距离拍摄时，可以表现出清澈的湖水和明显的工业痕迹的对比，以表现出大自然的神奇。

摄／招力行

摄／刘世锟

📍 **周边看点**

● **泰康山**

泰康山位于峰江石场东北部的明城镇，距峰江石场约 6.3 千米，是高明区的生态旅游度假区。山内建有客家文化遗址、北帝庙等文化参观景区。

摄／招炽佳

摄／刘世锟

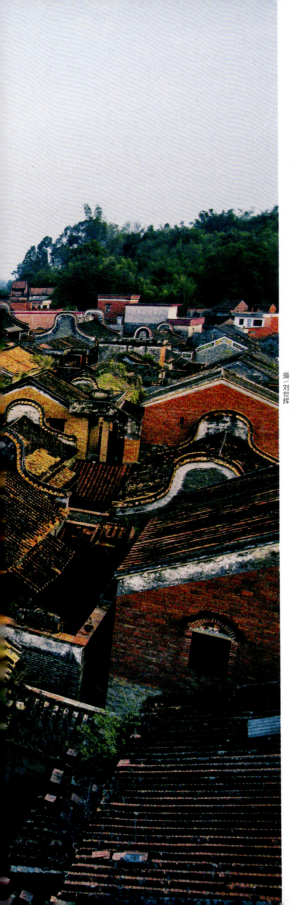

发现广东：100 个最美观景拍摄地　　**28**

长岐古村

青砖橙瓦，田园古村

📍 **最佳观景拍摄点：**

村子东面的小山坡顶
纬度：23°22′N
经度：112°58′E
大地高：5 米
观看方位：朝西

⧗ **最佳拍摄季节：**

春夏之交，此时正值农作物种植季节，一派
田园风光。

🕐 **最佳拍摄时间：**

11:00~14:00，色彩明艳。

位于佛山市三水区北部的芦苞镇，有一座始建于
明代的古村落，号称"广东最美古村"之一，它以历
史悠久、建筑风貌保存完好、岭南村落特色显著、自
然田园风光优美而著称。

长岐古村最早始建于明朝，但其建筑源于清朝，
因村落内大姓卢姓最早到此的祖先名为长岐而得名。
村中现有种姓、黄姓、何姓、卢姓四大姓，各宗族祭
祀祖先的祠堂也在村中池塘前一字排开，是村落联结
村民、稳固社会的传统公共场所，其建筑构造和雕刻
艺术有相当的研究价值。

祠堂背后的民居是长岐古村的最大看点：每家每
户都呈四合院布局，灰砖墙橙瓦顶极富岭南特色，再
加上民居的防火山墙顶部会做出拱状造型，建筑学上
又称为"猫弓背"，可谓相当考究。走进建筑内部，
一般有一厅四室、一厕一天井的布局，同时又有暗道
连接邻里人家以保护安全。

古村的榕树也历经沧桑长成合抱之木，珠江水系
的哺育造就了村落的繁荣富庶，是村落留给游人最深
的印象。长岐古村还是一座长寿村，在人数不多的村
民中，60 岁以上的老人有 215 名，其中 80 岁以上
的有 62 名，虽然近些年村民大多因城市发展而搬迁
离去，但是古村人杰地灵的田园风光还是吸引了不少
人定居于此，也吸引了纷至沓来的游人。

🚌 **公共交通**：
可从广州坐城轨到达佛山市三水区，再转公交即可到达。

🥄 **餐饮**：
当地农家风味和岭南风味并存，极富特色的山水豆腐花值得一尝，村中的钵仔糕、猪脚姜、鸡蛋仔等小吃也可以品尝。

🏠 **住宿**：
古村附近有度假酒店可供选择，此处因离市区较近，到附近城区能有更多的住宿选择。

🎪 **民俗节庆**：
三水清明节有吃"太公饭"的习俗，清明时节家族团聚祭祖，一般要做烤全猪。祭祀完毕后，由族人组织将烤得喷香酥脆的全猪分给各家，所以，也称"太公饭"。

🎁 **风物**：
在佛山三水一带的城镇有吃臭皮醋火锅的饮食习惯，臭皮醋是由不同比例的糯米和粳米酿制而成的酸甜适宜但略带臭味的白醋，用它做火锅汤底，加入猪杂、鸡肉等食材熬煮，闻起来微臭，吃起来酸香可口。

📷 **摄影指导：**

1. 长岐古村的清朝建筑中，特色的屋顶和镬耳墙独具特色。建议在高处对长岐古村进行俯拍，着力表现屋顶的色彩和镬耳墙的层次感。

2. 需要注意的是，俯拍时角度不应太大，否则无法表现出镬耳墙的形状美。同时，长岐古村背靠文笔山，拍摄方向建议朝向此，自然风光的点缀更能表现出长岐古村的生态。

3. 富有浓重历史感的长岐古村，细节拍摄也是不可或缺的表现手法。单独的镬耳墙、祠堂、凋敝的村道、砖墙和壁上灰雕都是可以特写拍摄的元素。

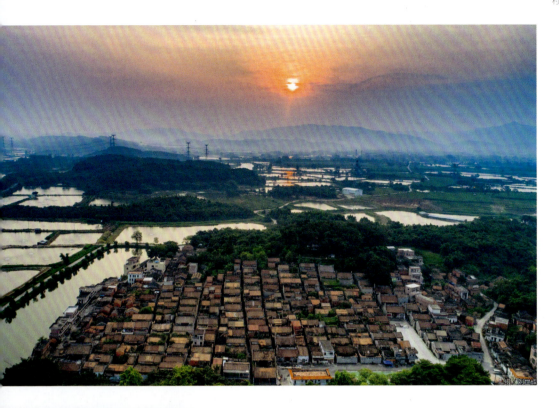

📍 **周边看点**

● **三水温泉度假村**
佛山三水还是珠三角地区远近闻名的温泉之乡，在离古村不远处就有三水温泉，临温泉修建了度假村，是佛山市休闲度假的好去处。

发现广东：100 个最美观景拍摄地　**29**

渔女
幸福与美好的化身

📍 最佳观景拍摄点：
珠海渔女雕像正面的石桥
纬度： 22° 15′ N
经度： 113° 35′ E
大地高： 0 米
观看方位： 北偏西 30°

⧖ 最佳拍摄季节：
四季皆宜

🕐 最佳拍摄时间：
6:00~9:00、17:00~20:00

摄／徐小天

在"百岛之市"珠海，香炉湾畔，有一座"珠海渔女雕像"。珠海渔女雕像高近 9 米，矗立在情侣路的中段，半弧形的海湾上。是中国第一尊大型海滨雕像，为中国著名雕塑家潘鹤的杰作。渔女姿态优美，面带笑容，双手高擎宝珠，向人们奉献珍宝，也象征着世间的美好和光明。

相传古代有位仙女下到凡间被香炉湾美丽的景色所吸引，于是她扮成渔女，留在人间过起了织网捕鱼、采珠寻药的悠闲生活。她常常采摘草药，配上珍珠粉为渔民治病，深受渔民的爱戴。一次劳作中，她结识了一个渔民青年海鹏，朝夕相处，情投意合。然而，耿直的海鹏受骗，誓要仙女摘下手镯给他作定情信物，渔女为表心意拉下手镯，随即在情人的怀里香消玉殒。海鹏方知受骗，悔恨不已，哀天恸地。九州长老为这份感情所感动，故指引海鹏前去寻找还魂草。还魂草须用男人的鲜血浇灌，才能发挥救命的作用。功夫不负有心人，经过海鹏的日夜浇灌，还魂草终于长大，救活了仙女。成亲时，仙女在海边拾到一枚硕大无比的海蚌，挖出了一颗无可比拟的宝珠。为感谢九州长老的帮助，渔女将这颗宝珠献给了九州长老。

独具匠心的雕像，美丽感人的传说，碧海、蓝天、青山、岛屿、渔女、情侣路，还有甜蜜相拥的情侣，成为这座滨海城市一道亮丽的风景。

摄影指导：

1. 渔女是珠海的象征，白天阳光充足时拍摄能够非常清楚地刻画出雕塑的细节，同时其背后的珠海城市建筑群，也能将渔女很好地融合在一起，显示出渔女在珠海的地位。

2. 在晨曦或者晚霞时分，拍摄渔女可能没有白天那么清晰，但是美丽的天空和柔和的光线能够充分突出优美和仙气。拍摄时建议使用小光圈以保证雕塑的清晰度，同时可以尽量采用较长的曝光时间，不仅可以让周围的水流变得细腻，也能让雕塑的人造光线和天空的自然光更加丰满。

🚌 **公共交通：**

从广州南站坐动车前往珠海，约一个小时车程，步行至公交车站乘坐 99 路公交车，开往云顶澜山方向，途经 13 站至珠海渔女站下车。渔女雕像就在海湾。

🍵 **餐饮：**

海滨城市的美食肯定少不了海鲜。当地的鲜蚝、膏蟹、龙虾、海胆、狗爪螺、将军帽等水产品物美价廉，简直是海鲜爱好者的天堂。另外，"唐人食街"、"拱北银都酒店"等"食街"还能尝到各地美食。

🏠 **住宿：**

景点周边有珠海德翰大酒店、珠海寰庭精品酒店、珠海怡景湾大酒店等高档豪华型酒店，也有城市便捷、珠海旅游大酒店等经济型酒店。

🌐 **民俗节庆：**

珠海民间艺术大巡游：大巡游将三灶鹤舞、乾务飘色、咸水歌等珠海民间艺术和传统文化原汁原味地展示在众人面前，打造成整个珠三角的节庆文化品牌。每逢巡游，不少外地观众特地赶来观看，现场热闹非凡。

🎁 **风物：**

三灶竹草编织技艺是一项有近 500 年历史的民间技艺，产品大小款式丰富多样，制作工艺精美，功能多样，可作为礼品赠予亲朋好友。

摄／徐小天

摄／徐小天

摄／黄全

📍 **周边看点**

圆明新园

圆明新园位于珠海九洲大道石林山下，以北京圆明园的设计为底本，按照 1:1 比例精选圆明园中的十八景修建而成，融合了古典皇家建筑群、江南古典园林建筑群和西洋建筑群，为人们再现圆明园的风采。

珠海海滨公园

海滨公园紧邻渔女雕像，是珠海市最大的公共公园。这里环境幽静，景色怡人，搭配上美丽的海景，是家庭聚餐、朋友欢庆、情侣约会以及老人散步的好去处，同时也可以作为婚纱照的外景拍摄地。

摄／黄全

发现广东：100个最美观景拍摄地　**30**

东澳湾
碧波逐浪

📍 **最佳观景拍摄点：**
使用无人机进行鸟瞰拍摄
纬度： 22°01′ N
经度： 113°42′ E
大地高： 0 米

⏳ **最佳拍摄季节：**
夏末秋初，日照不十分强烈时，适宜拍照。

🕐 **最佳拍摄时间：**
日出时，太阳从海面升起，雾气弥漫，宛如仙境。

　　东澳湾与香洲隔海相望，全岛面积不大，步行游览两天时间便可周游全岛。其中南沙滩是全岛最美的一块沙滩，虽然面积并不大，但海水清澈，加上当地终年温暖的气候，非常适合躺在长椅上消磨时光。

　　除去沙滩外，东澳湾还拥有大量断崖式的海岸线，沿着石景长廊向前走，嶙峋巨石遍布在路旁的草地上，隐约有千军万马之势。路边的榕树从石缝间探出根系，形成树抱石的奇景。沿着山路一直向上，可以看见废弃的铳城遗址，时光使得城墙早已爬满青苔，三座废弃的炮台对着空荡荡的海面。

　　如果在东澳湾住宿，第二天可以早起看日出。一般来说有两个看日出的地址，一是铳城顶端，二是沿着东澳湾绕道岛屿东边，无论哪一条路均需要在日出前提前出发，所以要带好照明工具，注意安全。

　　当太阳从地平线上一跃而起时，漫天云彩染上金子一样的光，金色一直流进海里，把渔船也映得金灿灿的。这一段环绕岛南部的路程海湾众多，走出一段距离之后向后回望，陆地形成一个个探进海中的弯角，在晨雾中显得异常美丽。

　　岛上的主要景点之间可以乘坐电瓶车，部分景点需要登山，请穿舒适轻便的衣服。

🚌 **公共交通：**
从香洲码头坐船可以前往东澳岛，
一天两班，最好提前购票。横琴码
头也有前往东澳岛的航班，一天一
班，节假日有加船。

🏷 **门票：**
免费，电瓶车 10 元 / 人。

🏠 **住宿：**
Club Med: 来自法国的旅游度假
连锁集团，在全球各地拥有度假
村 80 余座。酒店采取全包机制，
即按人头收费，费用包含住宿，饮
食以及酒店内所提供的各项娱乐项
目。酒店拥有独立沙滩，包揽了东
澳湾最为精华的景色。
除 Club Med 外，岛上酒店以民宿
为主，相差不大。

📷 **摄影指导：**

1. 日出日落时是东澳湾最美的时刻，加上洁白细腻的沙滩，绝
对是一幅让人陶醉的画面。建议沿着沙滩的方向进行拍摄，突
出其狭长优美的形状。

2. 当然，利用航拍拍摄整个东澳湾凹形的形状和恬静的环境，
也是不错的选择。

摄／朱泽辉

📍 **周边看点**

外伶仃岛

距东澳岛不远的另一海上小岛，岛上奇石遍布，晴天时可以远眺香港。民族英雄文天祥的名作《过零丁洋》便是咏叹此地。

摄／黄全

发现广东：100 个最美观景拍摄地　31

珠海大剧院
珠生于贝，贝生于海

📍 最佳观景拍摄点：

从珠海沿岸隔海拍摄剧院，以明亭公园的山景为背景。剧院如同贝壳从海中升起，身后远处群山使得画面更加丰富。

纬度： 22° 17′ N
经度： 113° 35′ E
大地高： 8 米

⧗ 最佳拍摄季节：

秋季晚霞较多，大雨过后容易拍出壮丽天光。

🕐 最佳拍摄时间：

傍晚彩霞满天时，或夜间剧院灯光点亮之后。

当人们站在岸上向香洲湾的方向眺望时，能看到一对"日月贝"横亘于海面之上，这就是中国唯一的海上大剧院珠海大剧院。在竞标中，设计师陈可石力压一众国际知名设计师，拔得头筹，也使得这一地标性建筑带有着中国独立设计的骄傲。

这对"日月贝"的灵感来自于名画《维纳斯的诞生》，爱与美的女神维纳斯脚踏贝壳，在泡沫中诞生于海面之上，珠海大剧院同样以贝壳的形态浮出海面，临山听海，而夜夜上演不停的演出则是这对贝中最美的明珠。双贝一大一小，恰好分别为大小不同的两个剧场，前者能够满足歌剧、大型话剧、交响乐等的演出需求，后者则为一些低成本的独立演出提供了舞台。同时，剧院在音效方面采用最为先进的

设计，力求为每排座位上的观众提供最好的演出享受。

从开始运营至今，剧院已经承办了从高端的音乐会、由传统作品改编的话剧到形式活泼的音乐剧等各类活动，以满足不同观众的需求。

在当下的大环境里，繁多的艺术形式挑战着传统剧院的生存空间，人们有更多的理由选择电影院或是电视，但这并不意味着剧院的终结。我们依然要走进剧院，因为它为我们提供了不一样的表演。

当灯光暗下之后，数千人为舞台上小小一方空间中的爱与恨而感动，演员口中的每一句台词都是一次私人的对话。这样一种仪式感，从古希腊酒神节的狂欢中延续至今，是任何其他艺术形式都不能取代的。

在台风频发的珠江三角洲，建设这样的歌剧院往往需要更多的考量，在设计之初，两个"贝壳"的朝向都别有用心，特地用错开台风的角度减少风阻。

现在的珠海歌剧院早已落成，在歌剧院的位置面朝大海，能在宽阔的伶仃洋面上看到建筑奇迹——港珠澳大桥，另一面又能看到情侣路上椰林婆娑，路边临海，涨潮时海水拍打石栏，退潮时沙滩礁石尽显眼前。珠海歌剧院尽显了这座南国海滨城市的惬意和浪漫。

摄 / 徐小天

摄影指导：

1. 晚霞变化较快，建议提前找好拍摄位置，架好三脚架，根据具体光线迅速调整拍摄参数，曝光时根据晚霞光亮处附近的灰色进行测光，保证画面柔和，同时保留了晚霞的色彩。

2. 拍摄夜景同样需要架好三脚架，使用慢速快门。调整白平衡也会使画面产生不同的效果，剧院的外灯为银色，偏冷的白平衡可以给画面一种未来科技感。

🚌 **公共交通：**
剧院位于珠海市中心，多辆公交车可以到达。

🥣 **餐饮：**
当地盛产海鲜，海鲜粥非常鲜美。

兄昌饭店：位于杨名广场旁边，老字号饭店，主打鸡肉和海鲜，周星驰和谢天华都曾经在这里就餐。

咖啡店：彳亍咖啡馆：仅有十多平方米的空间，每天三款不同风味的咖啡豆。店内不设座位，即买即走的营业形式也使得每一杯咖啡能够以更加实惠的价格出售。

🎫 **门票：**
剧院外观参观免费，进入剧院需要购买相关场次的演出门票。

🏠 **住宿：**
可以住在珠海市内，附近酒店众多。

摄／潘力

 周边看点

珠海博物馆

依照古典园林结构建造出的博物馆，围绕当地历史展开，陈列有从先民生产时的石制器具到近代名人的事迹。参观免费。

情侣路

全长 28 千米的情侣路从北粤华花园出发，串联起一系列珠海的地标式景点。一侧是茫茫大海，另一侧是椰林风光，在这里既可以感受海风吹拂，也可以看渔民驾船出海。

摄／潘力

摄／钟心铭

摄／庞海丰

发现广东：100 个最美观景拍摄地　**32**

七星岩
西江余沥，北斗横布

📍 **最佳观景拍摄点：**
位于星湖国家湿地公园的观佛台

纬度：23° 05′ N
经度：112° 28′ E
大地高：849 米

最佳拍摄季节：
四季皆可

🕐 **最佳拍摄时间：**
全天皆可，夜晚可拍摄星轨

七星岩位于西江北岸的肇庆市。古西江河道北支流经七星岩山体南侧，经年累月冲刷山体，形成溶洞散布的喀斯特地貌。而河道则日渐淤塞，宋代又在人力造堤的影响下形成西江沥湖，也就是如今与众山相环抱的五个湖区，五湖通连称作"星湖"。阆风、玉屏、天柱、石室、蟾蜍、仙掌、阿坡七座石灰岩，相接如天上北斗，盘踞湖面，是谓"七星"。

与山岩入水之景相映成趣的还有亭台和长堤。石室岩耸入云端，山前五龙亭间错而置，水月堤倒影成画。烟雨时节从堤上隔湖远望，山岚过野红，别有意趣。

肇庆古称端州，因西江曾被称作端水，临水设州而称端州，唐代就因产端砚闻名。盛唐

以降，诗人游行至此，兴之所至，每每题诗文于山壁之上，留下规模颇为壮观的摩崖石刻群。这531处摩崖石刻汇集满汉文字，多种书体，与石室洞窟融为一体，自成风景。壁上朱红色诗文依托于磐石，千余年里点缀着烟雨湖光，代提笔而书的墨客看遍岁岁紫荆绽开。

西江水奔涌而逝，斗转星移，周而复始，七星岩的摩崖石刻却鲜红如昨，为这一方山水平添几分隽永之意。

彼时唐代书法家李邕途经端州，撰写楷书碑刻《端州石室记》，借七星岩之景抒发心境。书家谓七星群山"介在江濆，薄人寰，腾物外"。这位被誉为"书中仙手"的李邕，留存至今的石刻作品仅余三处，七星岩石室洞口的《端州石室记》为其一。游人行到此处，可一窥唐楷碑刻的风采。

想要暂时避开如织游人，不妨登高揽胜。盛暑时节登上七星之一的天柱岩极目远眺，满眼青山。如若此时薄雾尚未散尽，隐去远处城市高楼，眼下诸岛更像是湖心升起的蓬莱化境。在落羽杉红透的深秋，从高处望下去，星湖边的杉树身披金红羽衣，与亭上金黄的琉璃瓦遥相呼应，闪烁着璀璨光华。

如今的七星岩进行了现代化规划，长达20千米绿道环绕波海、青莲、中心、仙女四片湖区，市民闲暇时在此环湖单车徒步，曲径通幽，漫度时光。乘兴之际沿绿道骑行，也不失为游人体验七星湖的代步好选择。

摄 / 欧镜开

🚌 公共交通:

从广州白云机场出发,乘坐机场快线肇庆专线,换乘204路即可到达。肇庆火车站对面即是七星岩景区。

🥢 餐饮:

湛江酒家的白切鸡、烧乳猪、烧鹅、菠萝船。水东港渔民的鱼鲜。东成的特色猪肚鸡、特色煲仔菜、都城风味。高档餐饮场所有赏湖居、观玉屏叠翠、品荷风送香。

🎫 门票:

景区全价门票为78元/人。学生凭证、老人(60~69岁)凭退休证享受半价优惠。当地60岁以上老人、外地70岁以上老人免门票。10人成团可购团体票,60元/人。

🏠 住宿:

最舒适:涟岸湖景酒店,宽敞明亮。坐在酒店房间的落地窗和露台上就可以欣赏星湖七星岩美景,仿佛住在山水之中。
最特色:民宿"七星岩景区内古老村屋出头村"位于七星岩景一个村庄内,适合家庭居住,允许携带宠物。民宿"树院的四房",茶室阳台齐备,绿树环绕。
最实惠:肇庆新隆旅馆。

🎏 民俗节庆:

财神诞:正月初五民间为财神庆生,景区内的通天财神古庙会进行祭祀财神的活动。
玉皇诞:农历正月初九为玉皇大帝生辰,民众纷纷来到玉皇殿祭拜,五龙亭亮灯为贺。
观音开库:农历正月廿六。
浴佛节:农历四月初八。

🎁 风物:

肇庆裹蒸粽,粽叶包裹咸香猪肉,体现广式特色,不容错过。

摄影指导:

1. 拍摄角度较低时,可拍摄湖面倒影与山水呼应。从小处取景,拍摄堤岸上十里紫荆花。除了常规拍摄角度,七星岩上适合登高俯瞰全景。

2. 于特定角度观看,景区内的诸峰绵延相连,在天际线处勾勒出一尊仰面横卧湖上的佛像,这一独特景观称作"卧佛观天";春分秋分时节,如天气晴朗,傍晚徐徐下坠的金黄落日恰好停留在卧佛唇间,则会呈现出"卧佛含丹"的壮丽景象。在水月堤中段位置观看,五龙亭隔着湖面遥遥相对,水月岩云的倒影结合在同一画面中。

3. 暮春时节岭南的紫荆花绽放,春节过后,七星岩的十里宫粉紫荆长廊一派娇艳生机,有大批摄影爱好者前来;夏季的七星岩也有各式花卉点缀群山;秋冬季节里,桃花岛上秋意正浓,落羽杉树叶如金色羽衣。

4. 一天中,早上与傍晚最适合拍摄日出与日落。傍晚在特定地点可以拍摄"卧佛含丹"这一极富想象力的景观。站在玉屏岩的玉皇殿前,可以拍摄五龙亭与山岩前的夜景。夜晚人与湖俱静,适合拍摄星轨。与湖水结合,星辰似从湖面升起,又回落湖底。

📍 周边看点

- 星湖国家湿地公园是目前我国南方最大的丹顶鹤基地。

- 中国砚村有中国四大名砚之首的端砚展览博物馆。

- 千年古宋城墙位于肇庆市区内，是保存完整的宋代遗迹。而梅庵，则因六祖慧能相传在此山岗植梅，后人建庵。

发现广东：100个最美观景拍摄地 **33**

盘龙峡瀑布
如裁一条素，白日悬秋天

📍 **最佳观景拍摄点：**
瀑布栈道和谷底观景台
纬度：23° 35′ N
经度：118° 49′ E
大地高：1 049 米
观看方位：四面皆可

⌛ **最佳拍摄季节：**
夏季盘龙峡水量最大，瀑布势头凶猛，可以说夏季是最佳拍摄季节。

🕐 **最佳拍摄时间：**
拍摄瀑布并无最佳拍摄时间限制，可以说，白天全天都是最佳拍摄时间。

　　盘龙峡瀑布景区被尊称为广东版的黄果树瀑布，2005年被《中国国家地理》杂志评为"广东最美丽的地方"，用"豁开青冥颠，泻出万丈泉。如裁一条素，白日悬秋天"来形容盘龙峡真是再恰当不过了。东瀑布群瀑布密集，瀑布与瀑布之间，步行不到200米就能看见四五个中小型瀑布。西瀑布群则雄伟壮观，落差最大的是腾龙瀑布，达到86米。

　　由于这里水力资源丰富，有形状各异的百余座水车各司其职，转磨、灌溉、舂粮，构成了全广东最大的水车景观群。

　　这里林木茂密，参天蔽日，自成一个天然氧吧，尤其是下完雨后，空气更加清爽澄澈。听着瀑布，呼吸着负离子的清新，充分地感受着自然的治愈力量。

　　夏季来此不妨感受下"中国勇士第一漂"；冬天来玩则可选择温泉解乏，这里提供大大小小功效不同的温泉池供游客选择。

　　下山路上，更有美丽的薰衣草田，其规模蔚为壮观，徜徉其中感受鲜花的芬芳与安宁，甚至还可住在薰衣草田的旁边，晚上伴着薰衣草安神的味道入眠，早上起来推开阳台门就能看到靓丽的紫色花海。

摄影指导：

1. 想要将瀑布流水拍出宛如丝绢的效果，可以运用慢速快门将曝光过程中的画面全部捕捉下来。此种情况下必须使用三脚架，因为在这样的快门速度下手持会产生抖动。

2. 可以考虑使用偏光镜减光，同时让快门速度更慢，去除反射和杂光，让画面更加突出抓重点。

3. 建议雨后时间拍摄，这样瀑布水量更大，更能体现出磅礴的气势。

4. 适当借用周边的动物和林木来为瀑布"铺设"一个前景，也可有效减少画面的枯燥感。

🚌 **公共交通：**

盘龙峡度假区到市区并无公共交通，只能选择驾车、包车或跟团前往。从广州市到盘龙峡景区约 2 小时车程。

🥢 **餐饮：**

盘龙峡风景区内有许多当地人家开的农家乐，食材新鲜，物美价廉，建议各位老饕尝试。推荐乡下柴火农庄、福旺山庄、农家柴火饭菜、森林天沐餐厅等。

🎫 **门票：**

成人票 100 元，上山车票 10 元。无学生票、老人票。团购有优惠。

🏠 **住宿：**

薰衣草木屋王国酒店是盘龙峡当地的特色住宿，环境优美，设施齐备。推开阳台门可以观赏到整片的薰衣草田，旁边的天幕餐厅就餐也非常方便。
还有天星阁温泉别墅，一个一个的小别墅十分可爱，入住就可体验盘龙峡有名的温泉。

🎎 **民俗节庆：**

民间神话中，德庆县是龙母的故乡，相传龙母因有功于国、有德于民而深受人民的爱戴，但具体故事已不可考。

🎁 **风物：**

当地山水产的豆花顺滑爽口，口味清甜，自带山水的凉意。畅游盘龙峡其中，口渴时，不妨买上一碗，感受那一份沁人心脾的美好。

摄／周忠明

摄／周忠明

摄／周忠明

● **金林水乡**

离盘龙峡不远有一处金林水乡，是一个有 1700 多年历史的岭南村落。这里水韵悠长，农庄、老宅、小巷、古寺、作坊融合在一起，形成了一幅宁静悠闲的村庄景象。村外还有成片的柑橘林、杨桃林、香蕉林可供采摘，乡亲们卖的水果也都是刚从树上摘下来的。徜徉在水乡船上，优哉地品着当地农家的自酿美酒，醉与不醉的界限已不甚明了。

摄／周忠明

发现广东：100 个最美观景拍摄地　**34**

大斑石
一石成山

📍 最佳观景拍摄点：

纬度： 23°46′N
经度： 111°73′E
大地高： 134 米

⏳ 最佳拍摄季节：
春夏之交，此时周边农田开始插秧，田园风光搭配大斑石别有一番风味。

🕐 最佳拍摄时间：
15:00~18:00，下午阳光正好照射到大斑石正面，适合拍摄。

这座位于肇庆市封开县的小山，高 190 余米、占地近 80 公顷。

此山由一整块石头构成，人称大斑石，又有"天下第一石"的美名。

巨大的石块浑然天成，据说形成于两亿年前的中生代，经过岁月洗刷，纹理也越发清晰。幸运的是保存完好，受风化点破坏较小，较之享有"世界第一石"之称的澳大利亚艾尔斯巨岩，大斑石保存得更为完好。

放眼望去，大斑石层次分明：顶部植被郁郁葱葱，亚热带的气候使得植被四季常绿；中部的山腰显现出石头由上至下的垂直纹理，大斑石的纹理由山顶向山脚发散，赭石色和白色

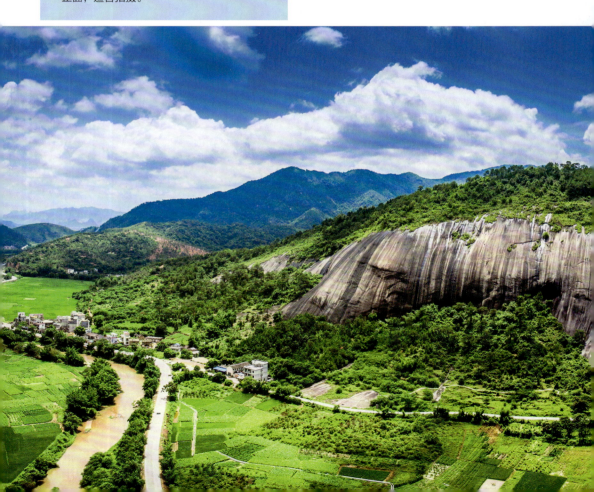

相间，看起来典雅美观；底部山脚则是一片农家田园。整体就像一面巨大的瀑布从树林中冲出，再流入到绿色原野之中。

层次分明而又大气磅礴，每一处景观都让人感叹着大自然的鬼斧神工。

对摄影师而言，大斑石也是极好的创作对象。大斑石号称"天下第一石"，建议使用广角镜头来把整个大斑石及其周边环境都拍下来，这样才能表现出它的磅礴大气。

为发展旅游业，当地在大斑石建设了攀岩设施，有多条优质攀岩路线，现已成为广东最大的攀岩基地。

攀爬在大斑石上，又能感受到大斑石的另一种气魄。

脚下是陡峭的岩壁，抬头却又是绿树蓝天构成的天际线，此时，刀削般的大斑石峭壁之上，人和绳索与大斑石的纹路已经融为一体，这种攀岩体验是人造攀岩场所不能带来的。

摄 / 欧镜晖

摄影指导:

1. 建议选择侧光照射大斑石时进行拍摄，此时可以将其纹理更好地刻画出来。

2. 也可在平地仰拍大斑石，以花草为前景，蓝天、白云为远景，采用三分法构图，将大斑石放在中间，凸显它非凡的气度。

3. 如果天空没有什么色彩和光线，可以在画面中适当减少天空的比例。

🚌 **公共交通:**

景区周围尚无公交直达，建议从广州坐火车或大巴到达封开县，再租车或打车到达大斑石。

🍵 **餐饮:**

地处两广中心地带的封开，食物兼具两广各地之长。封开油栗、封开杏花鸡是封开著名的食材，建议从景区到封开县城品尝，也可选择景区周围的农家饭店。

🎟 **门票:**

进入大斑石景区，20 元 / 人。

🏠 **住宿:**

景区周围无酒店和民宿可供选择，可以到封开县住宿。

🎏 **民俗节庆:**

在肇庆的悦城龙母祖庙，每年农历五月初八有"龙母诞"庆典，这一天是龙母诞辰，信徒从各地赶来，敬香祈福，场面十分壮观。

🎁 **风物:**

肇庆封开地处亚热带季风区，水热条件优良。其中，封开杏花白马茶是著名的特产，曾作为清朝的皇家贡品。除白马茶以外，还有另一种树叶同样远近闻名，那就是封开辣木干叶，辣木是一种热带经济作物，其叶片经过风干就成为提升免疫力的优质饮片。

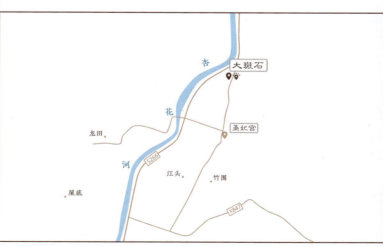

摄／陈杰林

摄／周忠明

摄／欧镜开

📍 **周边看点**

圣妃宫

位于大斑石景区内，相传歌仙刘三妹（即刘三姐）经常到这里教村民对唱山歌，教导村民兴修水利。后世为纪念圣妃刘三妹，而修建了圣妃宫。

发现广东：100 个最美观景拍摄地　**35**

贺江第一湾
回环曲折，平静宽广

📍 **最佳观景拍摄点：**

纬度：23° 04′ N
经度：112° 30′ E
大地高：6 米

🔆 **最佳拍摄季节：**
夏季，贺江第一湾绿意盎然，凉风习习，可谓是最佳拍摄时机。

🕐 **最佳拍摄时间：**
贺江第一湾风景秀丽，一天之内景色变化不大，可以说全天都是最佳拍摄时间。

贺江作为广东省古代最早的南北交通枢纽，孕育着岭南文化一代又一代的子民，为广州话的发源提供了天然的土壤。

其水量充沛，两岸绿意盎然、风景秀丽，随着历史的演进，沉淀了丰富的文化内涵。

贺江景区以贺江第一湾最为著名，以"九曲十八弯"著称。听起来状似河道蜿蜒，九曲回环，但登高远眺，可以发现贺江第一湾是一个 360° 的回环转弯，是国内少有的回环型滨河景观，仿佛河道宽广顺直，只有一个河中小洲伫立其中。

贺江第一湾不仅蜿蜒，更以"绿"而闻名，有关专家甚至将其称为"中国最清澈的河流"。

两岸茂林修竹、层峦叠翠、青山绿水、鸟语花香。

"两岸猿声啼不住，轻舟已过万重山。"虽本来是用来形容四川的景色，但用在这里也毫不为过。

这世上的河道蜿蜒之处大多湍急涌流，气势壮阔，而贺江第一湾却别有一番宁静。

实际上，贺江第一湾流域位于贺江江口电站水库区，所以水流速度缓慢。

秀丽的景色让人心驰神往，更有古朴的民间艺术列于两岸，古战场遗迹、骑楼街、龙皇岛民族风情表演丰富多样，别具特色。

夏季，这里更是避暑的好去处，习习山风吹散了暑热，淼淼波涛荡漾着美景，清凉扑面，水汽飞扬，可谓是度假旅游的极佳之选。

摄 / 欧镜开

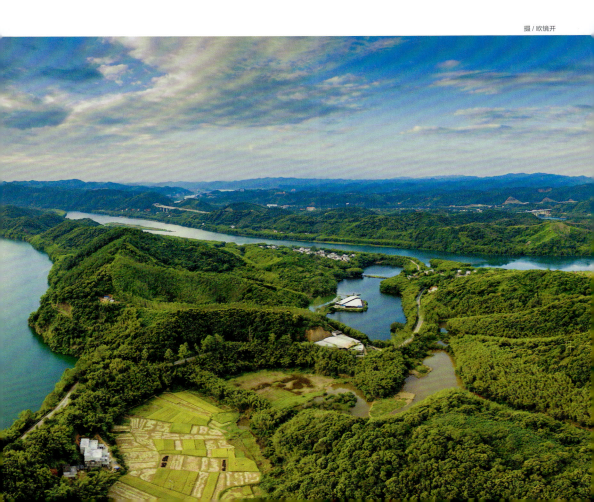

🚌 **公共交通:**

从广州市、佛山市或玉林市出发，先乘火车到肇庆站，而后驾车前往。

🍜 **餐饮:**

封开县的土鸡非常有名，杏花鸡、冬瓜鸡的做法具有当地特色。推荐姚记大排档、富华小食轩、老谢大排档，价格实惠，口味鲜美。

🏠 **住宿:**

可以选择在封开县住宿，距离贺江第一湾景区较近，舒适型住宿推荐贺江半岛酒店、悦封苑酒店、茗雅酒店。经济型住宿推荐名典商旅酒店、杏花宾馆，性价比高。

🎭 **民俗节庆:**

封开县的"五马巡城舞"是广东独具特色的优秀民间舞蹈，驰名省内外，具体发祥时间现已不可考，是享誉当地群众的喜闻乐见的表演形式，阵容壮观。

🎁 **风物:**

贺江第一湾绿意盎然，附近林业和以林业为依托的加工业发达，主要种植松树、杉树、竹子等，还兴办了十多家木制品加工厂和粗纸厂。此外，特产栗子、砂糖橘等干果、水果，可谓是物产丰富。

📷 **摄影指导:**

1. 贺江第一湾河道蜿蜒回转360°，想要拍摄这种大自然的壮丽美景需要用到广角镜头，将整个贺江第一湾的景致全部纳入画面。

2. 好的天气能给照片加分，蓝天白云、朝霞和晚霞等都是值得去等候拍摄的元素。利用偏振镜，表现出天空在水里的倒影，能让整个画面看起来更加浑然一体。

摄／欧锡开

摄／欧锡开

摄／周德明

📍 **周边看点**

黄岩洞

黄岩洞遗址位于封开县东部的封开国家地质公园，遗址内发现了晚期智人的人类头颅化石，以及一批古动物化石、古石器和陶器的残骸，是岭南旧石器时代文化向新石器时代文化过渡的典型。

摄／陈杰林

摄／陈碧信

孙中山故居
伟人故里

📍 最佳观景拍摄点：
孙文纪念公园北门公路对面
纬度：22° 26′ N
经度：113° 31′ E
大地高：35.2 米
观看方位：向西南

⏳ 最佳拍摄季节：
四季皆宜

🕐 最佳拍摄时间：
9:00~17:00，开馆时均宜拍摄。

　　孙中山故居位于广东省中山市南朗镇翠亨村，以"伟人诞生地"而闻名。

　　故居占地 500 平方米，建筑面积 340 平方米，主体建筑是一栋中西结合的两层小楼，四周有围墙环绕，形成院落。孙中山 1866 年 11 月 12 日出生的旧居，原址位于庭院右侧的水井附近，后破败。1892 年由孙中山长兄孙眉从檀香山汇款，由孙中山主持修建了这栋两层小楼，1892~1895 年和 1912 年，孙中山都曾在此居住。现为国家重点文物保护单位。

　　故居外部仿造西式装修，正门上有一副"一椽得所，五桂安居"的对联，房屋落成时由孙中山手书；另外在正门南侧，还有宋庆龄手书的"孙中山故居"牌匾。建筑内部具中式装修的特色，正厅后座是孙中山母亲的卧室、南侧有孙中山长兄孙眉及其夫人的房间、北边的耳房是孙中山与元配夫人卢慕贞的卧室，二楼南边是孙中山的书房，1893 年，27 岁的孙中山正是在这书房研读诗书、探索救亡图存道路，并在此草拟了《上李鸿章书》，提出了"人能尽其才、地能尽其利、物能尽其用、货能畅其流"的主张。

　　故居院内，还有中山鼎、警世钟、孙中山宋庆龄铜像等景观，其中最值得一提的是前院南侧的一棵"酸子树"，据说是 1883 年由孙中山从檀香山带回并种植于此，已有 130 余年的历史。

🚍 **公共交通：**
从广州乘高铁或大巴到达中山市，再乘公交前往孙中山故居，087路、212路、K16路、中山12路均可到达。

🍵 **餐饮：**
中山市饮食属粤菜珠三角片区，口味清淡，食材考究新鲜。特色菜肴有：石岐乳鸽、脆肉皖鱼、黄圃腊味、杏仁饼、小榄菊花肉等。

🎫 **门票：**
免费。

🏠 **住宿：**
景区附近的翠亨村、大象埔、竹头园等村落有民宿；另外还可乘车前往附近较大的市镇，如南朗镇或中山市市区住宿。

🌐 **民俗节庆：**
端午节：中山市地处珠江三角洲，河涌密布，每年的端午龙舟赛十分热闹，端午前期的起龙船、吃龙舟饭等习俗也独具岭南特色。
小榄菊花会：位于中山市北部的小榄镇从南宋开始就有种菊的历史，发展至今，每年秋季菊花盛开时都会举办菊花展。

🎁 **风物：**
咀香园杏仁饼、石岐乳鸽、小榄菊花都是中山特色手信。

摄，张展，中山市夜景

 摄影指导：

1. 历史建筑的拍摄应着重表现出厚重感，利用光影交错的手法能够很好地展现历史的沧桑感。

2. 部分馆藏区域出于保护文物，不许拍照，需要注意馆内提示。

摄／陈碧信

📍 **周边看点**

- **翠亨民居展示区**
  位于故居不远处的翠亨村，利用翠亨村的部分旧民居，展示了童年孙中山的生活环境。

- **农耕文化展示区**
  由孙中山曾经劳作过的耕地开辟而成，分为水稻种植区、家畜饲养区、桑基鱼塘区等区域，展示了岭南珠三角区域的农耕文化。

- **辛亥革命纪念公园**
  位于故居西侧不远处，可步行到达，现为翠亨村民休闲的公园。

摄／张展

摄／陈碧信

摄／陈碧信

摄—张展

发现广东：100 个最美观景拍摄地　**37**

横门红树林
重生的海上森林

📍 最佳观景拍摄点：
横门水道
纬度：22° 33′ N
经度：113° 34′ E
大地高：0 米
观看方位：东偏南 30°

⧗ 最佳拍摄季节：
6~10 月

🕐 最佳拍摄时间：
6:00~9:00,16:00~19:00

　　横门红树林位于中山市南朗镇的横门垦区。青翠茂密的树冠、千姿百态的树干以及妙趣天成的树根，沐浴在沿海滩涂，仿佛是一支大气磅礴的军队，全力抗击着海浪的冲击，默默地守护着这片海岸。在充当"海岸卫士"的同时，红树林还是各种候鸟的加油站、各种海鸟的栖息地。时常有成群结队的鸟儿飞到红树林栖息觅食，粗壮的树根底下则是各类小鱼小虾们的集聚繁衍地。强壮的渔民在出海捕鱼的间隙，也会停下来欣赏这片壮阔的红树林。远远望去，蓝天、飞鸟、树林、海洋、船只、渔民柜映生辉，动中有静，静中有动，和谐闲适的画面令人向往。

　　在距今半个多世纪前，想要在横门乃至整个中山市看到如此壮观的红树林，是一件奢侈的事情。据了解，中山东部沿海地区曾有近万亩原生红树林，却因围垦造田导致被大量砍伐；同时，适合红树林生长的潮汐环境也在逐渐缩小。中山市从 2005 年起正式实施沿海湿地保护计划，市内各沿海滩涂相继种上了红树林，并建立红树林保护区，横门红树林便是其中的成果之一。

　　如今来到横门，可以在海边悠闲漫步，或者跟随渔民出海捕鱼、欣赏红树林美景，还可以品尝到当地特色的海鲜美味，完全是一场视觉与味觉的甜美盛宴。

🚌 **公共交通：**

从中山火车站步行 850 米至沙边路口站乘坐 068 路公交车至茂生站下车，步行约 950 米，可到达横门围垦，可以租船出海欣赏红树林美景。

🍜 **餐饮：**

在横门渔港海鲜餐厅众多，还有横门鱼干专卖场。

🎫 **门票：**

目前无门票。十人左右包船出海，工作日 1100 元，周末 1200 元，每人保险费 5 元。船家会包打鱼做饭，剩下的海鲜也可以带走，出海一个来回大约 5 个小时。

🏠 **住宿：**

南朗镇上有中山新特亨泰酒店、中山万都会酒店、格林豪泰等。

🎎 **民俗节庆：**

南朗镇崖口飘色：2008 年被正式批准为国家非物质文化遗产。在每年的农历五月初六，崖口村会举行"飘色"巡游。他们在一个木板上拴上铁枝，将小孩固定在铁枝上作为"菩萨"，由人抬着木板巡游行进，随着抬色人的步伐，木板上的小童随之飘动，故称之为"飘色"。

🎁 **风物：**

20 世纪 40 年代的南朗区，扎作和放飞风筝成为当地乡民们的娱乐性活动，涌现了一批能工巧匠，也为中山的民间艺术增添了一分色彩。

摄影/张暖

📷 **摄影指导：**

抓取日出和日落的关键时刻，使用小光圈进行全景拍摄。可以选取自动对焦方式，并保证画面有一个较大的景深。必要时，可以选择使用相机中自带的色彩模式，浓烈的色彩烘托氛围，会有出人意料的效果。

📍 **周边看点**

● **横门保卫战遗址**

横门保卫战遗址位于火炬区临海工业园，整个遗址景区占地约 1 000平方米。抗日战争时期，日军倚仗着海陆空三大兵力向中山横门沿岸进犯，中山军民奋起反抗，赢得了两次横门保卫战的胜利。

● **翠湖公园**

从城区出发沿翠亨快线，到达新区规划馆后，再沿着公路往北直行约1 000 米后右转，便是翠湖公园。公园的中心有一个新河中心湖，沿湖配有游览的步道、绿道、栈道、游乐平台等设施，园内种植着当地的乡土植物。在公园里，可以散步、健身，也可以拍照、观景，是闲暇时放松的好地方。

发现广东：100个最美观景拍摄地　　**38**

自力村
自然与人文的浑然相融

📍 最佳观景拍摄点：
自力村村口"世界文化遗产村落"标志牌；铭石楼楼顶，可一览自力村风光；云幻楼草坪也是一个取景优美之处

纬度： 22°22′N
经度： 112°34′E
大地高： 1米
观看方位： 四面皆可

⚱ 最佳拍摄季节：
夏季光线充足，更适合拍摄。

🕐 最佳拍摄时间：
拍摄时间视当地天气情况而定。

自力村，俗称黄泥岭，村名取"自食其力"之意，位于广东省开平市塘口镇，由合安里（俗称新村）、安和里（俗称犁头咀）和永安里（俗称黄泥岭）三个方姓自然村所组成。

自力村之独特，不仅在其宁静美丽的自然风光，也在其人文景观之盛。

乘车到村头，沿着乡间小路缓缓向前，路旁整齐的田地、其中点缀的池塘，无不彰显出恬静的乡间生活之美。漫步约1千米，便到达了自力村碉楼群。

碉楼群多建于20世纪20年代，是侨胞因自然洪涝灾害频发及土匪横行为保护家中亲人安全所陆续兴建的，现仍存15座。

由于当时建设碉楼时，材料多从国外带入，且图纸或由建造碉楼的华侨分别带回或只是出于楼主自己心意设计，因而这些碉楼从材料到风格皆带有浓厚的海外色彩，是中国乡村文化与西方艺术结合的典范，并且每座碉楼都各有特色、保存完好，堪称"世界建筑艺术博物馆"。

如原名"古溪楼"的方氏灯楼，位于自力村碉楼群内，高 18.43 米，共 5 层。因 20 世纪二三十年代附近土匪猖獗，强亚、宅群（古宅）两个村落的方氏家族便于 1920 年集资兴建了此灯楼。

方氏灯楼屹立于一座山坡上，挺拔雄伟，如笔直站立的士兵一般，守护着古宅乡方氏民众，为其抵抗防备北面马冈一带土匪起到了预警作用。

值得一提的是，碉楼不仅因其精致的外表为人称道，其内里还保存着丰富有趣的华侨生活陈设，为人们了解华侨文化和生活提供了一手资料。

碉楼群中最为精致美丽的是足有六层之高的铭石楼，外形华丽，内里陈设奢华。

华美的碉楼错落有致散布于田间，人文景观与自然景观在自力村浑然相容，相得益彰，更显自力村之独特。

摄 / 陈碧信

摄／李渊深

🚌 **公共交通：**

乘车抵达开平市后，在市内乘坐公共汽车，到达自力村村口。自力村距离开平市约 12 千米。

🍜 **餐饮：**

当地特色美食主要有：煲仔饭、豆腐角等。

📖 **门票：**

门票全价 78 元／人；持有效证件的学生、1.2~1.5 米儿童、60~69 周岁老人半价；1.2 米以下儿童、70 周岁及以上老人和持有效证件的军官、残疾人、记者（持有全国记者证）免票；团体优惠信息可咨询当地旅行社。

🏠 **住宿：**

景区内部无住宿提供。可就近于开平市区或赤坎住宿。

🏛 **民俗节庆：**

当地于中秋节前后会举行规模盛大的灯会、舞灯等活动，灯会参与度极高，家家户户都会投入到这样和美好的节庆之中。

🎁 **风物：**

广和腐乳
民间艺术"泥鸡"

📷 **摄影指导：**

自力村的碉楼群是不可不拍的素材，可以采用多样的拍摄手法。以草地为前景，天空为背景，仰拍碉楼来表现其气势；站在高处俯拍或者航拍碉楼，不仅能够展现出自力村的秀美环境，也能将碉楼的整体布局和美感表现出来。

摄／邓健鹏

摄／李渊深

摄／李渊深

📍 **周边看点**

铭石楼

铭石楼由以"其昌隆"杂货铺发家的方润生建于 1925 年。其外观精美，立足观望，繁盛的树木和一池荷花环绕于铭石楼四周，有花有树；内里富丽，踱步进入，可观其华丽精致的家具陈设。

立园景区

立园景区距离自力村约 4 千米，位于开平市塘口镇北义乡赓华村。是旅美华侨谢维立先生历时十年所建造的私家园林，融中西建筑风格于一体，值得一赏。

村史展览馆

村史展览馆位于自力村内，对村史以及现存碉楼和相关历史做了详尽介绍。参观碉楼之前，可于此了解相关历史文化背景，感受自力村人文之美。

摄／李驹荣

发现广东：100 个最美观景拍摄地　**39**

王府洲
山海合一，悠然自得

📍 最佳观景拍摄点：

纬度：21°37′N
经度：112°34′E
大地高：177 米

🏆 最佳拍摄季节：
一年四季

🕐 最佳拍摄时间：
全天

虽然只是隶属于下川岛群岛景区的一个小岛洲，王府洲却自有其特色。背靠奇峰观音山，面对金色沙滩，青山碧岭掩映下的椰风海韵令人心旷神怡。

规模适中的王府洲拥有 1.6 千米长的金色海滩浴场，充满神话色彩的玉女乘龙雕塑，壮丽礁石金龙戏水，极目远望登高石，还有灵验的保佑身体平安之观音山佛堂。宁静的海湾，秀丽的山峰，丰富的人文特色赋予了王府洲"中国芭提雅"的称号。

王府洲上还特别设立了四条潮人径——观海径、休闲径、探险径、田园径，将各个自然保护区、风景名胜和历史古迹串联起来，方便游客游玩。

观海径可漫步海滩，白天可在水中嬉戏、报名海上娱乐项目或在沙滩上打排球，晚上则有烧烤摊、海边 KTV 和烟花燃放区。

休闲径可以骑行自行车，环游王府洲的整个海岸线，高低错落的石板路不仅方便骑行而且可以体会上下坡俯冲的乐趣，轻松畅快，最适合一家人租辆多座单车，一起体会家庭的温馨。

探险径则适合徒步爱好者。长长的 75°阶梯略带刺激，沿途如同原始森林绿意盎然，登山杖、登山衣、太阳镜、饮用水等专业装备必不可少，到山顶可俯视浩瀚大海，如有兴致还可早起感受日出的美好。

田园径则相对闲适，漫步其中，经过田野，感受人与自然的和谐共鸣。

🚌 **公共交通：**

从广州、佛山客运站出发乘车到台山汽车总站，再转车往山咀港，再由山咀港乘船到达下川岛。

🍽 **餐饮：**

下川岛海轩餐厅、阿布海鲜阁、海浪风情餐厅、老友记餐厅、美人鱼海鲜大排档 各酒店餐厅，烧烤吧。

🎫 **门票：**

下川岛度假区门票为 168 元 / 人，有团购，无学生票。门票包含往返船票、往返车票（独湾港—王府洲旅游区）及旅游区门票。岛内交通为观光游览车，预定的各酒店有免费接送服务。出海捕鱼一次 800 元。

🏠 **住宿：**

高档型住宿有台山下川银海湾酒店、台山下川海趣别墅、下川岛川岛酒店、下川岛海角酒店、台山下川岛千帆碧湾酒店。经济型住宿推荐怡海雅居民宿客栈、宾东酒店、帝苑别墅度假村、悦行家精品民宿。

🌐 **民俗节庆：**

农历三月初三，台山人会蒸制用土首乌粉和大米粉制成的粉团，做成各种鱼、花、动物，还有以虾米咸肉或花生糖为馅料的三角形糕点"狗虱包"，以取防蚊虫叮咬之意。

🎁 **风物：**

90 多种每产品让人欲罢不能，还有各种海产品干货可带走。

摄影指导：

1. 王府洲景区想要体验日落需要早起爬山，想要感受日落需要乘船出海，两者拍摄要求各有不同。

2. 山上早晨或有晨雾，有时可以捕捉到美丽的光晕。但需要注意相机防潮，平整的地面也可以很方便地使用三脚架。傍晚出海，船上拍摄日落则有海浪颠簸，可以选择连拍方式多抓拍日落，最后选出合适的照片。海上或有风浪，建议做好防水措施保护器材。

摄／黄健源

摄／黄晓帆

摄／黄翔军

摄／黄翔军

摄｜钟亦武

发现广东：100 个最美观景拍摄地　**40**

上下川岛
绿玛瑙与蓝宝石

📍 最佳观景拍摄点：

风车山顶可拍到海面、海岛、风车，相映成趣。
纬度： 21°39′N
经度： 112°37′E
大地高： 234 米

⧗ 最佳拍摄季节：

5 月~4 月，11 月~次年 2 月

🕐 最佳拍摄时间：

早晚可以拍摄日出日落

上下川岛实际上是一对小岛的合称，这对小岛像宝石一样点缀在南海中，因为处于亚热带季风区，岛上终年植被茂密，气候湿润，加上洁白的沙滩和碧蓝的海洋，非常适宜度假。这里从 16 世纪开始就成为了世界贸易航路中重要的一环，葡萄牙人和法国人先后把这里标记在海图上，并将此命名为"贸易之岛"与"希望之地"。

在岛上除了下海游泳，还可以坐摩托艇，玩沙滩排球，或者干脆租一把沙滩椅、一顶阳伞，喝着汽水欣赏眼前的碧海蓝天。夜晚可以骑车在海边散心，感受海风轻轻吹拂在脸上的惬意，运气好的时候还能够看到"海上生明月"的景象。第二天清晨，除了欣赏日出，还可以跟渔民出海捕鱼，亲手把渔网拖拽上甲板。捕获的成果还可以带回岸上，直接交给饭店老板娘做成一顿大餐。

晴日爬上高处向远处眺望，海面如同绸缎一样温柔地起伏，上方是像海一样蔚蓝的天空。狭长的海平线充盈着视线，其中点缀着一两片白云。而近处的海岛覆盖着茂密的植被，像一块绿色的玛瑙，岛上的风车像小小的旗帜一样矗立着，缓慢又坚定地转动。

岛上终年气候适宜，淡季旺季价格区别较大，条件允许的话，可以避开旺季出行，无论是住宿还是三餐，价格都会实惠很多。上下川岛都需要从渡头坐船前往，天气不好时会有颠簸，记得提前吃药避免晕船。

🚌 **公共交通：**

从广州可以坐车直接到山咀码头，但是班次较少。也可以先坐大巴到台山市汽车总站，然后再转车去山咀码头，班次会多一些。从码头可以坐船，分别前往上川岛和下川岛。

🍵 **餐饮：**

岛上以海鲜为主，就近取材，可以直接购买送进饭店烹饪。

🍴 **门票：**

上川岛：船票：42 元 / 程，一票通：148 元 / 人；下川岛：船票：47 元 / 程，一票通：158 元 / 人。通票包括往返船票、车票和门票。

🏠 **住宿：**

岛上以民宿为主，可以向房东提出住海景房，足不出户便可以欣赏大海。

摄影指导：

1. 可以试图扩充拍摄内容，除了沙滩和大海以外，岛上还有许多值得拍摄的内容。

2. 通过渐变灰镜平衡曝光，来缓解海面折射阳光的问题。

摄／陈镜波

📍 **周边看点**

上川岛猕猴自然保护区

位于台山市川岛镇上川岛东北部的长寿河附近，是广东省猕猴保护的重点区域。保护区内山水连绵，生长着茂密的天然次生林，动植物种类丰富多样。这里的猕猴约有1500只，血缘纯正，研究和保护价值十分高。保护区内有蟒蛇、金钱龟、猫头鹰、穿山甲、巨蜥等多种多样的珍稀野生动物，还有110多个科1000多种植物，其中包括土沉香、罗汉松等重点保护植物。山上的猕猴可以跟游客握手、对坐，东部的海岸线与景区紧紧相邻，你可以在山海之间感受上川岛的独特气质。

摄／袁会香

摄／陈镜波

摄／陈碧信

发现广东：100个最美观景拍摄地　41

惠州西湖
苎萝西子

📍 **最佳观景拍摄点：**
丽日购物广场九楼老树咖啡厅
纬度：23°05′N
经度 114°23′E
大地高：24.1米
观看方位：向西略偏北

⌛ **最佳拍摄季节：**
四季皆宜，夏季适宜拍摄荷花。

🕐 **最佳拍摄时间：**
下午阳光充足，色彩明艳，适宜拍摄。

惠州西湖是惠州名胜，位于惠州市中心城区。除了杭州，许多城市都有西湖，但是惠州西湖却能有"大中国西湖三十六，唯惠州足并杭州"的历史记载。

因其湖山秀美、绿树葱茏，独具天然之美，像极了未入吴宫前在苎萝村浣纱的西施，因而惠州西湖有了"苎萝西子"的美誉。

惠州西湖三面环山，曲折蜿蜒的湖岸串起了岭南风格的亭台楼榭，加之种植了大量亚热带树种，游览起来别有风味。水域面积达3.13平方千米，堤岸和桥梁又将烟波浩渺的湖水分割成五大部分，形成了诸多别致的景观。

惠州西湖的历史记载最早可回溯到东汉。

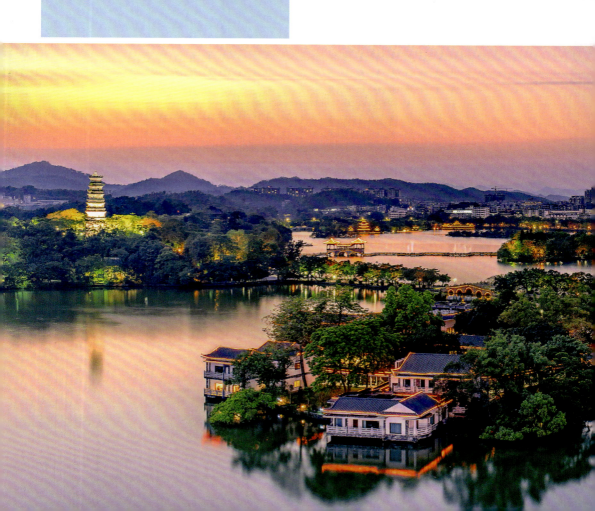

北宋年间，苏东坡被贬谪到惠州，称惠州"山水秀邃"，因惠州城西有一湖像极了他钟爱的杭州西湖，所以就将此湖称作西湖，惠州西湖因此而得名。

历代名人都在西湖留下过足迹，包括在惠州开展过革命活动的孙中山、周恩来等人，可谓历史悠久、人文气息浓厚。

景区内的丰渚园、东坡园、准提寺独具岭南园林特色，人文古迹、建筑艺术和自然风光巧妙融于园内。西新桥、拱北桥等桥梁景点，各具特色且历史典故众多。

整个景区形成了"西新避暑、花洲话雨、红棉春醉、玉塔微澜、孤山苏迹、留丹点翠、苏堤玩月、芳华秋艳、飞鹅览胜、花港观鱼、丰山浩气、丰湖书院、荔浦风清、横槎小隐、元妙古观、山寺岚烟、准提远眺、挂榜儒风"十八景，堪称绝妙。

摄 / 范伟明

摄影指导：

1. 惠州西湖面积很大，有五湖六桥十八景，每个都是可以拍摄的素材。在对拱桥和泗洲塔拍摄构图时，可以充分利用其在水中的倒影，使画面更加唯美。使用偏振镜能够让倒影看起来更加清晰。

2. 也可以在高处用广角镜头拍摄整个惠州西湖的全景。拍摄时可以纳入一些城市景致，制造出强烈的对比效果。

🚌 **公共交通：**

可从广州乘客运到达惠州市区，惠州市区内有多条公交线路到达惠州西湖景区，在西湖东门或丰渚园下车即可。

🍜 **餐饮：**

惠州是客家人聚居区，饮食以客家风味为主，但外来人口众多，各地美食都能在惠州找到。特色美食有：梅菜扣肉、客家酿豆腐、白切鸡、盐焗鸡等。

🎫 **门票：**

主入口免费，但部分主要景点如泗洲塔、孤山苏迹、点翠洲需要收费，5元／人，学生半价。

🏠 **住宿：**

惠州西湖景区位于惠州市区，各档次的住宿都十分容易找到。

🏯 **民俗节庆：**

惠州经济发展迅速，传统的民俗文化留存下来的已经不多，但是"四东文化"是当地特色：东江文化，东江流域的客家文化；东坡文化，苏东坡在惠期间的各类影响深远的文化活动；东征文化，是指国民政府为统一全国发动的两次东征运动；东纵文化，中国共产党领导的东江根据地的光辉历史。

🎁 **风物：**

惠州深受客家文化、侨乡文化的影响，客家山歌作为当地非物质遗产延传至今。另外，客家风味饮食也是其一大特色，尤其是享誉中外的梅菜扣肉，正是源于惠州。

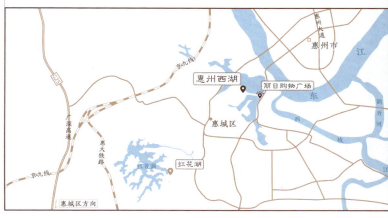

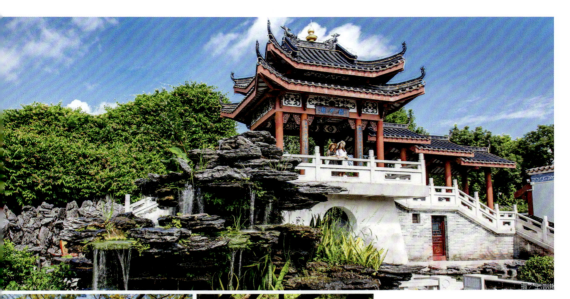

摄／王浩淼

摄／邓爱良

摄／陈碧信

📍 **周边看点**

● **红花湖**

惠州西湖附近的另一个湖，虽被列
入西湖景区的一部分，但景色、知
名度有别于西湖，红花湖独具野趣，
周围因青山密布，适合环湖骑行。
红花湖景区内的高榜山是惠州知名
的城市森林公园，被称为"惠州白
云山"。

摄／陈碧信

42

南昆山九重远眺
北回归线上的绿洲观景台

📍 **最佳观景拍摄点：**

南昆山西部山坡上的观景台

纬度： 23°37′N

经度： 113°52′E

大地高： 517 米

观看方位： 东北方向

⛾ **最佳拍摄季节：**

7~8 月，夏季的南昆山是避暑天堂，同时夏季光照充足，很适合拍摄日出日落的景色。

🕐 **最佳拍摄时间：**

6:00~9:00、16:00~19:00

位于惠州市龙门县西南部的南昆山国家森林公园，森林生态系统完整，生物多样性丰富，因其山正好穿过北回归线，故被誉为"北回归线上的绿洲"。

南昆山九重远眺便成为了欣赏这片"绿洲"的极好位置。九重远眺位于南昆山西部山坡上的观景台，观景台由两层大理石堆砌而成，顶部则镶嵌着透明玻璃，周边环境相对开阔。

清晨，站在观景台上，周边云雾缭绕，远处的山丘若隐若现，好像害羞的姑娘，裹着一层轻纱；又像是一幅笔墨清爽、气韵传神的山水画，令人沉醉。

云雾缓缓散去，重重叠叠苍翠的山峦逐渐

露出了姣好的面容，如波涛汹涌的海面，连绵起伏，雄伟壮丽。

奇峰秀石，古树参天，更有 40 平方千米的竹海连绵不断，幽静深远，不知不觉沉溺其中，流连忘返。

因旅游业兴旺，南昆山有很多家庭酒店，是由当地民居改造而成，极具特色，在此居住几日，于欣赏美景的同时还能感受到别样的民俗风情。

南昆山九重远眺是日出日落的绝佳观景点。日出日落期间，光线柔和，远处的太阳、天边的彩霞，以及一层又一层的山峰，构成一幅唯美的画面。

当第一缕阳光爬上山顶，冲破云层，光芒万丈，整个天空被染上了火红的色彩，重峦叠嶂笼罩其中，主峰天堂顶亦被染成了一片绯红，整个大地都在迎接新一天的光明。

当夕阳渐渐滑下山顶，被万千霞光尽染的山峰缓缓归于平静，洗尽铅华，整个世界都安静下来。

🚌 **公共交通:**
从广州天河客运站出发直达增城，再至永汉，也可选择至龙门的客车提前在永汉下车，然后在永汉乘坐摩托车到南昆山。

🍵 **餐饮:**
三黄胡须鸡、观音菜、爆炒山坑螺、客家山水豆腐花都不容错过。

🎫 **门票:**
每人30元。

🏠 **住宿:**
龙门南昆山汾阳居酒店、龙门南昆山星河谷生态度假村、惠州南昆山十字水生态度假村、惠州龙门南昆山新桃园山庄都是不错的选择。

🎐 **民俗节庆:**
永汉舞貔貅俗称"舞客家猫"。传说中，貔貅为村民寻找干净的水源，村民为纪念其善举，每逢节庆喜事都会舞貔貅。舞貔貅既有驱邪避害的寓意，也表达了祈求好运的愿望。龙门农民画是一项传统民俗绘画艺术，绘画内容一般展现人民群众劳作和生活的场景，色彩浓厚。

🎁 **风物:**
南昆山竹席采用南昆山的毛竹精制而成，坚韧节疏，美观又防蛀。
南昆山百岁茶俗称"毛茶"，每逢清明，当地人们上山采摘，并经去涩、炒干、搓揉等多工序后储藏。平时取一小撮冲泡，味道甘美，止渴清热。

📷 **摄影指导:**

1. 拍摄日出日落时，要把握好时机，在太阳刚刚升起或即将落下山脊的时候按下快门最佳，这个时候的暖色光渲染了整个天空和林海，空气中弥漫着诱人的气息，很有意境。

2. 拍摄时还要注意构图，可按照黄金分割构图法，合理安排太阳、天空和群山的位置比例。

3. 采用测光的角度拍摄群山，使用较大的景深，把近景和远景都纳入画面，凸显出群山的空间感和层次感。

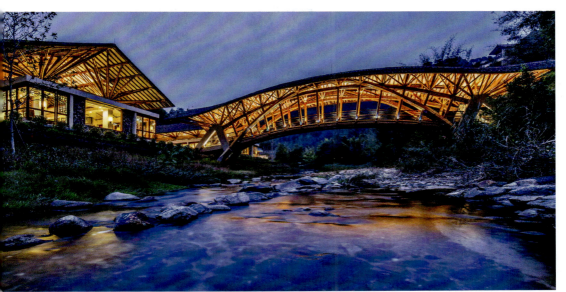

📍 **周边看点**

观音潭

观音潭位于南昆山一条山溪之中，上有三级瀑布，在最后一级瀑布中，水帘后面竖着一尊罕见的白石，形似静静端坐着的观音，像是在欣赏眼前的水帘和绿潭，因此命名为观音潭。观音潭周边到处是笔直挺拔的竹子，青翠欲滴，弥漫着清新的味道。

天堂顶

天堂顶是南昆山主峰，海拔1 228米。登天堂顶的路上风景秀丽，古木奇树应接不暇；登上顶峰，有一种豁然开朗的感觉，目之所及都是绿色，群岭起伏，同样也是观云海、林海、日出、日落的好地方。

发现广东：100 个最美观景拍摄地　**43**

黑排角
惊涛拍岸，海天相接

📍 **最佳观景拍摄点：**
礁石间自由选择
纬度： 22° 41′ N
经度： 114° 57′ E
大地高： 7 米
观看方位： 从湾仔往高阳尾方向拍摄的话，
清晨为顺光。

⏳ **最佳拍摄季节：**
夏季

🕐 **最佳拍摄时间：**
日出时分

黑排角并不是一处具体的地点，普遍认为从惠东渡头村至双月湾大约 15 千米左右的海岸线即是黑排角。

此处因独树一帜的礁石而得名，巨大的岩石通体漆黑，横亘于海岸之上，故被驴友称为"黑排角"。除了与众不同的黑色礁石，海浪冲击礁石的壮观景象在此处每天可见。

由于独特的地理位置，海上涨潮的时候较多，海浪最低也有两三米高。也正是由于这种独特的景象，众多摄影爱好者来黑排角，不是为了拍摄细软绵延的沙滩，而是为了捕捉惊涛拍岸的震撼画面。

此处的礁石呈现出黑色、暗红色、棕色等

多种斑斓颜色，有的被青苔覆盖，有的可以见到明显的纹理纵横于其上，还有的干瘦如同树木化石。

相较于相隔不远的被称为"东方马尔代夫"的巽寮湾，黑排角几乎尚未开发，所以并没有浓重的商业气息，景色天然，居民淳朴，沙滩也尚未来得及被私人酒店圈占，引得众多徒步爱好者和摄影者前来体验。海岸上，往往沙滩与礁石间隔存在，摄影师可以自由发挥，选择喜欢的视角拍摄。

大部分的人选择以徒步的方式探索黑排角，从湾仔到高阳村这一段路线，难度并不很大，沿着海岸线一天内即可完成。如果希望以摄影为主，驻扎在一个地方，可以湾仔或相近的几个村镇为行动中心，面向大海沿海滩向右探索，也足以体会到黑排角的精华。如果尚有余力，或者希望避开游人，也可以第一天从湾仔步行到高阳尾，扎营或在村中住下，第二天再步行到双月湾。

需要提示的是，海岸上的石头较为光滑，行走时注意安全，一路上沿着海岸线前进时会遇到前人留下的标志，按照标志即可找到正确的方向，所以不必担心迷路。

摄 / 范伟明

摄影指导：

可以使用慢门来拍摄海浪拍打礁石的画面，制造一种水雾感。

摄／谢悦

🚌 **公共交通：**

公共交通：从湾仔乘坐高铁到惠东站，转乘大巴到黄埠，再坐三轮车到湾仔村。

也可以直接从惠东站乘坐面的直接到湾仔村，按车计费，记得和司机师傅砍价。

归程可从高阳尾先坐三轮车到港尾，再从港尾坐大巴到惠东高铁站。

🥢 **餐饮：**

地处海边，每家餐馆都有各式各样的海鲜供应，尤其是蚝，非常鲜美。

🏷 **门票：**

当地自然风景皆为免费。

🏠 **住宿：**

湾仔村即可住宿，也可以住在旁边的渡头村，两村相隔很近，步行即可到达。如果时间较为富裕，也可以住在盐洲岛，此处还可以观赏红树林，或者坐船出海。盐洲岛距湾仔开车约 12 分钟。

摄／曹汉蒈

摄／宛伴呢

摄／曹汉蒈

📍 **周边看点**

- **盐洲岛**

  整个盐洲镇坐落在一个海岛上，距离黑排角不远，至今仍保存着比较原汁原味的渔耕生活，除了沙滩以外还可以观赏到红树林和白鹭，适宜度假休闲性出游。

- **巽寮湾**

  山海相接的巽寮湾开发较早，所以商业模式已经比较成熟，住宿饮食也比较完善。绵延20多千米的海滩上分布着众多海湾和摩崖石刻，也可以跟随渔船出海打鱼。

发现广东：100 个最美观景拍摄地　**44**

大亚湾
百岛明珠度假胜地

📍 **最佳观景拍摄点：**
大三门岛海岸处
纬度：22° 46′ N
经度：114° 40′ E
大地高：0 米（海岸边）
观看方位：东南

⏳ **最佳拍摄季节：**
夏季

🕐 **最佳拍摄时间：**
日出或日落时分

　　惠州市南部的大亚湾，与我国南海相连，海岸线绵延 52 千米，是广东省水文条件最好的海湾之一。由于其内岛屿众多，有着"百岛明珠"的美名。

　　大亚湾中最大的岛屿——三门岛，位于大亚湾和大鹏湾的交会处，大海、湖泊、高山、森林，不同的魅力景观在这里构建了一个"小塞班岛"，在有限的土地上有近 500 种不同种类的植被自由生长。

　　大亚湾中第二大岛——大甲岛，也称辣甲岛，是最适合一家人休闲放松的好地方。月牙形的海滩沙质松软、水质清澈，海底能见度 6 米左右，没有风浪和暗流，适合浮潜。离岸两米左右的距离，就能见到色彩艳丽的珊瑚礁，各色的热带鱼灵活穿行其中，不经意的低头、转身，还能看见许多日常生活中难得一见的海葵、海星、海胆、海参、海螺……俨然是一座海底花园。不过对于美食爱好者来说，这里可能更多的是"吃货的天堂"。浮潜结束，还可以到沙滩上捡贝壳，猪牧螺、笔螺、珍珠贝……形形色色，俯拾皆是。带回家，可以做成手链、项链、风铃，蕴藏一段美好的回忆。

　　如果想看民俗文化和海岛风情，东升岛会是最好的选择。东升岛远离陆地，岛上的居民以打鱼为生，虽然近年来有外来文化不断进入，但当地渔民还是保持着海洋儿女的自由、质朴与热情。

🚌 **公共交通：**
可从广州客运站坐车到霞涌汽车站，或从广东坐高铁至惠州南站，再乘坐 299 线至霞涌汽车站。再转乘 188 路到黄金海岸旅游区。

🥄 **餐饮：**
霞涌的高佬饭店和澳头的望海楼都是当地较有名的吃海鲜打卡地。

🎟 **门票：**
参观海滩和屿屿免费，登岛的船或快艇费用 200~400 元，可议价。

🏠 **住宿：**
到海边当然要体验一次海滩露营，帐篷等日用品可自带，需缴纳 30 元手续费。帐篷也可到当地租，一般价格在 100 元左右 1 晚。带上一点儿小烟花，夜晚的海滩也可以很浪漫。

🌐 **民俗节庆：**
传说，有一对夫妻一直庇佑着霞涌渔民，因夫姓杨、妻姓包，故被称为"杨包真人"。每年农历三月廿七，渔民们都要在螺岛山的"杨包庙"举行盛大的朝拜活动，祈求平安。

🎁 **风物：**
走在霞涌，一席席正在晾晒的鱼干随处可见。新鲜肥美的海鱼杀净抹盐，经过半小时的腌制，最大限度地保持了鲜味。阳光的暴晒、海风的吹拂，让鱼干更添一份自然赋予的韧劲与口感。

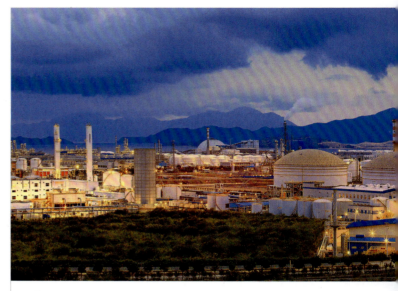

📷 **摄影指导：**

1. 向东南方向观看，有竖直的岩壁，展现出与平缓沙滩不一样的风貌，仿佛影视作品里出现的场景。

2. 6~10 月是大亚湾最适合拍摄的季节。澄澈的天空与湛蓝的海水怎么拍都不失美感。但需要提前查好天气，以防台风天干扰拍摄。

摄／利路发

📍 **周边看点**

范和村

位于大亚湾东南部的范和村并不是一个出名的景点，这里还未有商业气息，保留着淳朴古村落的风貌。这个村落迄今约有 600 年历史，村内的客家围屋、清代戏台、哥特式天主教堂等旧时建筑都保存较为完好。适合骑行、拍摄人像和建筑。

摄／刘伟杰

摄／邓飞

发现广东：100 个最美观景拍摄地 **45**

盐洲岛
摄影天堂

📍 **最佳观景拍摄点：**
白沙村的白鹭亭
纬度：22° 43′ N
经度：114° 56′ E
大地高：2.2 米
观看方位： 向西南方向看郁郁葱葱的红树林和美丽的鹭鸟。

⏳ **最佳拍摄季节：**
秋冬季节

🕐 **最佳拍摄时间：**
日出与日落时

　　惠州市惠东县往南方向，在大亚湾与红海湾之间，有一个稔平半岛。岛上西部的巽寮湾和南部的双月湾旅游业发达，游客如织；而东部的离岛——盐洲岛却游人不多，还保持着原生态的自然景观，是摄影发烧友的取景天堂。

　　盐洲岛地处内海考洲洋中，四面环海，两座新旧盐洲大桥连接交通。终年温润的亚热带海洋性气候滋养着岛内 400 亩红树林，孕育了成千上万的鹭鸟。在岛内白沙村找一处滩涂，静候日落。待到红霞满天时，天空徘徊盘旋的白鹭、红树林斑驳的倒影、水面几条挂桨的小船，就能展现出"落霞与孤鹜齐飞，秋水共长天一色"的诗意画面。

　　渔排可以说是盐洲特有的风景。从老盐洲大桥向渡头村方向，沿岸的水中都放着一排排的网格养殖箱，这些就是渔排。渔民们把辛苦捕捞的渔获分类放进渔排中，这是他们赖以生存的经济来源。

　　经过时间和海浪的洗礼，这里的玄武岩呈现出暗黑的颜色，所以人们也称这一条海岸线为"黑排角"。"黑排角"绵延十几千米，沿岸有宽阔大海、激涛巨浪和废弃渔船，经常会有"驴友"在这里徒步。

摄影指导：

1. 拍摄日出日落时，要把握好时机，在太阳刚刚升起或即将落下山脊的时候按下快门最佳，这个时候的暖黄光渲染了整个天空和林海，空气中弥漫着诱人的气息，很有意境。

2. 拍摄时还要注意构图，可按照黄金分割构图法，合理安排太阳、天空和群山的位置比例。

3. 采用测光的角度拍摄群山，使用较大的景深，把近景和远景都纳入画面，凸显出群山的空间感和层次感。

4. 秋冬季节，太阳从东南升起、西南落下，这两个时节在盐洲岛不论是拍日出还是日落都有非常合适的拍摄地点。

5. 拍摄鹭鸟归巢，最适宜的时间是傍晚日落时分，颜色绚丽的天空，茂密的红树林和姿态各异的鹭鸟，会出现一幅美丽的构图。

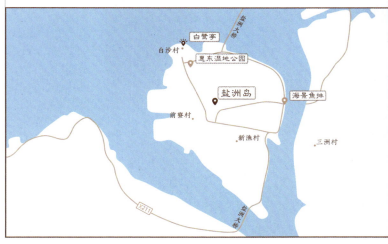

🚌 **公共交通：**
广州南有直达惠东的高铁，下车后乘坐 678 路"惠州—黄埠"专线车到黄埠镇汽车站，在车站可坐 H3 路公交车到盐洲岛。或者在广州天河汽车站坐大巴车直达黄埠镇汽车站。

🍵 **餐饮：**
在盐洲岛的渔排餐厅，可以享受到水上人家的地道风味。出海捕捞回来的海产，都被养在连成一排的养殖网箱中，吃的时候现捞现做，海鲜依旧生猛，味道鲜美无比。

🏷 **门票：**
盐洲岛的景点自然野生，无需门票。

🏠 **住宿：**
若想第二天徒步穿越黑排角，可在露营点租双人帐篷，60 元一顶，含防潮垫，旁边小店内可换洗，冷水 5 元每人／次，热水 10 元每人／次。想住的舒适和实惠一点，也可以选择住宿在黄埠镇的酒店或宾馆，价格在 100 元左右。

🌐 **民俗节庆：**
每年农历五月初五的端午节，盐洲岛前寮村都要举行热闹的赛龙舟活动。前寮港口宽阔狭长的水道十分适合龙舟竞赛。比赛完毕，夜幕降临，在前寮村的语序宫前还会举行盛大的庆祝活动。

🎁 **风物：**
离盐洲岛不远的赤岸村有大片的生蚝养殖场，由于地处内海，海水和淡水在此处混合交融，繁衍出许多微生物，让这里的生蚝每个都生长得肉肥味美。

📍 **周边看点**

双月湾

双月湾地处大亚湾和红海湾的交汇处，两条弧形海滩形似两弯双月，可以东面看日出，西面赏日落。这里还有国家级的海龟自然保护区，可以近距离观赏海龟。

湾仔村、杨屋村

盐洲岛上遍布美丽的渔村，从渡头村往前，是湾仔村的海滩，海滩正对东南，适宜拍摄日出。沿海岸线一直往南，引领人们来到杨屋村，这里可以拍摄到开阔的沙滩、嶙峋的玄武岩和层层的浪花。

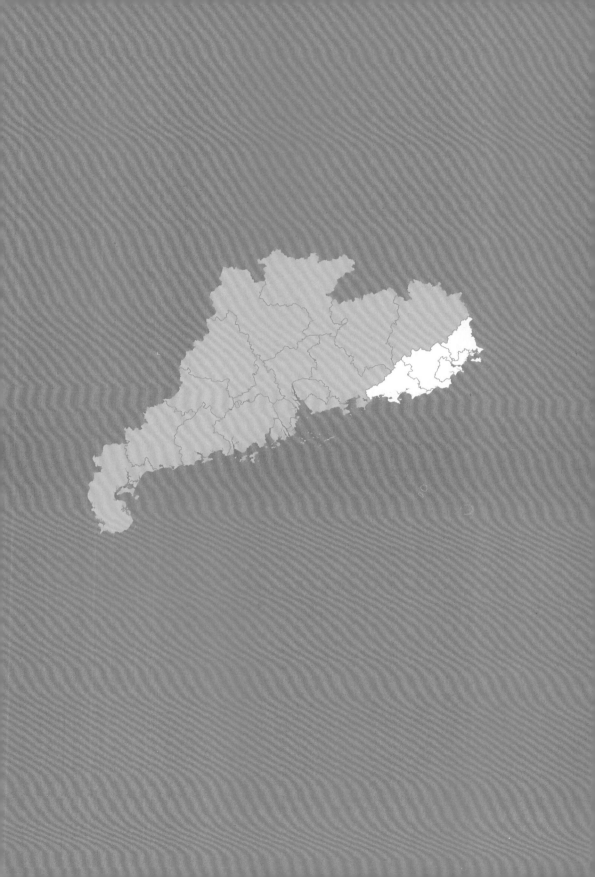

粤东潮汕文化区

汕头市、潮州市、揭阳市、汕尾市

　　潮汕文化是岭南文化的重要组成部分，是潮汕地区人民和海外以讲潮汕话的民系所创造的一个文化共同体，是中华文化的一个分支。潮汕文化包含着多种文化特质，这些特质构成了既与共存于同一地域中的畲族文化、客家文化不同，也与周边其他地域文化有异的一个体系。粤东地区是潮汕文化的聚集地，其潮汕文化资源非常丰富，不仅有以文书典籍为载体的方志、著述、作品所承载的潮汕文化，还有非语言文字载体所承载的民俗文化，如服饰、建筑、饮食、戏剧、工艺、节庆礼俗等。

　　若说潮州是民间艺术的集大成地，汕头便是美食之都，前者有金碧辉煌的木雕潮绣，后者便有数不清的海鲜夜糜和各种"粿"。旧称海陆丰的汕尾有几分香港味道，却轻松散淡得多。地处中心的揭阳则是以经济取胜，辐射潮汕的高铁、机场就落脚于此，更不用说一处处村寨里的百年老宅与祠堂了。

　　访古风，看旧屋，叹巧匠，寻美味，看海拾贝，这便是潮汕。潮州韩文公祠、潮州古城、揭阳学宫等人文资源是我们领略潮汕文化的重要路径，青澳湾、青岚地质公园、玄武山等自然风光则完美地表现出潮汕大地的美丽多姿。

　　走进这片古老土地，你须放慢脚步，才能体会到那份慢悠悠的好。潮州的慢，慢在"古"；汕头的慢，慢在"闲"，但都离不了潮汕人心底里的一份"静"。藏在街巷之中的建筑貌不惊人，但多瞧上几眼便能发现其中的精妙；百年的汕头骑楼斑驳沧桑，千年的潮州古巷悠远沉静，没有大张旗鼓的张扬与保护，却也没人去改造破坏；街头巷隅，豆花、粽球、笋粿、咸水粿纷纷迎面而来，那都是当地人吃惯的滋味；渴了喝杯店家摆在门口的免费凉茶，或是随便进家店铺，坐下来和老板品品工夫茶，聊聊古与今，整个世界仿佛都安静下来。

　　寒冬去哪儿？粤东给了你温暖的答案，广东首创的"有温度的广东旅游"，开启了全国气候旅游资源开发的新篇章。

发现广东：100 个最美观景拍摄地　**46**

青澳湾
天蓝海碧一月湾

📍 **最佳观景拍摄点：**
湾内任意海边
纬度： 23°26′N
经度： 117°07′E
大地高： 0 米

⚓ **最佳拍摄季节：**
夏季，晴天多气温高，海水色彩饱和度高。

🕐 **最佳拍摄时间：**
12:00~15:00，下午阳光充足，色彩鲜艳。

汕头市南澳岛的青澳湾景区坐落在南澳岛东端，距离南澳县城 11 千米，位于北回归线上。

青澳湾有一弯新月形的阳光沙滩，背靠着葱绿的山峦，头顶着澄澈的蓝天，拥抱着湛蓝的海水，享有"东方夏威夷"的美誉。

整个海湾形如新月，口朝东南，口宽 1 千米，弧长近 3 千米，除了东北海岸为岩石滩外，其余都是沙滩，质地细腻的沙滩平缓地绵延了两千米，泥沙质的海底也十分平缓。海岸边种植了成片的木麻黄防风林带，独具特色。

作为广东东部知名的天然海水浴场，青澳湾附近有完善的旅游设施，南澳岛有环湖公路可以到达青澳湾。青澳湾还是广东仅有的两个

A 级沐浴海滩之一，因为海滩内海水平缓、沙质优良、视野开阔，成为游泳爱好者的天堂。

这里还有一处古迹，位于云澳镇澳前村东南海滩。传说南宋末年宋少帝逃亡到南澳，侍从挖有供皇帝、大臣和将士兵马饮用的"龙井"、"虎井"、"马井"三口宋井，现只发现了"马井"。据说离大海只有十余米的宋井即使在海水汹涌时，井水也清澈干净。

近年来，南澳岛发展珍珠养殖，珍珠制品也成为当地特色旅游纪念品。各类海鲜干制品如"干贝"、"宅鱿"等名气较大。当地还有一种在海底会发光的海螺——平螺，由它制成的工艺品十分珍贵。

由于自然环境保护较好，海水常年清澈，即使涨潮落潮也依然澄净，山地植被未遭到破坏，形成了青澳湾山、滩、海的立体层次，无论身处海边，还是爬上海滩两段的山上，都能拍到风光旖旎的海滨盛景。

此外，青澳湾的日出独具特色，这里据说是广东最早看到日出的地方，日出之时，目及苍穹，红日照亮海湾的景色令人陶醉。

摄 / 曾贤强

🚌 **公共交通：**

从广州出发，可先坐火车到汕头站，或坐客运到汕头客运站。南澳岛已有跨海桥梁与汕头连接，到达汕头后，可选择陆路或水路前往南澳岛，最为方便的是在汕头市区乘坐 161 路公交车上岛。另外汕头客运站也有班车开往南澳岛，车站附近有私车载客，要谨慎选择，防止被骗；或者前往汕头澄海莱芜码头乘船前往。到达南澳岛后可以选择打车、乘坐公交车或租车前往景区。

🍽 **餐饮：**

潮汕沿海以各类海鲜美食著称，特色饮食有：蚝烙、扇贝、清蒸海鱼、海蟹、生蚝、牛肉粿条、猪杂汤等。景区价格略贵，可到市区品尝。

🏠 **住宿：**

景区内有多家高端度假酒店，附近也有不少民宿，旺季时建议提前预订。南澳县城和附近的云澳镇、深澳镇也有不少物美价廉的宾馆和民宿可以选择。

🎏 **民俗节庆：**

冬至节：在潮汕人心目中，冬至被认为是过小年。这一天要祭祖谢神，吃冬至丸。

潮汕人家的婚丧嫁娶和成人礼都极富民俗特色。成人礼又叫"出花园"，一般孩子虚岁满 15 岁时，家人为孩子举办成人礼，潮汕不同地方都有特定的"出花园"习俗，预示着孩子已经走出花园，步入成人。

📷 **摄影指导：**

景点全天开放，但海滨浴场的开放时间为 8:00~18:30，想拍摄日出和日落应提前留意。

摄／江应声

摄／陈瑜

摄／黄镜亮

📍 **周边看点**

● **金银岛**

传说是吴平的藏宝地，金银岛不是
岛，它三面环海，由天然花岗岩相
叠而成，附近水域海水清澈，岛上
曲径通幽。

摄／范伟明

摄／马辉

莲花峰
海上生莲

📍 **最佳观景拍摄点：**
拍摄莲峰海色的最佳点在莲花峰顶，拍摄莲花峰山体的最佳点则在海上。
纬度： 23°10′N
经度： 116°36′E
大地高： 127米

⏳ **最佳拍摄季节：**
4~10月

🕐 **最佳拍摄时间：**
5:00~7:00，16:00~18:00

　　莲花峰位于汕头市西南部的潮阳区海门镇上，因主峰形似莲花而得名。这里长年碧海扬波，渔帆点点，水天一色，白鸥翩翩；海边奇峰突兀，怪石嶙峋；山海之间的白沙浅滩时有小儿弄潮，是潮汕地区久负盛名的胜迹。

　　黎明破晓的莲花峰是最美的。晨光倒映在浩瀚的海面上，又被海风拂起的波浪摇碎，散落成一片又一片的粼粼银光。漫天的云翳仿如层叠海涛，海与天好像颠倒了一般，等到新日跃海而出，银光点点的海面霎时被染成金红。陆上远观，山似花苞犹待绽；出海遥望，恰若青莲正盛开。

　　相传南宋末年，文天祥追寻宋帝来到潮阳，在海边登峰望帝，极目寻舟而不得，只能顿足长叹。他脚下的石峰仿佛也感知到峰顶之人的巨大悲伤，顷刻间纵裂成瓣状，便成了这座兀立在南海边陲的"莲花峰"。"巨石通灵"当然只是美好的传说，莲花峰的奇异山貌乃是大自然的鬼斧神工。但据《潮阳县志》记载，文天祥确曾登临此峰，为其命名并题刻于石，同时还刻下了另一座题为"终南"的石刻。

　　宋末以来，一代又一代的名士们来此凭吊瞻仰先贤风采。他们歌咏吟诵、记史刻壁，在这座小小的石峰上留下了上百处内容丰富、书法各异的摩崖石刻，与这里天然造化的美景交相辉映。

🚌 **公共交通：**

从汕头市区出发，可乘坐 121、122、309 路公交车到海门莲花峰站下。汕头市礐石汽车客运站有"汕头—莲花峰"专线班车。

🥢 **餐饮：**

"食在潮汕，味在潮阳"，除了粿条、牛筋丸、卤鹅等传统美食外，海门港还是国家一级渔港，各类海产新鲜肥美，不容错过。

🎟 **门票：**

全票 15 元 / 人，无学生票。

🏠 **住宿：**

莲花峰酒店较少，建议住宿潮阳区。

🏮 **民俗节庆：**

"营老爷"是潮汕地区的传统民间祭祀活动。"营"有巡回之意，"老爷"则是神仙的别称。潮汕祭神必有请神巡土安境的仪式，久而久之这种活动就有了"营老爷"的名称。"营老爷"看起来颇像北方的庙会，而祭祀游行队伍中最具潮汕特色的则要数英歌队。海门"营老爷"多祭祀"三山国王"，潮阳最盛大的"营老爷"是每年农历二月在全城范围进行的"双忠圣王出游"。

🎁 **风物**

潮阳英歌、潮阳剪纸和潮阳笛套音乐并称为"潮阳三宝"，是国家级非物质文化遗产。海门镇的英歌是传统慢板英歌的代表。

潮汕人"不可一日无茶"，莲花峰附近有许多工夫茶座。这里的茶座的最大特色就是可以一边喝茶一边观海。看着身侧无垠的海色，听着波涛拍岸的海浪声，端起精巧的工夫茶杯，嗅茶味，观茶色，品茶汤，微苦的茶香与海风的气息相融，是一种绝妙的体验。

 摄影指导：

1."春朝蒙雾"、"秋阳浴日"都在莲峰八景之列，而夏季尤其是雨后，海碧天晴，水澈沙白，景色更为明畅。

2.清晨和傍晚的光线都适宜拍摄，这两个时段如果季节合宜，还可以拍到日出和日落的海色。

摄/黄镜亮

摄/黄镜亮

📍 **周边看点**

文光塔

伫立在距离莲花峰约 10 千米的潮阳区中心，始建于宋，历经明清两代三次重建，保持了明代石砖建筑的特色，七层空心石塔，塔外石栏围绕，八角阁楼每层门户朝向各自交错，于板正规整中别显巧思。塔内筑有螺旋式石阶，拾阶而上，可至塔顶，饱览潮阳镇景色。

摄/马辉

摄/蓝远峰

摄／张应霖

发现广东：100个最美观景拍摄地　48

广济桥
十八梭船廿四洲，湘桥好风流

最佳观景拍摄点：
从西侧广济门城楼可登高拍摄广济桥全景
纬度：23°29′N
经度：116°38′E
大地高：36米
观看方位：正东

最佳拍摄季节：
3~4月暮春涨水季节

最佳拍摄时间：
傍晚收船前

　　有谚道，"到广不到潮，白白走一场；到潮不到桥，枉费走一遭"，这桥便是潮州的广济桥。相传，广济桥是八仙之一韩湘子助其叔祖借助仙人之力一夜之间建成，因而广济桥，也被称作湘子桥。

　　"十八梭舟廿四洲，廿四楼台廿四样。"在中国古今的桥梁史中，广济桥是凝结梁桥、拱桥、浮桥于一身的精美绝伦的智慧结晶。广济桥分为三段，东西两端共二十四座桥墩，由中间十八梭船搭成的浮桥相连。梭船打开，可供韩江的船只通行；梭船闭合，则作步桥之用。二十四座楼台雕梁画栋，寓有吉祥之意，石雕桥梁和望柱，木雕匾额和槅扇，交相辉映，精妙之极，值得细细玩赏。

　　"一里长桥一里市。"在宋明的历史上，广济桥是往来络绎的交通枢纽。地处粤东，连接闽、粤、豫章，桥上亭台楼阁众多，店铺林立，桥下韩江过客往来不绝，广济桥很快成为贸易和交通的重要枢纽。

　　今天，桥存千古而当年的市井繁华早已不再，十八梭船排成长龙的胜景仍保留至今，两岸绵山滴翠，旅人如游画中。游人在这里感怀曾经，百姓筑"民不能忘"牌坊，纪念道光年间太守刘浔、吴均的功绩，重修洪水冲垮的桥墩；感慨历史，中国传统桥梁建筑智慧巧夺天工；还可以观看每天上午10:00和傍晚17:00浮桥闭合与打开的实景。

🚌 **公共交通：**

自广州可搭乘高铁或动车至潮汕站，车程约 2.5~3.5 小时。潮汕站位于潮州、汕头交界处的潮州市境内，出站后跟指示牌到巴士站，有多条巴士线路直达潮州、汕头市的各个区。市内古城环线设有"广济门站"，或至"开元路口站"；

也可将牌坊街作为潮州古城区游览的起点，搭乘 9、10、12 路等公交，到南桥市场，向北步行 200 米到达牌坊街。

🍜 **餐饮：**

牛肉火锅（潘记牛肉火锅），牛肉丸(浩记手捶牛肉丸)，牛杂粿条(镇记牛杂店，中午之前营业)，潮州肠粉（早餐），蚝烙、糕粿（宵夜）。

🏷 **门票：**

20 元，学生凭证半价。

🏠 **住宿：**

广济桥周边 1 千米内可选择潮州索顿酒店（近汽车总站），潮州大街小院客栈（民宿，近牌坊街），潮州三早十月青舍民宿（青旅 & 民宿，近广济桥），潮州湘子桥国际青年旅舍（青旅，近广济桥）住宿。

🏵 **民俗节庆：**

潮州青龙古庙每年农历正月十三至二十八日，为安济圣王庙举办纪念活动，是潮州民间一个重要的习俗。

🎁 **风物：**

已有 430 多年历史的潮剧，又被称为潮州戏、潮音戏、潮调、白字戏，是潮州方言区流传至今的古老的地方剧种。

潮州工夫茶，以潮州凤凰茶为主要茶料，冲泡程式考究而独特。

📷 **摄影指导：**

1. 高处俯拍整个广济桥的全景是一个不错的选择。广角镜头和构图的角度尤为关键，应尽量将整个广济桥、韩江和潮州古城都纳入画面。白天和夜晚拍摄均可，但是夜晚广济桥和潮州古城的灯光能更好展现出广济桥的美感。

2. 不同的角度会看到不一样的广济桥，从桥中心向南拍摄江心仙洲景观及韩江大桥，也可回头将此桥最为独特的浮桥段与岸上广济楼完整纳入相框之中。航拍整个广济桥横跨韩江，能够凸显出它的磅礴大气；采用对称式构图来拍摄桥墩及其在水中的倒影，更能体现出广济桥的静谧；利用长焦镜头细节拍摄广济桥的局部（桥墩、桥亭、浮桥、石梁等）则能展现出它的历史厚重感。

摄／陈汉添

摄／黄灿荣

摄／陈尚信

摄／陈锦信

周边看点

到潮州，"一看梁桥、拱桥和浮桥，二看二十四楼阁，三看镇江铁牛，四看民不能忘坊，五看韩江两岸风光"。广济桥连接韩江东西两岸，西侧是潮州古城，可从牌坊街、民居文化展览馆、开元寺、古城墙、广济门城楼依次游览，由广济桥过江，下桥后向北即为韩愈纪念馆。

韩愈纪念馆（韩文公祠）
韩愈曾在潮州做了8个月刺史，潮州也因此平添几分文化历史底蕴，当地流传着"潮州山水喜姓韩"的说法，比如广济桥跨过的江叫韩江，韩文公祠背靠的山又叫作韩山。韩愈对潮州的贡献之大甚至有"功不在禹下"的美誉，了解潮州文化有必要了解韩愈在这里留下的文化遗产。

如果从牌坊街经广济桥去韩文公祠，在东头下桥时可以在售票处登记，凭韩文公祠门票，当天内可以再从东头过桥走回西头。潮州府城不大，一天之内可以游览府城古迹、广济桥和韩文公祠等景点。

摄·黄镜亮

韩文公祠
千年潮州的韩愈情结

📍 最佳观景拍摄点：
祠前空地、山间
纬度： 23°39′N
经度： 116°39′E
大地高： 59米

⧗ 最佳拍摄季节：
3月木棉花开时

🕐 最佳拍摄时间：
15:00~17:00

　　说起潮州的历史，就不能不提起唐代的大文学家韩愈。韩愈曾因谏迎佛骨案贬任潮州刺史，尽管只任职短短8个月，但他为潮州驱鳄鱼，兴乡教，惠民生，启民智，奠定了千年潮州的崇文之风。在潮州人的心中，韩愈的地位甚至比孔子还要高。潮州城内外今天还保留着许多和韩愈有关的风物地名：东郊的笔架山别名韩山；韩山脚下是宽阔的韩江；韩山西麓有一处侍郎亭，相传是韩愈游山所筑；侍郎亭前有橡木，据说亦为昔年韩公手植……而若说最能体现潮州人"韩愈情结"的地方，则莫过于坐落在韩山韩水之间，古亭橡木旧址之上的韩文公祠。

　　韩祠在南宋淳熙十六年（1189年）复迁至今址以前，就已经历过两次易址，韩山今址上的韩文公祠也有800余年的历史。祠内梁间遍挂名家匾额，沿壁环列历代韩祠碑刻40面，其中包括苏轼所撰《潮州韩文公庙碑》，碑文中"文起八代之衰，而道济天下之溺"的名句千古传唱不衰。主祠入口两侧石柱镌有"辟佛累千言，雪冷蓝关，从此儒风开海峤；到官才八月，潮平鳄渚，于今香火遍瀛洲"的三十二字楹联，将韩愈与潮州的深厚渊源凝练其中。

　　"韩祠橡木"曾是潮州八景之一。据古时资料记载，橡木花开时红白相间，十分美丽，但花不常开。又因树为韩愈所种，潮州人爱屋及乌，便以橡木开花为吉兆，更衍生出"以花之繁稀卜科名盛衰"的习俗。

摄／陈冲

公共交通：

从潮州市区出发，可乘坐 10 路或潮安—凤凰专线、潮安—文祠专线公交车，在韩文公祠站下车即到。

餐饮：

韩文公祠在韩江边上，附近可品尝韩江鱼生。此外，韩文公祠对岸的牌坊街一带是潮州著名的饮食集中地，牛肉、牛筋丸，还有笋粿、粿条、朴枳粿等各种粿都是潮州特色美食。

门票：

免费开放，持有效身份证登记即可入园。

住宿：

韩文公祠位于潮州市郊，距离市区很近，建议直接入住潮州市区。

民俗节庆：

潮州地区流传着一句俗语"过日子，勿忘时年八节"。时年八节即指春节、元宵、清明、端午、中元、中秋、冬节、除夕这八个传统节日。而潮汕人因"时年八节"而举行的各种民俗活动，也世代相传，地方特色极为浓郁。

风物：

潮州地区历史文化底蕴浓厚，有潮剧、潮绣、潮州木雕等进入国家级非物质文化遗产名录的传统民间艺术形式。

 摄影指导：

1. 春季正是木棉盛放之时，殷红似血的木棉、遒劲的枝干与古朴的祠庙建筑互相衬托，景色错落，层次分明。

2. 韩文公祠位于笔架山西麓，背山面水，下午时段登山拍摄祠堂正好顺光。

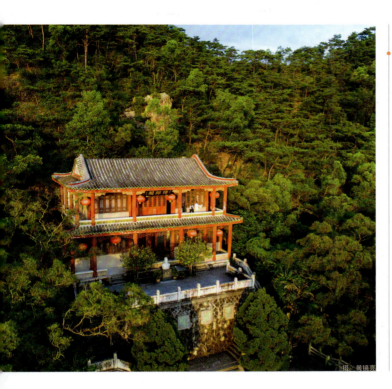

摄／黄镜亮

📍 **周边看点**

广济桥

站在韩祠景区的最高处俯瞰韩江，可见一条样式古朴的桥梁横卧在韩江之上，这就是与河北赵州桥、北京卢沟桥、福建洛阳桥并称为"中国四大古桥"的潮州广济桥。广济桥"十八梭船廿四洲"，集梁桥、浮桥、拱桥于一体的造型在我国古桥中实属孤例，梁桥阁楼雕榜金桷，浮桥梭舟随水逐流，每到春夏韩江水涨之时，便可见"湘江春晓水迢迢，十八梭船锁画桥"的如画景象。

摄／陈碧信

摄／陈碧信

发现广东：100 个最美观景拍摄地　　50

青岚地质公园
地质课教室

📍 最佳观景拍摄点：
怪洞龙宫内
纬度： 23° 44′ N
经度： 116° 50′ E
大地高： 64 米

⧗ 最佳拍摄季节：
夏季，植被茂盛，河湖处于丰水期，景色较佳。

🕐 最佳拍摄时间：
12:00~14:00，正午阳光充足，色彩鲜明。

这座粤东唯一的省级地质公园位于潮州市饶平县樟溪镇，以其独特的地质地貌群闻名，是绝佳的天然地质课教室。

景区内遍布花岗岩和火山岩，由于常年的地质运动和流水侵蚀，形成了岩洞、石林、群峰、峡谷、石臼群等地貌景观。

一场火山运动让两亿年前的海洋变了模样，形成了今天独特的地质奇观。景区内怪石密布，溪水泉水穿梭其中，由石水合力形成的瀑布、碧潭不胜其数，行走其中，一方面充满了探险的野趣，另一方面也能感受到大自然的鬼斧神工。

在各类地质奇观中，石臼地貌是青岚地质

公园最大的特色，公园里遍布了大大小小绵延8 000米的石臼，十分壮观。

由于地质构造时期，冰川或水力的重力，磨蚀形成了地表上的石质洞坑，因形似南方人家春米用的臼，而取名石臼。

青岚气质公园的石臼分布广，形态多样，在地表上、河床中、岩洞下共有数千个。有的石臼由于水流经过而形成了一汪汪小池，还有的石臼因磨蚀较重而形成了溶洞，并与其他石臼串联起来，构成了"洞洞有臼，臼中有洞"的奇观。

青岚地质公园内充满寓意的怪石、清澈活泼的溪流、野趣十足的丛林、适合探险的岩洞都吸引着游客前往，已成为饶平乃至潮州的重要景点。

青岚地质公园有三怪四险十二奇，每个都是值得拍摄的素材。

既可以特写拍摄一些形态各异的"象形石"和石臼，也可以全景拍摄青岚地质公园整个的花岗岩地貌。

摄 / 张敏洁

🚌 公共交通：

广州出发可乘火车或大巴到达潮州站或饶平站，然后乘出租车前往。

🥣 餐饮：

饶平物产丰富，是广东狮头鹅的原产地，高堂菜脯作为潮汕重要的特色食材也值得品尝。

🏷 门票：

成人票 80 元 / 人，有学生、儿童、老人优惠票，网络订票有优惠。

🏠 住宿：

周边住宿较少，建议前往景区附近的高堂镇、樟溪镇住宿。

🎐 民俗节庆：

饶平地处潮汕地区，潮汕人的风俗节庆在饶平大多也能找到。其中独具特色的"游神"活动十分热闹，在诸神诞辰日等特殊日子，都会到庙里把神像抬出游街，沿途鸣放礼炮，全民同乐。

🎁 风物：

饶平是广东著名的茶果之乡，其中岭头单枞茶最为知名，宝斗饼、蕉柑也是上好的手信。

摄影指导：

1. 身为三怪之一的怪洞龙宫最不能错过。各种神奇造型的洞穴，加上人造灯光的点缀，能够拍摄出另一个世界。

2. 三脚架在这种昏暗的环境是必需的，曝光时间的控制也至关重要，建议进行多次尝试以找到最佳的曝光时间。

3. 构图时可以利用不同形状的岩石和不同颜色的光线来增加画面的层次感和神奇感。

📍 **周边看点**

● **绿岛山庄**

潮州新八景之一，是潮州重要的森林公园，更是旅游度假和农俗体验的好去处。

摄｜黄镜亮

发现广东：100 个最美观景拍摄地　**51**

潮州古城
历史古镇，文化名都

📍 最佳观景拍摄点：
闲趣亭内面向文昌阁
纬度： 23°39′N
经度： 116°38′E
大地高： 8 米

⏳ 最佳拍摄季节：
四季皆宜。

🕐 最佳拍摄时间：
9:00~17:00

潮州是广东最早一批国家历史文化名城之一。作为广东广府、客家、潮汕三大文化之一，潮汕文化的中心城市，潮州自古以来就闻名于世。在长期的历史演进中，潮汕形成了独特的方言、曲艺、饮食、工艺和建筑特色。因海外贸易而兴起的潮州，有着"滨海邹鲁"和"华侨之乡"的美名。潮汕人以勇于开拓和坚韧不拔著称，潮商敢为人先的精神享誉四海。

潮州除了当代的辉煌，早在秦始皇时期就有了正式建制，唐时，因韩愈曾到此担任刺史，对潮州的民风开化起了重要作用。因此韩愈被潮汕人广为传颂，直至今日，潮州城内的韩江、韩文公祠、韩山等名称皆是为了纪念韩愈而起。

潮州古城主要指潮州市区历史古迹集中的区域，城墙几经毁建，现在大致保留了主要风貌。城内重要的景点被总结成"潮州内八景"，与城外的"潮州外八景"相对应。虽说由于潮州的不断扩展与建设，"潮州内八景"曾因遭到破坏而有所没落，但是行走潮州城中，总能在潮州老城的街角巷弄发现惊喜。

潮州古城最为重要的景观是被誉为中国四大古桥之一的广济桥，是拍摄潮州必去的重要地标；潮州的韩文公祠是历史最久的纪念韩愈的祠宇；另外，唐朝的开元寺、宋朝的许驸马府、元朝的天后宫，都在历经了历史沧桑后，保留了下来，诉说着潮州辉煌的过去。

摄影指导：

1. 清晨或者傍晚是拍摄潮州古城最好的时候，此时拥有着柔和的光线和静谧的色彩，能够将古城的古朴自然和宁静幽雅更好的烘托出来。

2. 拍摄潮州古城全景时，可将城门、广济桥和韩江纳入画面，使整个画面更加饱满。

3. 也可以特写拍摄古城的精致，老房子、城门等都是不错的素材。城门应采用仰拍的角度，以天空为背景，展示出它的恢弘大气；可以捕捉老房子的一砖一瓦等细节，也可以俯拍富有层次的房屋群落。

🚌 **公共交通：**

可从广州搭乘高铁前往潮汕站，再坐公交到达市区，即到古城。

🍵 **餐饮：**

炒粿条、菜头粿、牛肉丸、春饼、蚝烙、血蚶。因潮州临海，渔获丰富，"鱼饭"也是特色美食，用各类新鲜海鱼抹盐后蒸制而成，传说这也是李嘉诚最怀念的家乡美食。

🏮 **民俗节庆：**

潮汕地区有着广泛的民间信仰，因此祭祀活动十分丰富多彩。加之潮汕地区特有的风物，也使得其在汉族传统节日中的风俗有所不同。例如潮汕有过冬节的习惯：冬节即冬至，这一天要吃米做的冬节丸，还要在这一天扫墓祭祖，潮汕人认为：清明是"挂春纸"，而冬至则是"挂冬纸"。

🎁 **风物：**

潮剧、潮州音乐、潮汕菜、潮汕工夫茶是潮州著名的非物质遗产，潮州方言是闽南语系下的一种，用其演唱的潮剧颇具特色。

潮汕工夫茶也值得一提，重点不在茶，而在于喝茶的的闲聊和放松，舍得花工夫以茶待人，已经融入到潮汕人的日常生活中。

潮州金漆木雕作为潮州特色工艺，在木雕上贴金而成，十分奢华。

潮州的抽纱也十分有名，是潮州刺绣与欧洲抽纱结合的产物。

攝／陈碧信

📍 **周边看点**

潮州滨江景观带
号称"潮州新八景"之首，集中了潮州市区的主要景点和市政建设成果，韩江两岸景观值得一看。

攝／陈碧信

摄一李维照

发现广东：100个最美观景拍摄地　52

黄满寨飞虹瀑布
岭南第一瀑

📍 最佳观景拍摄点：
瀑布正前方亭子内或右侧廊桥处
纬度： 23°34′ N
经度： 115°59′ E
大地高： 193 米

⧗ 最佳拍摄季节：
秋季，天朗气清，光线适宜。

🕐 最佳拍摄时间：
8:00~10:00，较容易拍摄到彩虹。

　　广东省揭阳市揭西县京溪园粗坑村的黄满寨瀑布群内，不足千米的河床上分布着五级各具特色的瀑布，而飞虹瀑布便是这第一级。穿过以红色大字书有"黄满寨瀑布群"的斑驳石壁，便进入了景区，霎时一阵清新扑面而来，映入眼帘的苍翠丰美树木给游人带来阵阵清凉。沿着景区的木制栈道前进，不一会儿，随着清水撞击石壁发出的空灵之响渐渐临近，便抵达了飞虹瀑布附近。飞虹瀑布宽 82 米、落差 56 米，因其奔涌时恢弘的气势而享有"岭南第一瀑"的美誉。倾泻而下的瀑布，瀑布旁崎岖陡峻的石壁以及周围的茂盛林木及澄蓝天空构成了色彩丰富的山水画卷。

　　阳光普照时，远望飞虹瀑布金光闪闪，仿若一条金色的丝带纵向盘踞于山壁之上。空山新雨后，如若幸运，可见瀑布近旁折射出的道道彩虹，神奇而美好。视觉在此已得如此享受，然而飞虹瀑布所能带给游人的，绝不仅如此。置身瀑布前，耳旁立体环绕着的瀑布落下的浑厚声响，鼻尖阵阵传来的沁爽水香以及皮肤表面时而能感受到的轻柔水雾，更是为我们带来了全身心的满足。沉浸当下，把自己交予自然，便能忘却烦心琐事，带来片刻宁静。

　　观赏完飞虹瀑布后，景区内还有另外四层瀑布，它们或如繁星般点点散落，或曲曲折折，高低迥异，值得一赏。疲惫时可在栈道旁小亭休憩，环顾四周，也别有一番风味。

🚌 **公共交通：**

从揭阳市区乘出租或自驾前往黄满寨瀑布景区换乘中心，换乘中心提供接泊车抵达黄满寨瀑布景区。从换乘中心到景区约 15 千米。

🥣 **餐饮：**

当地位于客家人和潮汕人交融聚居点，不仅有客家美食擂茶、细粄，还有潮汕特色鼠壳粿等食物值得品尝。

🎫 **门票：**

门票全价 120/ 人；持有效证件的军官、残疾人可享门票 8 折优惠；1.2~1.4 米儿童半价，1.2 米以下儿童免票。

🏠 **住宿：**

景区内无住宿提供。山下有许多当地农家山庄，不仅可住宿还可品尝当地特色菜品。此外，附近温泉度假村也可住宿。

🎎 **民俗节庆：**

客家：年初游神（"银老爷"）。

揭西县博物馆：展有历朝历代出土的文物和抗日战争和解放战争期间的革命文物。

🎁 **风物：**

当地特色物产是各种凉果［凉果由各类鲜果（干）加工而成］，如蜜饯瓶装的佛手等。

民间艺术：潮汕民乐和大锣鼓。

📷 **摄影指导：**

1. 黄满寨瀑布共有五级瀑布，可能无法同时拍摄到五级瀑布的壮美景观，建议选择 1~2 级瀑布进行拍摄。

2. 一级瀑布是被誉为"岭南第一瀑"的飞虹瀑布，其以气势著称，较低的角度能够让水流的倾泻看起来更加壮阔。而较长时间的曝光能够让水流变得细腻光滑，由于白天光线较强，应使用减光镜来避免长时间曝光带来的过度曝光。

摄／李维照

📍 **周边看点**

三山国王文化祖庙

三山国王祖庙位于揭西县城河婆街道庙角村，又称霖田祖庙、明贶庙、广灵庙。三山国王是粤东文化传统神，极具影响力。年初春节盛大的游神节之时，人们也会将三山国王请出游庆。

南天门

揭西县南天门距离黄满寨瀑布群约 2 千米，靠山而建。南天门陡立的台阶与高大的屋檐营造出了威严的氛围。

粗坑村

粗坑村位于黄满寨瀑布群旅游区的入口处，最初建于 1804 年，历史悠久。粗坑村以其融合多种风格的独特建筑和作为大革命时期重要的革命根据地闻名遐迩。

摄／郑创忠

摄／郑创忠

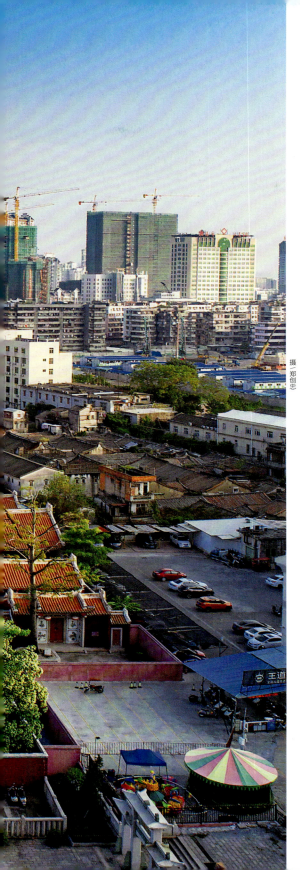

摄 | 郑创忠

发现广东：100个最美观景拍摄地　**53**

揭阳学宫
穿古越今，精神永存

📍 **最佳观景拍摄点：**
大成殿门前
纬度：23°32′N
经度：116°21′E
大地高：13米
观看方位：正南

⚱ **最佳拍摄季节：**
四季皆可

🕐 **最佳拍摄时间：**
学宫内晚上不开放，学宫门口的孔夫子及其
弟子塑像夜晚有灯光照射，更显其威严之感。

　　在揭阳市榕城区，热闹的商业区之中坐落着古老的揭阳学宫。学宫又称孔庙、文庙、黉学，兴建于南宋绍兴十年（1140年），几经修缮，其中最大规模的一次是清光绪二年（1879年），而后在民国时也曾先后作为师范学校、高等院校等存续。

　　一进棂星门，斑驳古老的围墙沉淀着风雨历尽的沧桑，21座单体建筑构成的建筑群气势辉煌磅礴，墙外商业街的喧闹也被学宫庄严肃穆的学究气所压倒。这样体量庞大的建筑群，毫无疑问是岭南地区规模最配套、建筑最完善、保存最完整的同类历史建筑。

　　它还是广东省内唯一一处以"周恩来同志革命活动旧址"命名的文物保护单位，1925、1927年间，周恩来同志都曾在此办公。

　　民国期间因拓宽马路的缘故，学宫的最前列建筑由原先南端的"腾蛟"、"起凤"二亭变为了位列两亭中间的照壁，上书"太和元气"四字。沿中轴线行走，脚踩御道石，远瞻先师孔夫子，庭院空悠，香烟缭绕，不由回想起东篱香的一阙《调寄〈江城子〉》：

　　崇阶玉殿焕辉煌，转庑廊，仰祠堂，瑞霭氤氲，飞凤逐翔凰，锦鲤文鳌争活跃，云化彩，日升光。

　　海滨邹鲁称名邦，水共山，气泱泱，人杰地灵，华国有文章。几度沧桑都过尽，添绿树，护红墙。

公共交通:

从广州市乘火车在普宁站下车，全程约 4 小时。从公交普宁高铁站搭乘普宁 9 路，人民医院站换乘普宁 14 路到乌石村站下车，步行至普宁国际服装客运站，乘坐普宁—揭阳线到达阳美玉都站下车，约需 3 小时。

从揭阳市内出发：搭乘市区 1 环、2 环，4 路、5 路、6 路、7 路、17 路公共汽车到进贤门站（上车两元），下车可以见到步行街，揭阳学宫就紧靠着步行街的尾部。

餐饮:

推荐学宫附近位于东山 8 号路中后段的阿伟牛肉店和位于建阳路与仁义路交口的顺记牛肉店，牛肉炒粿、牛肉粿汤、牛丸汤都是当地特色。想吃流沙包、蒸凤爪等茶点可以选择点心传说、点胜会、和记美食。

门票:

免费，入门有电子旅游指南。

住宿:

距学宫 500 米内就有各种各样的经济型酒店可供选择。相对高端的住宿，可选择距学宫 3 000 米左右的揭阳东湖大酒店、揭阳特美思大酒店、揭阳世茂名庭酒店等。

民俗节庆:

揭阳当地注重冬至日，称之"冬节"，俗称"过小年"，必祭拜祖先和神明，祭品中定有糯米圆，取团圆之意。"食过冬节圆，就多一岁"。

风物:

揭阳当地有民俗小吃乒乓粿，1997 年即被选入首批"中华名小吃"，由鼠曲草混合糯米制成。

此外，揭阳有"玉都"之称，盛产玉器，五金件产量也很丰富。

摄影指导:

1. 建议尽量选择晴天、空气污染指数小的时候拍摄，高空气透明度更能衬托出学宫的磅礴气势。

2. 可以选择广角镜头为照片增加内容，适当使用航拍手段也可以鸟瞰整座学宫，体现出学宫整个建筑群的风格。

周边看点

- **道德讲堂**
  揭阳学宫设道德讲堂，有兴趣的可以前去听讲与交流，地点在学宫东路教育署。

发现广东：100 个最美观景拍摄地　**54**

善德梅海
青梅尝煮酒，细雨熟黄梅

📍 **最佳观景拍摄点：**
全景区
纬度：23°14′14.80″N
经度：115°49′10.38″E
大地高：253 米
观看方位：四面皆可

⚱ **最佳拍摄季节：**
元旦前后

🕐 **最佳拍摄时间：**
日出后一小时

善德梅海位于广东揭阳普宁市大坪镇善德村，地处潮汕平原最西端，背靠南阳山。南阳山里屋舍俨然，寨门前、德章窝、寨仔窝、高塘凹、青山下、田螺塘、金钩环、缺仔面，几个村落相去不远。

这一片世外桃源便藏在不起眼的山窝窝里，祖居在此处的乡民家家植梅树，户户饮青梅酒。

隆冬腊月，游人踩着满地落英而来，抬头便见梅树枝头的花朵雪似的开着，或三三两两点缀着老院子的青瓦灰墙，或层层叠叠地遍披村野。

到了清明，果实成熟，纷纷细雨中青翠的

梅子沉甸甸坠满枝丫，望之惹人垂涎。这便是村民最喜爱的时节了，采下自家梅子洗净晾晒，制成青梅酒或咸梅汁作日常饮品，酸甜爽口，又卤成时令梅脯，送去亲朋挚友家中，纵论闲谈的间隙里尝上一颗，止渴生津。

若不想置身事外，不妨和当地村民沟通，跟着老乡上后山亲手采下青梅果。沿途左右，小香猪在缓坡上自在跑动，家鹅野鸭见到来人并不闪避，伸着颈子大摇大摆穿路而过。青白色的小路串联起村中一扇又一扇古旧的木门，又蜿蜿蜒蜒向山高处隐去。

最高的山上有一座水库，被低矮的群山环抱着。无风无雨时，水面映着天光，映着白云，映着青山。从水库流出的清泉跳跃在山涧里，流过细石，流向村口，滋养出一山草木，滋养了千百人家。

这里人迹寥寥，环境清幽，最有隐逸之气。据说目前善德梅海仍在开发阶段，属于开放式景区，到达几个村落所在的山腰处即可自行游览，无需购票。

走出大都市，远离人声鼎沸处，听鸡鸣，戏明溪，饮山泉，品山珍，在这里过上几天原生态的乡居生活。

摄 / 黄志辉

公共交通:

从东莞或深圳出发,可乘坐高铁到达普宁,在二中广场转去大坪镇的专车,之后只有摩的可以选择。

餐饮:

普宁豆干:煎、焗、炸均可,蛋白质丰富,是当地人偏爱的下酒小菜。

尖米丸:稻米做成的尖米条,造型小巧,以猪骨汤作底,加入墨鱼丸、鱿鱼片等海鲜滚熟,汤清、味鲜。

青梅酒、客家擂茶都是佐餐佳选。研磨时光咖啡馆、时光某处咖啡馆都是静谧午后的味蕾享受。

住宿:

便捷之选:善德梅海山庄位于善德村,除提供住宿外,还配备KTV等休闲度假一体式服务。

豪华之选:揭西希桥酒店,位于揭西市区,距离大坪镇不远,设有酒吧、桑拿、健身中心。

民俗节庆:

人胜节:每年初七,遵从正月里"七日为人"的礼俗,当地人将七样蔬菜一同烹煮,制成菜羹"七样菜"作食。

出花园:农历七月初七,年满15岁的少年庆祝成人礼。由外祖家置办红公鸡、红屐、酵粿等为外孙庆贺。

风物:

夏布:以苎麻编制,制成夏衣,清凉透气。这一传统手工制法独特,传承不易。

风炉:唐人讲究用风炉煎茶。揭阳的风炉曾在华南与东南亚热销,现在生产规模呈萎缩之势。

摄影指导:

1. 善德梅海为开放式游览区域,移步换景,处处可进行创作。

2. 从高处看去,老屋和梅树错落有致,结合在同一画面中,别有意趣。近距离可观赏梅花或以梅树为背景进行人像摄影。

3. 每年元旦前后是梅花最为繁盛的时节,适合拍摄枝头俏丽景色。清明前后则是梅子成熟的季节,村民采摘、贩售梅子最为忙碌,如进行纪实摄影创作,选取这一农忙时节则为最佳。

4. 以梅花为主题的拍摄,可以选在清晨进行,雾霭蒙蒙,梅花凌寒,在薄霜中更显得俏丽。村舍和梅树相互掩映,雄鸡啼晓唤醒沉睡村庄,画面宁静淡雅。

摄／周坤亮

摄／周坤亮

📍 **周边看点**

● **揭阳天后宫**

位于东山区乔林乡，供奉海神祖姑
供当地人祭拜。每逢祖姑诞辰，乔
林乡民甚至海外侨乡来天后宫请香
火奉敬。天后园里山石堆叠，廊庑
回环，诏廊里碑石林立，上刻宋元
以来各代皇帝封赐祖姑的圣旨，彰
显祖姑盛德。

摄／周坤亮

摄－蔡继伟

发现广东：100个最美观景拍摄地 **55**

红海湾
天生的"两面派"

最佳观景拍摄点：
遮浪半岛东西海岸交汇处
纬度： 22° 65′ N
经度： 115° 57′ E
大地高： 0 米
观看方位： 站在海岸观看左右两侧

最佳拍摄季节：
3~11月，11月会有帆船、帆板等水上比赛，
可拍摄红海湾不一样的动感景象。

最佳拍摄时间：
清晨日出时分和傍晚日落时分

　　汕尾红海湾，是一个可以满足人们对理想生活所有畅想的地方。蔚蓝的天空与湛蓝的大海海天一色，洁白的浪花亲吻着细软的沙滩，温暖的阳光、清新的海风、风车在旋转、人们在嬉笑……在这里，时光变得缓慢而丰盛。

　　红海湾全称"红海湾遮浪旅游区"，地处广东汕尾市区东部18千米处，狭长的南澳半岛伸入海面，把海岸划分成东西两半，东为碣石湾，南为红海湾。东西两岸的风光迥然不同，不仅吸引诸多名人名家到访，还让南澳半岛有了"粤东麒麟角"、"遮浪半岛"、"中国观浪第一湾"的美名。

　　红海湾既有温馨与浪漫，也不乏活力与激情。这里是天然的海上运动场，广东海上项目训练中心就设在此地。近岸海域的海水水质达到国家一级标准，适宜游泳、踏浪。天气晴好的日子，常能见到皮肤黝黑的运动健将操控着帆船、帆板在海上乘风破浪。

　　自然赋予红海湾壮丽秀美的景色，人类给予它丰富厚重的人文内涵。历史悠久的遮浪炮台，诉说着镇守海疆的荣耀与沧桑；高高耸立的航标灯塔，为黑暗中的人们照亮方向；而绵延海岸线上散落的白色风车，年复一年记录着红海湾人与自然和谐共生。

公共交通：

广州至汕尾可乘坐高铁或动车，在汕尾火车站乘坐公交到汽车总站（荷包岭车站），乘坐直达红海湾"汕尾一遮浪"的旅游专线。

餐饮：

红海湾盛行一句谚语，"天下海鲜数汕尾，汕尾海鲜看遮浪"。在遮浪镇找一家海鲜大排档，珍珠贝、虾姑、坑螺、海胆、鲍鱼、鱿鱼、螃蟹……随心点菜，吃的就是当地人间烟火味。

门票：

红海湾海滨浴场成人票价 16 元 / 人次，炮台公园门票 10 元 / 人次，未成年人、全日制大学本科及以下学历在校学生凭学生证享受半价优惠。

住宿：

得胜宾馆，坐落在遮浪半岛上，距离海滩仅有 100 余米路程，隶属红海湾海上运动俱乐部，基础设施完善，周边风景优美。有海景房和街景房，建议提前预约海景房。

民俗节庆：

每年农历三月二十三是妈祖诞辰纪念日，凤山祖庙都会举办场面盛大的民俗祭祀、传统民间艺术巡游表演和彩炮会活动，吸引成千上万的信众参加，现场欢腾的气氛，有很强的仪式感。

风物：

汕尾渔歌：旧时汕尾人靠海吃海，以打鱼为生，爱好用歌声表达情感，可以是独唱、对唱、齐唱和合唱，节奏和缓、旋律细腻，演唱内容多和渔民熟悉的海、鱼、船、鸟、人物相关，有浓郁的海洋风情和生活气息。以当地方言演唱的渔歌，更是汕尾渔民的生活写照。

摄影指导：

1. 日出日落之时是拍摄红海湾最好的时间。大海与天空的颜色交相辉映，但光线强度差别很大，可以采用渐变镜或者黑卡使整个画面的曝光正确。

2. 拍摄红海湾最好选择合适前景，不要孤零零的拍摄大海，栈桥、海滩、礁石等都是可以选择的元素。

3. 还可以在高处用广角镜头拍摄整个红海湾的轮廓和景致，充分展现出红海湾的美丽。

摄／张周关

📍 **周边看点**

凤山妈祖文化广场

以海为生的人总有一种纯粹的信仰，妈祖永远佑护着他们的平安，这一点在汕尾表现得尤为突出。这里，大大小小的妈祖庙随处可见，建于 1994 年的凤山妈祖，更是汕尾的一大标志。面朝大海的妈祖，由当代雕刻大师李维祀设计，端庄华贵却又慈爱可亲，是国内最大型的妈祖石雕像之一。石像旁，还有文学家冰心题名"天后圣母"四字，配合着妈祖的形象，就像一位母亲在守望着海上儿女的归来。

摄／蔡继伟

摄／陈碧信

摄／蔡继伟

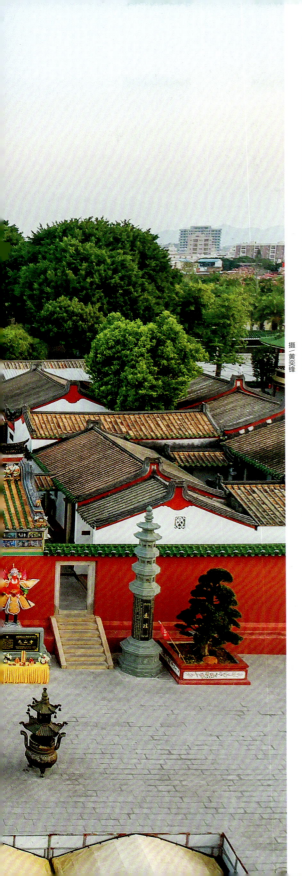

摄 : 黄奕锋

玄武山

山不在高，有仙则名

📍 **最佳观景拍摄点：**
南门牌坊（上书"玄武山"三字）向上仰拍
纬度： 22°49′N
经度： 115°49′E
大地高： 25米
观看方位： 由北向南

⏳ **最佳拍摄季节：**
四季皆可拍摄，冬季为景区旺季

🕐 **最佳拍摄时间：**
全天皆可，夜晚建议航拍

　　玄武山原名"圭石"，位于汕尾市陆丰市的碣石镇。玄武山外形奇特，奇石林立，其"玄武"之名恰是得自山中的七块巨石：此七块巨石排列如同北方七宿，而在汉族神话四象中，玄武是北方之神，故更名为"玄武山"。

　　说是"山"，海拔只有25米，更准确的描述应当是"山丘"。没有高峰之雄伟气势，玄武山却也因其独特位置和极其丰富和谐的宗教文化积淀而著名。

　　玄武山南麓，有一座始建于南宋建炎元年（1127年）的元山寺，因其鲜明的建筑风格和供奉多尊不同教派神像而远近闻名。明清的修葺与后来的完善，使元山寺因包容各个时间段建筑元素而自成一派，轮廓精致，外观富丽精美。寺内则供奉"玄天上帝"，同时还有释迦牟尼、观音菩萨、弥勒佛像和达摩祖师等神像，展现了"释道汇流"的特色，也展现了玄武山地区多元文化交流色彩与深厚文化积淀。此外，元山寺内还珍藏着自建寺以来历朝历代来此官员亲笔题写的匾额，其中黑旗军将领刘永福所题写的"灵声满道"和林则徐所题写的"水德灵长"尤为珍贵，被列为"中华名匾"。玄武山白日间绿树成荫、仙气缭绕，已如世外桃源般令人神往。到了夜晚，玄武山风景区在深邃夜空的笼罩下闪烁点点璀璨，神秘而迷人。

摄影指导：

使用广角镜头可以获得更为宽阔的视野。利用前后景深的关系，善于使用借景的手法，制造出层次感。景区内往往建筑、植被繁多，切忌画面元素杂乱无章，没有规律。

🚌 **公共交通：**

玄武山景区位于汕尾市陆丰市碣石镇，可乘坐高铁或汽车抵达陆丰市，再乘坐大巴车从陆丰市（隶属汕尾市）前往，陆丰市至玄武山景区全程约 35 千米，车程约 45 分钟。

🥣 **餐饮：**

油炸豆腐、菜头丸（由萝卜制成）、虾头丸等是不错的当地美食。

🎫 **门票：**

散客 25 元 / 人，团体 20 元 / 人。此外，学生、老人、军官、残疾人等持有效证件可免票进入景区，儿童 1.4 米以下免票。

🏠 **住宿：**

景区内部仅有用作内部接待的住宿点，玄武山宾馆还在规划建设中。游客可出景区于碣石镇上选择不同风格的住宿。

🎎 **民俗节庆：**

每十年举办一次的"重光庆典"距今已有 120 余年的历史。"重光庆典"上，人们进行拜神仪式和特色文化节目表演。
每月的初一、十五也有宗族参神拜神。碣石镇上，有玄武山文化展览馆，展览馆中陈列一些古物字画，值得观赏。

🎁 **风物：**

鱿鱼干、虾干等各种海鲜干，当地特色菜茶。
民间艺术：面猴及各色文化节目，如正字戏、舞龙舞狮等。

摄/陈碧信

摄/孙奕

摄/黄奕锋

摄/黄奕锋

📍 **周边看点**

金厢滩

金厢滩位于碣石镇与北边金厢镇交界处的观音岭之下，绵延8 000米。由于距海较近，水深较浅而天然形成了此处的游泳海滩。游玩周边景点后可于此休闲放松。

浅澳炮台

浅澳炮台位于陆丰市碣石镇浅澳村西部的山岗附近。康熙五十六年（1717年），为保卫家园，预防贼船海盗入侵，当时的两广总督杨琳禀明朝廷后修建。如今浅澳炮台历经数百年风雨虽已失去了当年的英姿雄风，但尚存的台基和护墙仍然向我们传达着不朽的爱国精神。

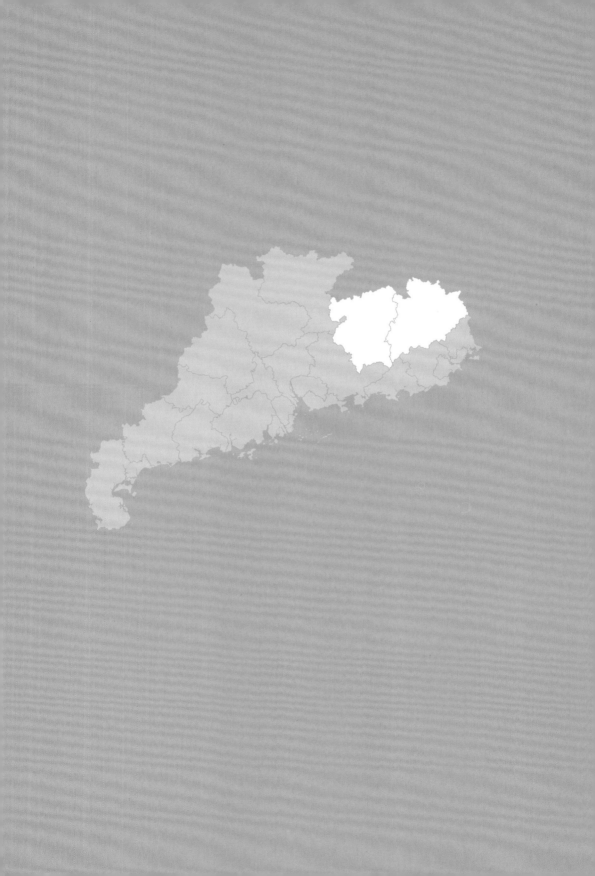

粤东北客家文化区

河源市、梅州市

  客家民系是中国古代历史上南迁汉族移民群体中的一类，是世界上分布范围最广、影响最深远的汉族民系之一，它融合南方各民系，形成不同于其他汉民系的个性。客家文化的形成经历了很长的历史过程，在长期的迁徙和开拓过程中，从赣南开始，在闽西进一步发展，在粤东完成，最终在闽粤赣边区，以现在的粤东北梅州地区为中心，形成了具有独特方言、文化、风俗和特性的客家民系，并日益发展。

  位于岭南之东的粤东北地区，地处闽粤赣三省交界处，这片沿海省份的山地区域坐拥青山绿水，大量古村落散落其间。尤其在明清以后，粤东成为了客家发展的重心，其首府梅州有"客都"的美称，而粤北则是客家向外扩展的第一重镇。河源和梅州作为粤东北客家文化旅游区的代表地，承载着悠久多元的客家文化，还拥有几乎所有类型的客家围龙屋。

  "客都"梅州以梅江区客天下、南口侨乡村围龙屋等为客家文化的展示载体，展示着古老的中原文明与独特的客家风俗的交织；"客家古邑，万绿河源"，河源也因其万绿湖、巴伐利亚庄园等独特风光吸引着万千游客纷至沓来。绿水青山，古镇土楼，黑瓦白墙，老街旧巷，客家人在这方天地虔诚地守护着祖辈传下来的林林总总。夕阳时分，穿过红花湖，寻觅夜市排档的美味，去品味客家独有的滋味；在江北老城的小溪唇漫步，体验闹市中的一丝静谧；背光取景，留下最美时刻的印记，去享受当下美好。

  客家人在长期的迁徙和开拓过程中，不断适应当地自然环境，与畲族等土著民族融合，形成了具有鲜明特色的客家文化。其独具"美"和"异"的旅游文化特色，满足着人们寻求不同生活体验的需求，让人流连忘返。

摄／陈伟东

发现广东：100 个最美观景拍摄地　**57**

万绿湖
山中海洋处处绿

📍 最佳观景拍摄点：
纬度：23°47′N
经度：114°35′E
大地高：100 米

⧗ 最佳拍摄季节：
四季景色皆宜拍摄。

🕐 最佳拍摄时间：
12:00~14:00

　　河源市东源县境内的万绿湖又称新丰江水库。1958 年修建新丰江水电站时拦河而成，现在是华南最大的人工湖，距离省会广州 185 千米。放眼望去，湖水和周围环境碧绿一片，因而得名万绿湖。

　　万绿湖湖面面积 370 平方千米，最大长度占整条新丰江的 84%，达 147 千米，最宽处 12 千米，最深处达 80 余米，有"山中海洋"之称。

　　湖水水质纯净、无污染，可直接饮用，并通过东深供水工程间接供往深圳、香港，东江中下游的自来水也基本来自万绿湖。其库容量高达 139.8 亿立方米，相当于 980 个杭州西湖。景区内绵延着 1 100 平方千米青山，散布着 360 多个绿色岛屿，构成了一副天蓝水碧的湖山胜景。

　　万绿湖有"镜花缘"、"镜花岭"等景点；也有"龙凤岛"、"水月湾"等湖中岛屿形成的自然景观；同时，河源也是客家人聚居区，景区内修建了"客家风情馆"以展示客家风土文化。

　　湖区视野开阔，湖周绿植茂密，使得澄澈的深水看起来碧绿一片，也让此地成为与云南西双版纳、肇庆鼎湖山齐名的"北回归线沙漠腰带的东三奇"。乘船游于湖水之上，远见峰峦叠翠，近观绿水清冽，耳闻鸟鸣和松涛阵阵，是珠三角绝佳的后花园。

🚌 **公共交通：**

广州深圳等珠三角城市均可搭乘大巴或火车到达河源市区，转乘 107 路或 109 路公交车即可到达景区。

🍵 **餐饮：**

河源地区客家菜偏重"肥、咸、熟"。特色美食有：东江盐焗鸡、客家酿豆腐、艾粄、猪杂汤等。

🍃 **门票：**

景区门票搭配船票一起销售，192 元／人，网上订票 168 元／人。9:00~16:00 每逢整点开船，常规行船路线：水月湾—镜花岭—龙凤岛—客家风情馆，景区内各小景点均不再收门票。景区票务中心出售学生优惠票，1.2 米以下儿童、70 岁以上老人免票。

🏠 **住宿：**

景区外有多家快捷酒店、星级酒店可供选择，河源市区则选择更多。

🎏 **民俗节庆：**

立夏节：河源人称农历四月初八为"立夏节"。此时农家已完成插秧，会准备好菜犒劳自己，有农家在这天采百草来舂米做米粄的习俗。

天赐节：农历六月初六为天赐节，又名"牛王节"，客家人相传这一天是"牛王生日"。农家会宰鸡蒸粄祀奉"牛王神"。

十月朝：传说农历十月初一是牛的生日，河源地区农民习惯蒸糯米饭喂牛为其庆生。这时晚造的庄稼已登场或收割完毕，各家农户每年在这天做糍粑，买酒菜，一家团聚，以示庆祝。

🎁 **风物：**

客家黄酒、艾粄、酸萝卜、牛筋糕、望郎回牌炒栗。特色药材——五指毛桃，有祛湿、降火的功效。

摄影指导：

因地处亚热带，植被四季常绿，所以四季景色皆宜拍摄。尤其是下午，阳光充足，雾气小，色彩鲜明。

摄／陈剑云

摄／蓝远峰

摄／谢林珊

📍 **周边看点**

● **佗城**
位于河源市龙川县境内，是南越王赵佗的发迹之地，还是古时东江中上游地区的政治、经济、文化和军事重镇。有南越王庙、百岁街、天后宫、龙川商会、骆屋、正相塔等历史古迹。

摄／黄进强

巴伐利亚庄园
异域风情，颐养天年

最佳观景拍摄点：
乘坐缆车，回头望去，可将巴伐利亚庄园收入眼帘，可谓是最佳拍摄地点。
纬度： 23°37′N
经度： 114°37′E
大地高： 58 米

最佳拍摄季节：
四季皆可

最佳拍摄时间：
有晚霞的傍晚

在广东省的河源市坐落着一座美丽的庄园——巴伐利亚庄园。

巴伐利亚庄园是深圳帮扶河源造血的新型旅游示范项目，依托近 10 平方千米的土地（其中 2 平方千米为水域），将这里建成了一个森林氧吧、温泉养老、新型农业、水上娱乐、房地产置业的综合基地。

正如名字所示，巴伐利亚庄园充分体现了西式的建筑风情，色彩斑斓的房子、风车、城堡，德国风格的建筑让人仿佛置身格林童话的世界。里面的"糖果屋"包括全国首创的国医国药温泉、华南第一个人造四季滑雪场、观众席可 360°旋转的全景剧场、精彩纷呈的俄罗斯马戏表演、可以慢步行走的过山车、现代化

的富硒农业展示区、湖畔宁静的高尔夫场、绿意盎然的森林索道、提供禅修课程的福源寺，轻松惬意，让人流连忘返。

河源市山清水秀，气候温暖湿润，全年都可说是最佳拍摄季节。值得一提的是，由于林场和湖畔的平衡温度作用，这里冬暖夏凉，是夏季避暑、冬季度假的绝佳选择。

巴伐利亚庄园以人文景观为主，拍摄时间不受限制，摄影师们可以在此尽情拍照。傍晚时分，阳光倾泻于湖面，映照得庄园分外美丽。

巴伐利亚庄园在"健康养生、禅修养心、旅居养老"上也充分做足了心思，提供了置业和养老服务。各种医疗娱乐服务一应俱全。当地的富硒生态农场还可以承租给庄园业主和养老人员，为其提供健康营养的蔬菜。如有兴趣还可以亲身体验农田收获蔬菜的乐趣，感受亲手耕种的快乐。

如此妙趣的体验，仅距广州市约2小时车程，阖家驱车前往，岂不快哉！

摄 / 田伟

摄影指导：

1. 可以在傍晚时乘坐缆车，鸟瞰巴伐利亚庄园全景，拍下夕阳笼罩下的梦幻德国风情小镇。

2. 也可选择着重表现建筑的细节质感，如屋顶、柱廊、门窗、花坛等。拍摄细节时要注重摄影中的"透视失真"问题，避免矫正，甚至用超广角镜头制造出"透视变形"的视觉冲击效果。

🚌 **公共交通：**
从广州市乘列车约需 4 小时到达河源站。后步行至火车站公交站，乘坐 112 路专线在巴伐利亚庄园站下车，约 90 分钟。
从深圳市的中心书城、南山书城出发，有直达巴伐利亚庄园的免费巴士可供乘坐。

🥄 **餐饮：**
庄园内部有度假酒店的餐厅，菜品高档奢华，以西式为主，粤菜为辅。庄园不同入口处分布着许多经济实惠的客家菜馆，菜品干净美味，推荐聚福楼客家餐馆、客家阿嬷餐厅、富强酒楼。

🎟 **门票：**
巴伐利亚庄园黑森林乐园一票通门票 100 元，无儿童票。俄罗斯大马戏门票 100 元，无儿童票。黑森林乐园和俄罗斯大马戏通票 150 元，团购优惠。

🏠 **住宿：**
巴伐利亚庄园在建设之初就以提供高档休闲娱乐度假为目标，附近住宿多为高档度假型酒店，如途家斯维登度假公寓、铂莱顿度假酒店、喜来登度假酒店、美思皇家温泉度假村、雅阁度假酒店等。

🏛 **民俗节庆：**
巴伐利亚庄园定期会举行俄罗斯马戏表演，演出精彩纷呈。

🎁 **风物：**
巴伐利亚农庄形成了完整的富硒食品产业链，硒作为人体必需的微量元素参与多种蛋白质的合成，富硒食品有增强免疫力、防治糖尿病等多种功效。

摄 黄进强

📍 周边看点

野趣沟风景旅游区

距巴伐利亚庄园约 8 800 米，位于大桂山北部的萝坑，拥有碧波荡漾的万绿湖，三面层峦环抱，树木参天蔽日，充满了野性生态之美，还有充满趣味的水上速滑项目等。

摄／田伟

发现广东：100 个最美观景拍摄地　**59**

万绿谷
亲身体验山野情趣

📍 最佳观景拍摄点：

纬度： 23° 43′ N
经度： 114° 31′ E
大地高： 266 米

🏆 最佳拍摄季节：
春季油菜花绽放，将大地染成一片金色，春风拂过时波浪翻滚，远处映衬着的白墙黑瓦的村落，画面十分美丽。

🕐 最佳拍摄时间：
早晨和午后是拍摄的最好时间，此时光线较为柔和，容易衬托出金色的花海。

在山间公路行驶约一小时，眼前一片葱翠次第展开，于此间坐落的便是万绿谷休闲度假风景区。此风景区依山傍湖，围绕一个村落建立，既有酒店住宿群落，也有丰富多彩的扩展运动，同时还可以亲身体验客家文化，品味当地美食。

万绿谷中最为吸引人的项目便是全程约 3.5 千米的山间漂流，许多人慕名而来。在 90 分钟的时间里，坐在一只小小的皮划艇中，随波逐流。沿路不时有激流险滩，船身被水流推挤着左右摇晃，不时颠簸一下，溅起巨大的水花。最刺激的"空中漂"要在长约 300 米的河道内完成 80 米的落差，小艇飞快地俯冲，失重感令人心跳加速，引起尖叫阵阵。在平缓一些的水道中游客可以尽情观赏两岸的奇石密林，重拾心情，等待下一次峰回路转带来的刺激感受。

除漂流，沿着古石道逆溪流而上，在山中漫步，呼吸城市中难得一寻的新鲜空气，还可在万绿湖畔荡秋千，或是泛舟湖面上。沿途不时会遇见深潭泉水，这里也成为了农夫山泉的水源地之一。

景区亦配有度假村，将客家风情与田园风光完美结合起来，春季在这里可以欣赏到满山遍野的油菜花，夏季则可以在篝火旁纵情歌舞，秋冬则可以品尝到刚刚收获的菜蔬，四季皆有胜景。

公共交通：
从广州、深圳及其他主要城市可以先乘火车到达河源市。从河源市区到万绿谷尚未开通公共交通，需要自驾或包车前往。

餐饮：
打饲肆湖鲜馆：餐厅名字"打饲肆"来自客家传统，早期生活较为艰苦，亲人朋友常常 AA 制聚餐，有菜出菜，有米出米。今日餐厅以客家土煮风格菜肴为主，包括清蒸鳜鱼、野生灵芝炖鸡汤、客家酿豆腐等。就近取材，保证菜肴的原汁原味。

门票：
万绿谷门票 35 元，万绿谷空中漂流套票 168 元，套票包括万绿谷景区门票。网络订票优惠。

住宿：
百子围度假酒店 / 渔家别墅：均为景区内部酒店，吸收客家风情而建，内部装潢也以中式为主，环境优美。

民俗节庆：
长期以来，水田农耕的劳作方式对于当地的传统节庆影响极大，当地有许多与"牛"相关的庆祝活动，如农历六月初六、农历十月初一的祭祀庆祝。

摄影指导：

1. 油菜花花期较长，初开始颜色偏黄，夹杂一些浅绿，盛开时则为金黄色，在不同的时间前去会捕捉到不同的效果。

2. 利用广角镜头体现花海的广袤，除了一般的三分构图，可以尝试不同的构图手法，与村落、人像等其他景物结合，不至于落入花海摄影的俗套当中。

📍 **周边看点**

● **桂山**
面对着万绿湖的桂山拥有当地的最高峰，来此处可以跋山涉水，野炊漂流，尽情体验乡野生活。

● **苏家围**
苏家围坐落于老宅区，所以保留了传统建筑格式。在这里人们可以看到古村落原汁原味的客家生活，同时深入了解客家文化。

摄｜季力

发现广东：100个最美观景拍摄地 **60**

雁南飞茶田（桥溪古韵）

浑然天成的古村风韵

📍 最佳观景拍摄点：

村落内皆可拍摄，不同视角有着不同风景和独特韵味。

纬度： 24° 23′ N
经度： 116° 31′ E
大地高： 462 米

⏳ 最佳拍摄季节：

四季皆可，各色景观一年四季轮番上演，美不胜收。

🕐 最佳拍摄时间：

白天全天皆可。

位于广东省梅州市雁洋镇的雁南飞茶田，群山环抱，百花繁盛，茶田叠嶂。茶田风光、客家文化在这里交汇。茶田往东的阴那山五指峰西麓，是桥溪古韵景区，开村于明万历年间，是客家人聚居的民俗自然村落。经历数百年时光打磨，桥溪古韵愈发光彩照人。

村中溪水清澈，潺潺流淌，可谓依山傍水，浑然天成。来到村口，首先映入眼帘的是一块花团锦簇的巨石，上书"桥溪古韵"四字，字体苍劲有力、配色古朴迷人。沿着木制栈道前行，抬眼观望，豁然开朗。远处是为绿树覆盖的层叠山峦，在湛蓝天色的映照下蜿蜒。目光稍许下移，所及之处便是依山而建、就势而居的客家房屋。白墙灰瓦民居错落有致分布于山脚之下，一些掩映于丰茂树丛中，一些被奇花异草簇拥，另一些则为清冽山泉环绕，整体布局和谐自然，景观浑然天成，无一丝突兀之处。

清晨的桥溪古韵经过漫漫夜晚还未完全苏醒，雾气犹在，使得这里的一切都蒙胧而神秘。随着水汽散去，太阳升起，一两家的烟囱里炊烟缓缓飘散，平静而美好。正如数百年来的许多天一样，古村新的一天又开始了……

摄影指导：

1. 桥溪古韵依山而建、傍水而居，景观由远至近极具层次感，可选合适角度拍摄错落有致、浑然天成的村落全景。

2. 调整镜头加强景深有利于突显桥溪古韵幽远出世之韵。

摄／宋志锋

🚌 **公共交通：**
从梅州市出发，可乘 17 路公共汽车抵达桥溪古韵，全程约 40 千米。

🥣 **餐饮：**
来到桥溪古韵，当然要领略客家美食特色，如客家盐焗鸡和客家酿豆腐、酿苦瓜等都是不错的选择。

🏷 **门票：**
全票 50 元／人；60 周岁以上老人、1.2 米~1.5 米儿童、学生、军官、残疾人等持有效身份证件享受优惠票价 30 元／人；1.2 米以下儿童免票。

🏠 **住宿：**
景区内部不提供住宿，可至周边或梅州市区选择不同档次的住宿。

🎡 **民俗节庆：**
场面盛大的迎神庙会等。

🎁 **风物：**
桥溪古韵种植大量茶树，当地茶叶值得一品。民间艺术有各色手扎工艺品、茶灯、花鼓等。

📍 周边看点

继善楼

继善楼位于桥溪古韵村内，是村内极具特色与规模的客家民居。继善楼兴建于 1902 年，历时 12 年最终落成，方形横向布局的继善楼有 70 间房间，无论是其布局特色还是整体规模，在粤东地区都十分少见，有着重要的艺术与文化价值。

中国客家博物馆

地处梅州市客家公园中的中国客家博物馆距离桥溪古韵约 40 千米，是综合展示客家文化和历史变迁的博物馆。在去桥溪古韵游玩前后可于此了解客家深厚的文化背景，深刻领略客家村落人文魅力。

摄－宋志锋

发现广东：100 个最美观景拍摄地　**61**

灵光寺
古刹梵音

📍 **最佳观景拍摄点：**
乘景区电瓶车到达观景平台
纬度： 23°　24′　N
经度： 116°　23′　E
大地高： 577 米
观看方位： 四面皆可

⏳ **最佳拍摄季节：**
春季采茶时节

🕐 **最佳拍摄时间：**
清晨

　　灵光寺位于阴那山麓之中，距离梅县县城东南大约 40 千米，寺庙历史可以追溯至唐代咸通年间（860~874 年）。灵光寺的建立与福建高僧潘了拳法师息息相关。相传潘了拳法师曾游遍广东各大名山，最后落脚于阴那山，静修佛法。法师圆寂后，人们在其茅房旧址建造庙宇，现在寺内保留的建筑多为明清及以后修建。寺中波罗殿采用重檐歇山顶的结构，面阔三间，进深七间，寺中由 1 276 件木构件连接构成的九层螺旋藻井起到了烟雾过滤的作用。这样特殊的房顶构造也造就了"灵光三绝"之一的景象。

　　寺前矗立着两棵当年由潘了拳法师亲自栽种的千年古柏，两棵树相对而生，一枯一荣。枯树死去三百年而不倒，荣树枝繁叶茂，实为一大奇观。由此这两棵生死树也成为了忠贞不渝的象征，又被称为"姻缘树"，常有情侣来此，求爱情长久，婚姻顺遂。

　　除了寺庙，由于当地山脉盛产茶叶，灵山寺中亦可登高远眺绵延茶园。结束游览之后，亦可在寺中品尝禅茶，于品茶同时聆听晨钟暮鼓，梵音袅袅，体悟心灵的禅意与和谐。如尚有余力，亦可沿寺中小路步行登阴那山。

　　对于星空摄影师来说，山上光污染较少，能见度也比较高，也是星空摄影的胜地。

公共交通：
深圳、广州等主要城市均有前往梅州的大巴，班次较多，票价约 100 元。梅州市区可直接乘公交车前往。

餐饮：
梅菜扣肉、仙人板、腌面等梅州特色餐饮。当地同样盛产茶叶。

门票：
40 元，网络购买 35 元一张。观光车 20 元。从寺内上阴那山不要门票，登顶需二三个小时。

住宿：
吉祥天大酒店，位于景区内部，交通便利，价格实惠，预订赠送景区门票和早餐。酒店布置富有客家特色，同时提供客家菜、素斋和禅茶。如果当天住宿已满，附近也有许多私人开设的小型客栈。

民俗节庆：
每年春季采茶期间有茶文化相关活动，同时每逢国家节假日，也会在景区官方网上平台发布相应的活动以及优惠。

摄影指导：

春日无论对茶园还是梯田来说都是最佳拍摄季节，茶树颜色鲜亮，而且处于农忙季节，便于拍摄茶农采茶的画面。一般来说，清晨是最佳拍摄时机，早餐前后，太阳刚刚升起，茶园里还有尚未消散的水汽，制造出一种云雾缭绕的效果。

摄／颜国强

📍 **周边看点**

- **叶剑英元帅纪念园**

  位于距离梅州市区 33 千米处的梅县雁洋镇虎形村，叶剑英元帅曾在这里出生并度过了童年时代。纪念馆名匾为前国家主席杨尚昆所题，馆内除展示元帅生活息息相关的各种用品，还以生动详实的方式为游客介绍了叶剑英元帅戎马倥偬的一生，参观免费。

- **阴那山旅游度假区**

  位于灵光寺旁，主峰玉皇顶海拔 1 298 米，从灵光寺后山道路步行登山顶约 3 小时。也可以沿南福村公路开车直接前往天文科普园，再步行前往玉皇顶，需要交纳 40 元的门票。从玉皇山顶可以望到潮州、汀州和梅州，"白云深处望三州"便是咏叹此景。可在五指峰北坡的天文台处露营。提醒山间天气较为寒冷，请注意保暖。

摄／陈元辉

摄／刘开友

摄／秦志锋

摄｜胡金辉

发现广东：100 个最美观景拍摄地　62

丰顺县鹿湖温泉
健康休闲，度假绝佳

📍 最佳观景拍摄点：
鹿湖温泉酒店楼顶向下拍摄
纬度： 23°　55′　N
经度： 116°　28′　E
大地高： 82 米
观看方位： 从南向北

🏺 最佳拍摄季节：
冬季是享受温泉的最佳季节，建议 12 月、1 月、2 月、3 月前来游玩。

🕐 最佳拍摄时间：
温泉的拍摄时间并无特别限制，只要是光线充足的白天，都可成为最佳拍摄时间。

　　宽敞的洋房别墅，丰富的温泉浴池，极致体验的舒适享受，畅游其间，仿佛来到了云南腾冲，这里就是丰顺留隍鹿湖江山御景温泉度假村。

　　丰顺留隍鹿湖江山御景温泉度假村依托天然涌出的放射性氡泉而建，系留隍市杰出人士朱氏家族企业投资建设的大型温泉度假村。出于投资人对当地的深入了解和无限情怀，除了温泉，这里还修筑了潮客风情街、生态湿地公园、惠仁寺和一系列水上娱乐项目，集潮汕文化中的人文情怀和生态保护思想于一体。

　　"览中域之珍圣兮，无斯水之神录。"由于这里的温泉含有多种微量元素，它可以促进人的身体代谢，消除疲劳，增强免疫力。

　　"温泉启蛰气氤氲，渭浦归鸿日数群。"冬天泡温泉可以说是享受温泉的最好时机了，65 度的矿物质温泉水氤氲出温暖的水汽，仿佛置身于太虚幻境，如梦如幻。

🚌 **公共交通：**
从广州市乘列车至梅州站，全程约
6 小时；从佛山市乘 K232 次列车
至梅州站，全程约 8 小时，之后可包
车或驾车前往丰顺县鹿湖温泉。

🍵 **餐饮：**
度假可以选择直接在温泉酒店就
餐，多选用当地物产制作美味菜肴，
价格合理。
丰顺县当地还有许多农家乐小吃，
推荐风味农家饭店、老炳农家菜饭
店、四季中餐厅，干净卫生，富有
当地特色。

🎟 **门票：**
成人票：100 元。
儿童票：50 元。
无老人票、学生票，有团购。

🏠 **住宿：**
留隍鹿湖江山御景温泉度假村不仅
有便捷酒店，更有豪华别墅，营造
出一种东南亚式的休闲度假风情。
总体来说，高档住宿推荐丰顺广东
鹿湖温泉假日酒店，集吃喝玩乐于
一体。
经济型住宿可选择花好月圆客栈、
韩江宾馆、东流商务酒店、万江迎
宾馆等，环境干净优雅，服务周到。

🏮 **民俗节庆：**
客家人有过"七月半"鬼节的习惯，
又称"中元节"。每年这时候，客
家人会举办仪式驱赶"野神野鬼"，
以保佑一年的平安。

🎁 **风物：**
梅州盛产龙眼、橙子、芒果、杨桃
等水果作物，口味清甜，香气浓郁。
还有官日茶和平远锅茶，具有健脾
暖肾的功效。

 摄影指导：

1. 拍摄温泉可以着重把握温泉的雾气氤氲之感，选择气温较低
的天气拍摄。

2. 同时应着重做好拍摄设备的防水和防潮准备，避免发生意外。

摄／林旭军

摄／梁伟龙

发现广东：100个最美观景拍摄地　　**63**

长潭湖
湖光山色美如画

📍 **最佳观景拍摄点：**

长潭湖心小岛
纬度：24°42′N
经度：116°07′E
大地高：269米
观看方位：四面皆可

⧗ **最佳拍摄季节：**

秋季

🕑 **最佳拍摄时间：**

白天光线充足即可。

　　长潭湖位于粤闽赣三省交界处的梅州蕉岭县长潭风景区内，是修建大坝而拦截形成的水库水域。广阔湖面被层层山峦包裹切割，湖水与山中各色树种，山脚下零星房屋，一同展现了湖区美妙绝伦的图景，有"形似巫峡，景似漓江"之美称。

　　晴天的长潭湖艳丽美好。湛蓝的天空下是被两岸树木渲染成翠绿的湖水，湖水轮廓线上郁郁葱葱树木或笔直挺立，或依山势生长，姿态各异。湖水之绿与树木之绿的差异，使得长潭湖美景色彩更具层次感、更加丰富。细致观赏，还可看到草间五颜六色的小花与稍高的山体上小片裸露的灰色岩石。整体观之，宛如一幅精致而色彩丰富的油画。阴雨天的长潭湖又是另一番景象。此时的天空灰蒙蒙的，一层缥缈薄雾笼罩于湖面之上，色彩虽单调模糊，其景风格迥异却不失丝毫。泛舟于随着微风泛起涟漪的湖面上，轻松平静。

　　若要饱览长潭湖之美景，最好是秋季前来。秋季湖岸的树叶由绿色变红、变黄，有的则保持着原有的绿色，五彩的叶子倒映在湖中，长潭湖也变成了五彩池。湖波荡漾，美不胜收。

　　同时难得的是湖区周边还有众多的独具特色的人文景观，如"闽粤赣释迦文化中心"等。风景区还提供多种水上游乐设施和项目，使来这里的游客能得到全方位的放松与享受。

摄/顾汉泰

🚌 **公共交通:**

从梅州市出发乘坐大巴前往蕉岭县城车站,在蕉岭县城车站可搭乘公共汽车或出租汽车前往长潭风景区。车站到风景区约 10 千米。
进入风景区可于码头乘游船游湖。

🍵 **餐饮:**

三及第汤由猪身上三部分——猪颈肉、猪小肠和猪肝为料加青菜等熬制而成,是客家人早餐桌上的特色菜品。红菇鸭汤、鱼丸包、竹笋焖羊肉等当地特色菜品也值得一尝。

🎫 **门票:**

暂无门票。如需搭乘游船,可于售票点购买船票,船票 50 元 / 人。

🏠 **住宿:**

风景区内部无住宿,风景区周边有农家山庄、酒店、宾馆等。

🏮 **民俗节庆:**

客家特色节庆"七月半"。

🎁 **风物:**

特产:野生红菇、鱼干以及金橘、柚子等应季水果。
民间艺术:匠人制作的莲花灯精妙绝伦,艺术家演奏吟唱的竹板歌同样令人惊叹。

📷 **摄影指导:**

1. 长潭湖周边植被茂密,可在高处俯拍整个长潭湖的景致,以植被为前景,连绵起伏的山峦为远景进行拍摄,更好地表现出长潭湖的自然之美。当然,湖中的小岛、行驶的船只也是可以纳入画面的元素。可于湖心小岛向四周拍摄全景图,重点突出树叶和其水中倒映的五彩斑斓。注意湖面反光问题。

2. 也可以在长潭湖湖边进行拍摄,应利用山峰植被、蓝天白云在湖水的倒影进行构图,对称的手法能使整个画面更加和谐。

摄／梁伟龙

摄／陈汉添

摄／梁伟龙

📍 **周边看点**

● 闽粤赣释迦文化中心

闽粤赣释迦文化中心坐落于长潭水库大坝坑的入口处。文化中心建筑风格独特，融合了中西文化和佛教文化的建筑特色，富丽辉煌、庄严肃穆。中心内设有图书馆，游客可在此了解区域佛教交流的相关知识。

● 白马上合自然村

白马上合自然村，地处梅州市蕉岭县境内，是蕉岭县新农村第一批美丽乡村建设示范村之一。村中绿植丰美，片片花海随风摆荡，展现天然乡村风光。

● 蓬莱仙境

蓬莱仙境位于长潭风景区内部，是"长潭八景"之一。此景完美融合了天成自然景观如形似仙女的岩石，与展现工匠智慧与爱国精神的人文景观"八角仙亭"和抗日爱国志士丘逢甲"重游长潭"题诗。

摄 — 李力

南口侨乡村围龙屋
客家文化，家国情怀

📍 **最佳观景拍摄点：**
在围龙屋东南方 50 米处民居三楼顶，用三脚架拍摄
纬度： 24° 11′ N
经度： 115° 55′ E
大地高： 123 米
观看方位： 向西北

⏳ **最佳拍摄季节：**
四季皆可

🕐 **最佳拍摄时间：**
全天皆可

　　"穷则独善其身，达则兼济天下。"侨乡村立基开村的家族潘氏就是这样做的，由一根扁担起家，四处漂泊淘金，功成名就后选择定居在梅县南口村，建造出了客家世界第一古村落，乡亲父老皆聚集其中。

　　这片村落兴建于明嘉靖年间，至光绪年间才完工，以围龙屋形态建造，在客家建筑中融入了西洋风格，其中南华又庐为最大群落。至今已有 500 多年历史，被列入世界遗产名录。其九厅十八井的天井式结构在现代建筑中也十分流行。总体来说，围龙屋的结构由三大部分构成，包括中央堂屋和横屋构成的矩形四合院、院落和围屋构成的后半圆、禾坪与水塘构成的门前。矩形四合院内民宅和祠堂合二为一，呈对称分布，后半圆水塘主要用来养鱼、洗涤、防火灾，门前平时用来晾晒谷物，节庆时则是全村齐聚的场所。更有国内最早的"自来水"工程，客家人的生活智慧在此结晶。

　　500 多年的历史积淀出这片土地上客家人的家国情怀。"祖国归航率岛民，养成豪杰共维新；他年编入文明史，此是当年领袖人。"20 世纪初，潘立斋、潘祥初、潘君勉等人均曾鼎力资助孙文复兴中华。目前这里已经成为海外华侨的重要交流基地。

公共交通：

从广州市乘列车在梅州站下车，全程约需 6 小时。步行至火车站（公交站）乘坐 12 路在扶贵路口站下车，步行至扶贵小学站乘坐 35 路，在开发区站下车，步行 1.3 千米至侨乡村，全程约需一个半小时。

从佛山市出发，乘 K232 次列车到梅州站，全程约 8 小时。后包车前往，约需 1 小时。从梅县出发乘 9 路和 13 路公交车，全程约需 1 小时。

餐饮：

可以试着找找侨乡村内部的农家菜。建议到梅县就餐，客家人的农家菜在梅县新城经营得非常红火。

住宿：

高档酒店住宿推荐南口镇麓湖山文化产业园区内的梅州麓湖山酒店，距侨乡村只有约 2.2 千米，且景色优美、设施完善。经济型住宿建议当天选择往返梅县的交通，回到梅县居住。梅州乾坤润精品酒店、毅新酒店等便宜干净又实惠。

民俗节庆：

如果能有幸赶上一场客家婚礼，实属幸事。客家人有独特的客家婚嫁习俗，嫁娶要"六礼"，纳采、问名、纳吉、纳征、请期、亲迎，缺一不可。新娘每梳一次头就要说一句吉祥话，上轿前还要邀请当地有声望的长辈"打米筛花"，十分有特色。

风物：

客家油馓子是兴宁当地客家人的特色美食，由糯米、芝麻、茶籽油或花生油制成，甜的用红糖或白糖调味，咸的用盐调味，是当地客家人每年春节家家户户必备的点心。平日也有茶摊酒店在卖，作为喝茶饮酒的点心，各位老饕一定不要错过。

摄影指导：

1. 南口侨乡村作为人文景观并无特定拍摄季节限制，一年四季都可作为最佳拍摄时间。冬春可体验过年的年味儿；夏秋可观看到美丽的风景，品尝甜美的蔬果，体验各有不同。与拍摄季节相当，作为人文景观拍摄并无时间限制，早可观日出，晚可看日落，还有各样人文气息，可以说随时都是最佳拍摄时间。

2. 有条件可选择航拍，将全体收入其中，可以体现出其宏大的气魄。

3. 经过时间的沉淀和洗刷，墙面展现出了时代的磨损和凝练，不妨在细微处多多取景，找出当地的特色。微距摄影一定要使用三脚架以避免抖动，注意寻找合适对焦，高速菲林提高快门速度。

4. 围龙屋中还居住着当地客家人，可以征得客家人的同意后去抓拍他们的神态。抓拍时要注意引导他们不要在意镜头，表现出自然的一面。

摄／宋志峰

摄／李力

摄／李力

摄／李力

摄／李力

发现广东：100个最美观景拍摄地

65

平远县五指石
奇峰罗列，怪石嶙峋

📍 **最佳观景拍摄点：**
栈道的观景台
纬度： 24°54′N
经度： 115°56′E
大地高： 256米
观看方位： 向西南

⏳ **最佳拍摄季节：**
初秋

🕐 **最佳拍摄时间：**
清晨和傍晚

从梅城出发驾车约2个小时，便可到达坐落着五指石的平远县。五指石，实际上是指此处一座形似五指并列的山峰，它们分别是宝鼎石、罗汉石、天竺石、降龙石和宝盖石。

这五根手指从茂盛的植被中冲出，直指苍天，鸟瞰众峰，气势非凡。这种奇特的景观主要是由山体的垂直节理发育造成的，再加上常年的流水侵蚀和重力崩塌，最终一座山浓缩成了一块巨石，形成了今日我们所看到的五指石。

除了远眺五指石，整个景区堪称奇秀险峻，植被葱翠。

由于地处典型的丹霞地貌区，山体大多垂直插入大地，崖壁与岩壁紧紧相贴，形成众多

一线天式的景色。景区新近修建了一些贴山崖而行的栈道，行走于其上，万丈悬崖近在咫尺，再配上透明的玻璃地面，制造出一种腾云驾雾的悬空感，不由得为自己捏一把冷汗。

景区内同样奇石遍布，有的形似猴子捞月，有的则如同五老朝圣，每块石头背后都有一个美好的神话传说，体现出了客家先民丰富的想象力和对于故乡山水的热爱。

景区内部由两个独立的小景区构成，天道景区可以上到位于半山腰的栈道远眺。五指石景区则可以进入五指石，在树林间穿行，欣赏盘根错节的古树和一线天等景色。从检票口到两个景区有缆车或电瓶车，也可以步行前往，可以根据个人体力选择。

初秋时节，气温还带有夏季的热意，树木依然茂盛，而光线却变得更加柔和，不至于刺眼，非常适合出游和拍照。

五指石附近的同属丹霞地貌的南台山，同样值得一观。它形似一座卧佛，每年春天杜鹃花漫山遍野。由于景区直到这几年才逐渐为人所知，山上大部分步道还保持着原始的风貌。

摄 / 宋志锋

摄影指导：

早晚是比较适合的时间，山崖上的栈道由于完全裸露在半山腰，所以日照较为强烈，选取早晚，能够避免光线直射。

公共交通：

从梅州到平远可以在火车站乘坐景区直达车，或是在五州城汽车站坐景区直达车，从其他主要城市要先乘坐火车到达梅州，再转乘直达车。

餐饮：

平远黄粄：以禾米或糯米搭配黄栀子熬成的水制成，蒸熟后反复捶打再经由手工成型。可以与多种食材搭配各式做法，还可以用来煲汤。

门票：

门票100元/人，电瓶车10元/人，索道上行60元/人，索道下行40元/人，索道联票90元/人，网络购票有优惠。

住宿：

可以就近住在平远县城内。

摄／陈瑜

摄／宋志锋

摄／宋志锋

摄／李力

66

大埔县坪山梯田
润泽原田，远人乡村

📍 最佳观景拍摄点：

坪山梯田山顶观景台
纬度： 24° 19′ N
经度： 116° 52′ E
大地高： 217 米

🌧 最佳拍摄季节：

坪山梯田一年四季风景各不相同，春季油菜花金黄一片，夏季放水节后镜面宁静，秋季金黄的稻田和格桑花相映生辉，冬季农歇，乡村寂静安详，可以说一年四季都是最佳拍摄季节，全凭拍摄主题做选择。

🕐 最佳拍摄时间：

春季阳光较为微弱，适合选择中午拍摄，光线充足。夏季梯田放水形成镜面，可以很好地反射日出日落的光晕。秋季和冬季则相对无拍摄时间限制。

坪山梯田是一处尚未被完全开发的梯田景观旅游区，虽不如云南元阳梯田、广西龙脊梯田、贵州加榜梯田的规模，但却独成一派寂静安详的气氛。

"暖暖远人村，依依墟里烟。"陶渊明的诗句此处用来形容坪山梯田真是再合适不过了，这里拥有丰厚的历史文化底蕴，客家文化源远流长，众多的文物古迹和人文资源。始建于元朝末年，完工于清朝初年的悠久历史令它获得了"广东省古村落"的称号。

古人的生存智慧是令人敬佩的。最初，为了在山地丘陵地区种植粮食，求得生存，一片片令世人惊叹的梯田被开垦出来，难以想象其坡度达 25° 甚至 75° 之大，从山脚到山顶，依傍山坡，层层相扣，连绵不绝。点缀于其中的乡间民居就像灰色的钻石，在质朴却残酷的大自然中散发着人性的光辉。

"春如道道金链，夏滚层层绿波，秋叠座座金山，冬锁条条苍龙。"茂密的山林、盎然的田野、悠闲的村庄、慈祥的居民，形成了一幅浑然天成的美丽画卷。

🚌 **公共交通:**

从广州市乘列车到梅州站,全程约6小时。从佛山市出发到梅州站,乘K232次列车,全程约8小时。从梅州站可以包车前往梯田。景区内观光车20元。

🍵 **餐饮:**

坪山村客乡青餐厅、辉煌餐厅、聚有缘餐厅等经济实惠的饭店,皆由当地住家创办,独具客家特色。

🎫 **门票:**

成人60元,儿童30元,60周岁以上老人票30元。预定可优惠,有团购。1.2米以下儿童免票。梯田开放时间:8:00~17:30。

🏠 **住宿:**

坪山村内无住宿条件,需要到大埔县县城住宿。高档住宿推荐梅州瑞锦酒店,位于五虎山下,梅潭河畔,价格适中,环境优美。经济型住宿选择丰富,金帆大酒店、海棠四季酒店、国源酒店、豪兴旅业、瑞鑫商务宾馆等经济实惠,干净方便。

🥁 **民俗节庆:**

在客家人心目中,灶君掌握着一家人的饮食与生死祸福,因此每年阴历八月初二的灶君生日和阴历十二月二十日灶君上天之日,客家人都会将美酒和祭品"三牲"摆在灶头,为他祝寿或送行,祈求平安喜乐。

🎒 **风物:**

大埔县保留了客家味道中流传最久远的小吃之一——鸭松羹,选用当地农家特产木薯粉,配合猪油、红糖、生姜、陈皮,搭配以芝麻、花生、酥糖等制作的甜点。制作过程需要不停翻炒直至凝结成羹,甜香、滋补,可祛邪除暑,滋阴养颜。

摄影指导:

1. 自2016年起,每年2月底3月初大埔县都会举办坪山梯田油菜花旅游节,欢迎各地旅行者、摄影师来梯田采风。那时梯田人流量较大,可能不易拍出壮阔的效果,但可以与其他摄影爱好者交流经验,把酒言欢。

2. 坪山梯田山顶设有观景台,可以方便架起三脚架,从山顶拍摄也有"一览众山小"之感。

3. 如有条件可以选择航拍,将整个梯田景区景观纳入眼帘。春季多雨,拍摄时需要注重器材防潮;夏季时梯田反射出的阳光强烈,请记得调小光圈。

摄／陈汉溯

摄／宋志锋

摄／陈汉溯

📍 **周边看点**

客家香格里拉

大埔县素有"客家香格里拉"之称，这里景色优美，风光旖旎。每年3~4月，当地政府推动种植的油菜花盛开，一片金黄，芬芳扑鼻，春季烟雨中别有一番风情。5~6月放水节，梯田仿佛变身为美丽的水晶，映照着天地间的光辉。10月，稻子成熟，沉甸甸的稻穗在风中摇曳，丰收的季节欢欣鼓舞，而另一边的格桑花与其相映成趣，庆祝一年的收成。冬季农歇，稻草人守护着梯田，农家的老牛在一旁悠闲地吃草，一片祥和。

摄／陈成添

摄—黄镜亮

发现广东：100 个最美观景拍摄地　**67**

梅江区客天下
客乡古韵

📍 最佳观景拍摄点：
景区内的半山坡观景台
纬度：24° 16′ N
经度：116° 08′ E
大地高：100 米
观看方位：向北

⧗ 最佳拍摄季节：
春秋两季

🕐 最佳拍摄时间：
全天皆可

　　客天下景区距离梅州市区不远，本属于附近楼盘配套建造的旅游产业园，由于涵盖了客家文化展示、度假休闲、教育科研等多项功用，同样面对广大市民开放。景区的核心区域自然是位于正中的客家小镇，整个小镇吸取客家传统建筑和装饰风格，依照山势盘旋而起。仿古的木质小楼掩映在高大的热带作物当中，以及磨盘一样的传统客家盘屋，都让人感觉仿佛离开了喧闹的都市，回到了传统的乡村生活之中。小镇的街道上不时还会有各种演出，为四方游客展示祖祖辈辈居住在梅州当地的客家人的传统生活。客家人注重祭祀，在客家祠当中可以了解到当地注重商业的民间信仰，每年也会有许多久居海外的客家人来此拜祭，寻根问祖，同时祈求来年生意兴隆，财源广进。

　　在了解完当地的风土人情之后，不妨移步至圣人谷和百花园。圣人谷将亚热带雨林景色与中国传统的亭台楼阁结合起来，深潭旁栽种着茂林修竹，令人如同置身山水画中；百花园则种植着万亩杜鹃，除此以外，还有十余种珍稀花木依照各自时令开放。无论在哪个季节来到这里，都能看到繁花盛开的景色。

　　景区内还为带孩子前来的游客提供了小朋友喜爱的科技馆和动物园，既可以体验精彩刺激的 3D 电影，也可以与羊驼、猕猴、孔雀等动物实现近距离接触。结束一天的游玩之后，还可以在景区内部的度假中心放松歇息，享受温泉、美食和当地特有的茶艺文化。

摄影指导：

1. 春季可以在百花园中观赏杜鹃，初秋植被葱绿，气温也不至
于过高，便于拍摄。

2. 拍摄民俗相关的题材，要注重其临场性和真实性，以纪实为主。
所以在拍摄中也要尽量保持被拍摄者自然的神态，不要进行过
多的人为干预。同时在构图上下功夫，依靠构图来实现画面的
冲击感。

🚌 **公共交通：**
梅州市内多辆公交线路都可以到达
客天下。

🥣 **餐饮：**
亚婆茶叶蛋：位于圣人谷内，使用
上等茶叶、香菇、灵芝以及多味药
材腌制而成。

🏷 **门票：**
分为步行票和乘车票：
步行票：客家小镇、圣人谷120元／人，
科技馆30元／人，动物园50元／人，
套票有优惠。
乘车票：客家小镇、圣人谷150元／人。
导游服务150元／小时。
网络提前购票有优惠。

🏠 **住宿：**
客天下国际大酒店：坐落于园区之
内，分为酒店、别墅和客栈三种风
格，其中客栈位于客家小镇，内外
均以客家传统民居方式布置，具有
仿古情调，独具特色。

🎁 **风物：**
梅州木偶：梅州的木偶戏是在明朝
随着客家人迁移由浙江地区引入梅
州的。木偶机关由樟木制作而成，
可以保存数代而不朽。演出往往伴
随着客家传统歌谣，木偶在十几根
线的牵引下可坐可卧，甚至可做出
面部表情，栩栩如生。

摄／黄锡亮

摄／丘远彬

📍 周边看点

- **桥溪古韵**
  本为传统古村落，后被选入"广东省古村落"成为重点保护对象。村落以展示客家人文为主。整个村落临山傍溪，可以居住在围龙屋中，享受一天地道的客家生活。

- **中国客家博物馆**
  博物馆本身就如同一个小村庄一样，馆内以客家人主题展览为核心，集中介绍了客家文化的由来和发展。

粤北南岭生态休闲区

韶关市、清远市

南岭是中国南部最为重要的山脉，也是广西、广东、湖南、江西四省交界之地。在秦汉早期，南岭是朝廷对楚国南面群山区域的总称，后沿用至今，其范围的南线则包括了粤北地区的两个重要城市——韶关市和清远市。

"五岭逶迤腾细浪，乌蒙磅礴走泥丸。"南岭虽没有世界屋脊喜马拉雅山脉那般伟岸，但其连绵1 000多千米，阻隔南北，不仅抵挡了凛冽的北风，也孕育了独特的岭南文化。

多次的造山运动，使得南岭的山多是由花岗岩体构成，蕴藏着丰富的矿产资源，也使韶关市拥有"中国锌都"、"有色金属之乡"等称号。无论是被称为"三省通衢"还是被定义为粤北中心，独特的地理位置给了韶关不一样的发展机会。韶关市地处南岭山脉南部，独特的地理环境也赋予了它异常丰富的旅游资源。享誉世界的丹霞山景观、壮观的广东大峡谷以及广袤的罗坑草原都坐落于此。

南岭不仅是四省地理上的分界线，也是长江水系和珠江水系的分水岭。清远则位于南岭山脉南侧和珠江三角洲的结合带上。作为广东省面积最大的地级市，清远充分利用得天独厚的自然环境和地理资源，大力发展旅游业，相继获得"中国温泉之乡"、"中国优秀旅游城市"、"中国宜居城市"等称号。

去梅关古道体验"关隘"文化，回顾"取义成仁今日事，人间遍种自由花"的红色激情；去乐昌尝试一次"中国第一漂"，感受九泷十八滩漂流的惊险刺激；去南岭森林自然保护区攀登一次广东第一峰，或许你就会明白"广东人游广东，先游广东第一峰"为何会口口相传，家喻户晓。生态旅游、温泉养生、森林山地度假、宗教文化、少数民族风情游、户外运动旅游……这些特色旅游近几年渐为人知，粤北南岭还在探索国家公园建设，打造广东省观光旅游高地，自驾游示范基地，一个国家战略层面的粤湘赣桂大南岭生态休闲发展区面目渐渐清晰。

摄一蒋清刚

发现广东：100 个最美观景拍摄地 **68**

长老峰
霞关海山门，观日长老峰

📍 最佳观景拍摄点：
在长老峰山顶的韶音亭用无人机拍摄
纬度：25° 02′ N
经度：113° 44′ E
大地高：409 米
观看方位：向西北

⌛ 最佳拍摄季节：
丹霞山一年四季景色各有特点，不高的海拔虽不能给它带来独特的垂直地带性景观，但却可以保证春夏秋冬都有美景可供玩赏。晴天雨天也都颇具风情，雨天烟雾弥漫，如临仙境；晴天视野开阔，万虑顿消。

🕐 最佳拍摄时间：
长老峰早上可以观赏日出，滔滔火烧云海如梦如幻；傍晚可以体会绚丽的晚霞和宁静的夜色；白天则可感受长老峰独特的丹霞地貌，可谓全天都是最佳拍摄时间。

由 680 多座顶平、身陡、坡缓的红色砂砾岩构成，丹霞山（中国红石公园）成为了发育最为典型、类型最为齐全、造型最为丰富、景色最为优美的丹霞地貌，所以也称为"露天的地质博物馆"，自从 1988 年开发以来，先后被列入和评为国家级风景名胜区、国家级自然保护区、国家地质公园、国家 AAAA 级旅游景区、国家 AAAAA 级旅游景区五项国家级牌子，2004 年 2 月 13 日经联合国教科文组织批准为全球首批世界地质公园。

长老峰，则是其中的最高峰。

长老峰观日亭，站在二楼，东望僧帽峰，西望巴寨茶壶峰，南望韶石群峰，北望睡美人群峰。极目远眺，豁然开朗。

裸露的红石、陡峭的岩壁，几百米的岩石直通到山涧底部。沿着丹梯铁索走到最上端便来到了霞关。霞关旧称海山门，是登山的唯一隘口。出得霞关，来到长老峰的峰顶，视野辽阔，周围风景一览无遗，自然是观日的最佳地点。

从佛山市到韶关市列车在广州南站中转，时间约 1 小时。后转 G1036 次列车在韶关站下车，时间约 1 小时。下火车后到丹霞山景区有直达班车，约 1 小时到达，车资 16 元。丹霞山景区内部部分有公交接驳车到长老峰景区。

🍜 餐饮：

惠丰客家王、菊姐酒楼、丹山美食园、原色客栈等客家菜粤菜，here咖啡小镇，好湘会、红灯农庄等。

🍢 门票：

成人票 140 元，秋冬季门票和冰雪节票共 140 元，双程索道票 60 元，游船票 90 元，手机智能导游票 10 元，双人票、团购、网购可优惠。

🏠 住宿：

丹霞山怀森小舍民宿、云来客栈、云起丹霞客栈、印象客栈、九州连锁主题客栈等。也有丹霞景逸苑宾馆、中山门宾馆，大多位于断石村。

🏮 民俗节庆：

韶关市是瑶族的聚居地，当地富有特色的民族节日和民俗风情。长鼓舞是特色舞蹈。农历七月初七是瑶家的开唱节，此日之后少男少女才可谈情说爱，唱歌跳舞。瑶族婚俗也十分有趣，至今仍保留着"男嫁女"、"儿女从母亲"的习俗。

🏮 风物：

桃山月饼、蜂蜜、丹霞红豆、丹霞天雄有机红茶、竹稻米、原色的石木手作、火参果和丹霞石贡糖。丹霞山景区内有一只环境卫生工作犬——金毛犬"黄豆"，它会在水中游泳叼走水中的垃圾，模样十分认真，憨态可掬，也算是丹霞山景区内的一景了。

 摄影指导：

1. 长老峰的日出并不是每天都能看到，有时山雾缭绕，会让日出不甚清晰，想要拍摄到日出需要毅力、耐心。丹霞山景区的门票可在 48 小时内进出景区，建议循环利用。

2. 拍摄日出建议选择较大景深来确保场面的恢弘气势，建议配备三脚架和快门线等设备。

3. 长老峰其他地方地势险峻，拍摄时不仅需要注意安全，还可尽量降低拍摄视角以增加照片上虎踞龙盘的感觉。

摄/刘三根

发现广东：100个最美观景拍摄地 **69**

石坑崆峰
山远天高烟水寒

📍 **最佳观景拍摄点：**
位于山顶的观日站可以一览众山小，无论是拍摄星空、日出还是云海，都是绝好的场所。
纬度： 24° 54′ N
经度： 113° 01′ E
大地高： 最高 1 902 米

⏳ **最佳拍摄季节：**
夏季和秋季适宜拍摄星空。

🕐 **最佳拍摄时间：**
凌晨

　　石坑崆峰地处广东和湖南交界的连绵群山之中，海拔1 902米，拥有广东第一高峰的称誉。由于地势高险，夜晚空中云量小，每年夏季和冬季都会有大批爱好者来此拍摄银河，亲身体会"手可摘星辰"的感受。除了星空之外，山上的日出和云海也吸引了大量的游客，许多人为此在山顶露营。于清晨面向东方，脚下是像牛奶一样不停翻滚的云海，远方是一道被阳光镶成金色的地平线。等到太阳完全升起，云海渐渐散净，青色的山脉在眼前浮现，绵延不绝，如同大地上的褶皱。下山之后还可以去观赏瀑布群落，或是在亲水谷的溪水中尽情玩耍。

　　景区内修有公路可直接通往顶峰，自驾或骑自行车均可以通过这条公路登顶。此外也有不少人选择徒步，徒步既可以从售票处开始，先走一段公路，再从保护站处进入山中，但是这一段公路较长，景色也并不十分丰富。可以先搭车直接到达保护站，再从此上山。这一段路程不算远，两到三小时即可以完成，但是由于水平落差接近千米，所以个别路段也是比较陡峭的，并且没有修筑好完整台阶，需要一定的体力和徒步经验。

　　山中气候变化较快，如果有观星或是看日出的计划可以提前查好天气预报。同时山内海拔较高，昼夜温差较大，请注意保暖。

摄影指导：

1. 大光圈的广角镜头在拍摄中会更有优势。

2. 如果镜头中有前景的话，注意给前景补光。

3. 可以借助一些手机软件来帮忙定位银河的位置。夏季星空密度高，能够拍摄出银河。冬季的亮星更加多，同时近冬季时云层也更薄。每月的农历廿六至次月初三月亮亮度低，能够更好的凸显星空的光。

🚌 **公共交通：**
由于当地还没有完善的公共交通，自驾是最好的选择。
也可以先通过火车、长途客车到达韶关市，再坐大巴到达乳源县，从此可以包车进入景区。

🥄 **餐饮：**
山上物价较贵，以简单的农家炒菜为主。也可以自带。

🎫 **门票：**
南岭国家森林公园门票 120 元 / 人，网络购票有优惠。

🏠 **住宿：**
可以在山上露营，或是在沿途的村庄住宿。

摄／陈迅

📍 周边看点

● 韶关乳源大峡谷

峡谷位于大布镇，由于造山运动，原本的小裂缝逐渐扩大变为今日的峡谷。峡谷内绝壁丛生，深潭千丈，可以登上崖顶向下俯瞰，也可以徒步横穿，感受造物的神奇。

摄／刘三根

摄／陈迅

发现广东：100 个最美观景拍摄地　　70

广东大峡谷
大地伤痕

📍 最佳观景拍摄点：
峡谷顶端平地设有观景平台，可以从对面俯
拍瀑布全景。
纬度： 24° 31′ N
经度： 113° 07′ E
大地高： 470 米
观看方位： 高处俯瞰或低处仰观

⚓ 最佳拍摄季节：
水量较为充沛的春夏汛期

🕐 最佳拍摄时间：
开放时间为每天 08:00~17:00。

广东大峡谷，也称粤北大峡谷，论气势规模是广东境内峡谷之最，其全长约 15 千米，落差高达 300余米。地层在地壳沉降运动中形成断裂，河流下切愈深，好似时光作刀斧，在大地上刻下深深伤痕。

独特的地貌带来了多样化的游赏方式。谷面处地势平缓，休闲行走即可饱览脚下壮阔恢弘的深谷。经由飞虹桥，沿着千米游廊，穿行回音谷，再折返谷口广场，全程只需数十分钟，非常适合体力不足的游览者和老年人。向相反方向跟随景观步道，可在大峡谷最佳观赏点俯瞰峡谷全貌。

瀑布似一条条才从深潭苏醒的游龙，盘踞断崖半腰欲上青天。水汽丰沛的时节，山谷深处云雾缭绕，深不见底，视觉朦胧处却能传来不绝于耳的水声，尤显神秘莫测。离开观赏台继续向前，便可从一线天开始峡谷腹地的探险。跟随徒步穿越线路顺山势上下，一步步解锁聚仙潭、桃花潭、鸳鸯池、盘龙潭、黄龙潭，在彩虹瀑、腾龙瀑、流银瀑脚下仰视三千尺飞流。行近瀑布，水汽从空中飘洒而下，飞沫如烟，沁透心脾。人在谷底处，头顶苍穹仅余方寸之大，身后山峦却似有万丈之高。借 1 368 级通天梯拾级而上，方能从深谷重回绝顶，途中陡峭处坡度甚至超过 50 度，是对攀登者体力、耐力的最后挑战。

公共交通:

从省内各大汽车站出发,均可坐长途大巴到达乳源。从乳源汽车站乘坐大峡谷专车抵达大峡谷度假区车站。山路崎岖,若选择自驾,建议由驾驶经验丰富的司机驾驶车辆。

餐饮:

当地三宝为豆腐花、番薯干、大布腐竹。豆腐花由天然黄豆及山泉水制作而成,清香甘甜。番薯干是大布镇家家户户自制小食,个大味甘。腐竹点缀香菜葱叶,色泽诱人。

门票:

广东大峡谷票价 68 元 / 人,杂技表演每天五次,演出时间分别为10:30、13:00、14:30、16:00、17:00。70 岁以上老人凭证明可购买老人票,票价 8 元 / 人。1.2 米以下儿童可享受半价优惠。

住宿:

景区的度假型酒店丽宫果园提供住宿 + 游览套票,有特色木屋别墅,是距离大峡谷最近的住宿地点。大布镇上的农家乐,价格约 100 元/晚。最舒适的豪华之选则是韶关丽宫国际旅游度假区。

民俗节庆:

每年农历八月初三的韶关传统庙会"六祖诞"从唐代延续至今,也被称为"南华诞",是佛教禅宗纪念六祖慧能的重要活动。
乳源的客家人格外讲究择风水而居,形成了别具特色的建筑类型。客家人每逢除夕之夜,还要吃米糕、油糍粑等地道的年节食物。

风物:

大峡谷附近由于特殊的地形地貌形成了多处温泉。温泉及周边诸景区合作,提供多种年卡套餐。

摄影指导:

1. 谷底观景台可以近距离仰拍,或以瀑布为背景拍摄人像特写。观景台均没有具体名字,从景区地图上可以清晰辨认所在方位,可以选择延长曝光时间的方式拍摄流水。

2. 广东大峡谷中的瀑布是不可不拍的元素。可在远处用全景镜头拍摄整个广东大峡谷和瀑布一泻千里的壮美景象。构图时,如果天空没有什么特点,可以适当减少天空在整个画面中的比例。

3. 在峡谷底部可以仰拍峡谷或者瀑布,利用减光镜加上长时间曝光,可以让水流变得如丝般顺滑和柔美。峡谷全长 15 千米,从高空看去,悬挂崖壁的瀑布宛若游龙,十分壮观。如有条件可以考虑航拍,观赏"上帝视角"下的广东大峡谷。

📍 **周边看点**

● 景区经典的高空杂技表演

一根绳索横跨峡谷两岸，尚在风中摇摆不定，而表演者行走在绳索上却如履平地，甚至骑着单车来回移动。即便作为旁观者，看着天外飞人在空中的惊险表现，想必也免不了一阵心跳加速。

● 古韶城

古韶城建筑群有粤北特色的古围楼、镬耳楼、骑楼等，参观古建筑是了解当地民俗文化的好途径。

● 云门山大觉禅寺

云门山大觉禅寺是一座五代后唐时期修建的寺庙。禅宗，这一佛教传入中土后独立发展的宗派，在岭南地区传播甚广，云门宗作为禅宗支派之一在这里起源。

发现广东：100 个最美观景拍摄地　**71**

云门山
人与自然的心跳游戏

📍 最佳观景拍摄点：
玻璃桥上
纬度：24°48′N
经度：113°19′E
大地高：168 米
观看方位：站在玻璃桥上观望下方青山峡谷间的云翻雾涌，如临仙境。

🏆 最佳拍摄季节：
夏季和秋季

🕐 最佳拍摄时间：
早晨 8:00~9:00

乳源瑶族自治县再往东北 6 000 米，有一处美丽又刺激的自然乐园——云门山。这里古树参天、流水潺潺、鸟语花香，常年有云雾缭绕，自然景色让人心旷神怡。但更心动的是，在秀丽的自然风光之外，这里还有与自然结合的游玩项目，让人肾上腺素飙升。

远离尘世的山林郁郁葱葱，在祥云梯上向高处攀爬，留下 1 638 个脚印，到达可以一览景区大美风光的祥云楼。原始野生的风景，每次见面都可以撼动人心。但是当你走上玻璃桥，欣赏美景突然变成了一场心跳游戏。

垂直高度 168 米的全透明高空景观玻璃桥，是云门山风景区新开发的一个旅游项目。约 60 层楼高的高度令人晕眩，在峡谷天堑悬

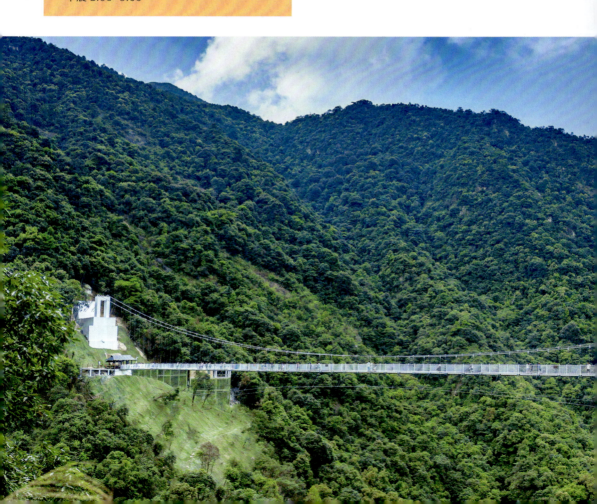

空赏景，惊险刺激的感觉让感官格外敏感。316米的路程，被自动缩小的脚步无限放大。当云海在山林中翻腾，行走其上，犹如腾云驾雾。

由于紧邻千年古刹云门山大觉禅寺，这里的森林生态漂流运动给人的感觉也格外不同。船动景移，3800米的漂流路段有急有缓，两岸风光变成跳跃的山水动画，山山水水更有灵性，一草一木皆具禅心。顺流而下，260余米的落差有惊无险，在兴奋的尖叫声中，平日里的压力、烦恼得以释放，浑然忘我，仿佛与自然融为一体。

除了玻璃桥和云门峡漂流，机动游戏和水上乐园也让幽静的山林更添生气。原生态的景观，放飞自我的游戏，云门山有着一种反转的魅力。不管是在观景时嬉闹，还是在玩乐中赏景，在云门山发生的每件小事，均可以变成一件有趣味的事情。

夏季和秋季是云门山最美和最好玩的时节，夏季登上祥云楼观赏园区美景，青山四围、流水潺潺，园区内"粤北最美花海"里的玫瑰、向日葵、千日红等鲜花争奇斗艳；秋季站在玻璃桥，看青翠山林间云翻雾涌，恍若登仙。

摄／胡彪

摄影指导:

对摄影师来说,早晨 8:00~9:00 是最适宜拍摄的时间,阳光正好,微风不燥,登高望远的愉悦和自然美景的震撼,能在画面里得到很好的表现。

🚌 **公共交通:**

自广州南站坐高铁到韶关站,出站坐 35 路公交车到西河汽车站,再转乘直达云门山的大巴车"大东一云门山"。大巴车每班车间隔时间约为 1 小时。

🥄 **餐饮:**

石韭菜炒腊肉、爆炒山坑螺、瑶山烟肉、丹霞臭豆豉焖鱼……四五月的石韭菜最嫩、山坑螺最肥,烟熏保存的烟肉,时间越长越好味,锦江鱼做的焖鱼,闻起来臭吃起来香。

🎟 **门票:**

现场买票需 120 元,其中景区门票 60 元,玻璃桥票价 60 元;可在美团网上提前买套票,景区门票加上机动游戏和玻璃桥共 110 元。

🏠 **住宿:**

离云门山不远的乳源丽宫国际温泉酒店,环山抱水、配套齐全,不仅有山景房可以欣赏美景,还有室内外温泉帮助放松身心。在网上预订时可以备注高铁站接送,十分方便。

🏮 **民俗节庆:**

近年来,乳源县政府将国家级非物质文化遗产——瑶族盘王节与旅游文化相结合,打造成"十月朝"旅游文化节。每年农历十月初一,过山瑶的传统民俗文化都可以在文化节集中展现。

🎏 **风物:**

乳源瑶族刺绣,讲究反面挑花正面看,针法疏密有致,图案囊括万物,色彩明快鲜明,是传统民间艺术中的一朵奇葩。因其每种图形纹案都有特定内涵,故也有瑶族活文字一说。

摄/胡影

摄/胡彪

摄/胡彪

摄/胡彪

📍 **周边看点**

● **南岭国家森林公园**
位于韶关市乳源县，这里有地球同纬度上最大的原始森林。在广阔的273平方千米的地界内，广东高度排名前三的三座高峰都坐落于此。公园内还有供人游玩休闲的三个景区，瀑布群、小黄山和亲水谷。亲子游可选栈道平缓的亲水谷，瀑布群和小黄山有陡峭路段，适合身强力壮的人前往挑战。

摄／陈迅

发现广东：100 个最美观景拍摄地

72

梅关古道
千年古道时光剪影

📍 **最佳观景拍摄点：**
景区内的梅关关楼
纬度： 25°19′ N
经度： 114°20′ E
大地高： 420 米
观看方位： 站在关楼，一脚踏两省，向南北
两方观看两省风景。

⚓ **最佳拍摄季节：**
12 月至次年 3 月

🕐 **最佳拍摄时间：**
清晨 7:00~9:00

　　南雄市东北三十千米处，有一段全国保存最完整的古驿道——梅关古道。这条古道于秦朝设关，地处粤赣两省交界，南接广东南雄市，北连江西大余县，是古时"中原"与"蛮夷"的分界。自唐朝宰相张九龄谏言开凿扩建后，梅关古道又成为连接两江（长江、珠江）水系最短的陆地通道，陆上丝绸之路、海上丝绸之路在此交会，是当时南北贸易的黄金通道，是历代南北交通要塞和兵家必争之地。

　　曾经这里行人如织、商贾如云，但终究抵不过时代的变迁。繁盛千年的六尺古道深藏在苍茫大山之中，原本长约 40 千米的古道，现仅余 8 000 米，旧时铺设的鹅卵石已长上了青苔，秦朝的关楼早已被毁，梅岭之巅宋代重建的关楼也只剩残垣断壁。唯一不变的，或许只有古道两旁冬日绽放的寒梅傲然挺立。

　　现去梅关古道，除了探访悠久的历史人文，还可观赏梅花盛放的美景。梅岭是中国四大探梅胜地之一，因气候温差，这里的梅花总是南枝先开、北枝后放。每年冬季，红梅、绿梅、白梅、腊梅争相开放，妍丽非常。梅花的千般风姿、万种风情，不仅吸引游人驻足，也常引得文人骚客在此留下名言佳句。

公共交通：
先在广州乘坐高铁至韶关，再从韶关东站客运站乘坐长途汽车到南雄汽车站，客运站外面有到梅关古道的小巴直达山脚，约走15分钟就能到达梅关古道售票厅。

餐饮：
南雄因地理位置靠近江西和气候偏寒，所以菜品多辣、酸，口味偏重，常用烹饪手法有炒、焖。当地特色菜有南雄腊鸭、酸笋炆鸭、梅关鹅，都值得一试。

门票：
景区门票40元，1.2米以下儿童免票，70岁以上老人、残疾人、现役军人持证免票。1.2~1.5米之间儿童享半价优惠，60~69岁之间老人、全日制学生（不含研究生）持证享半价优惠。

住宿：
梅云酒店，位于珠玑镇梅岭村，近梅关古道。酒店内部卫生环境状况良好，价格合理、交通方便，是附近性价比较高的一个住宿地。

民俗节庆：
南雄姓氏文化旅游节在当地已盛行多年，每年农历九月初九，诸多人士回到珠玑古巷寻根问祖。届时会举办炎黄两帝祭祀仪式、南雄非遗民俗文化展演、南雄美食体验等活动，热闹非常。

风物：
南雄腊味以腊香、味纯闻名。南雄地处山岭盆地，饲养的牲畜、家禽肉质紧实，肥瘦相宜。冬季日夜温差大，北风凛冽，腊味不加酱油自然风干，更有风味。

摄影指导：

1. 冬季12月至次年3月，是梅关古道最美的时节。27000米的"梅花长廊"花海如潮，在其间穿行有暗香盈袖之感。由于南北方向花期不同，元旦前后，可登上关楼向南雄方向拍摄；春节前后向北方大余县方向拍摄。登高时，建议穿舒适防滑的运动鞋。

2. 清晨7:00~9:00是最好的拍摄时间，这个时间行人罕至、光线正好。登高远眺，质朴的古道旁、翠绿山林间，有一树树的梅花盛然绽放，颇有悠悠意境。

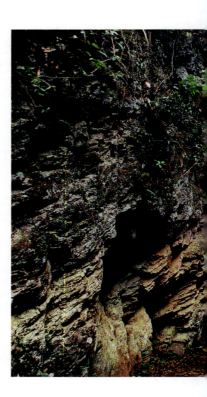

周边看点

梅关古道在古时是南北贸易的黄金通道，珠玑古巷就是梅关以南的第一商品集散地，是"广府人"的发祥地。中山大学教授叶春生曾在一本书中写道："广东人不知道珠玑巷，就像法国人不知道拿破仑。"

73

帽子峰田排
火红秋色，交映成辉

📍 **最佳观景拍摄点：**
帽子峰林场办公楼楼顶
纬度：25° 17′ N
经度：114° 09′ E
大地高：282 米
观看方位：向北

⧗ **最佳拍摄季节：**
四季皆可

🕐 **最佳拍摄时间：**
如果要拍全景，清晨当然是最佳拍摄时间。但如果想多专注于细节，则并无拍摄时间的限制。

摄—邓爱良

地处南岭山脉与大庾岭交界处的广东省级森林公园——帽子峰森林公园坐落于此。林木茂密，流水潺潺，赋予了帽子峰多个引人入胜的大小景区。特别是秋季，银杏烂漫、枫叶火红、层林尽染，晚上若再遇上歌舞篝火晚会，那可真是让人流连忘返。

帽子峰田排景区分为两部分——大田排和小田排，素有"粤北九寨沟"的美誉。云雾倒影，湖光山色，火红的枫叶映衬在湖水中，璀璨夺目。霜染鸦枫迎日醉，寒冲泾水带冰流。山依偎着水，水环绕着山，山水相印，林水相近。醉人的枫叶与微凉的山岚接合在一起，晨光略过树影，投射出色彩斑斓的倒影，恍惚遁入五彩瑶池，置身于美妙的世外天堂。

除了田排，更有芳坪银杏，满城尽带黄金甲，巨大的空间容量感给人以无尽的浪漫联想，飘扬的银杏炫目激扬，仿佛漫天金色的雪花，成了一地金黄。

景区中更有无数可爱的鸟儿，野鸭凫水，白鹇栖息，麻雀啼叫，夜莺婉转，大自然赋予了可爱的交响乐团最好的表演场所。

🚌 **公共交通：**
从广州市乘列车约 4 小时，从佛山市乘列车约 5 小时到达南雄市火车站，后可以乘坐搭客四轮车，每人约 10~15 元即可抵达帽子峰。打车前往约 50 元。

🍽 **餐饮：**
帽子峰福昕酒家、乡村人家、文鑫农家乐，明新酒楼还可以欣赏江景。

🔖 **门票：**
帽子峰景区门票成人票 50 元，景区摆渡车 20 元。

🏠 **住宿：**
帽子峰附近有原始的天然硫黄温泉，虽然比较简陋，但温泉水好，而且免费。特别推荐温泉海生农家乐、石寨沟生态温泉度假村、银杏宾馆和常来饭店。

🌀 **民俗节庆：**
韶关山区保留着春种田基、冬放野牛、打横糖、捡油茶等等各种习俗。经商贸易则讲究择吉开张，有赶集日、赊销等习俗。

🌸 **风物：**
韶关市特产马坝油粘米，米粒细长晶莹。最初原产于 4 000 多年前"石峡文化"的发源地———马坝狮子岩两山之间的一小块稻田，曾作为贡米，用砂锅煲饭更是香味四溢，饭面泛起油光，把饭粒放到纸上有油迹留下，故称之为油粘米。

📷 **摄影指导：**

帽子峰森林公园春夏鸟语花香，层林叠翠，秋季银杏、枫叶格外壮观，虽属南方，冬季竟有降雪，可以说一年四季都是最佳拍摄时间，只是拍摄主题各不相同。

发现广东：100 个最美观景拍摄地　**74**

岭背塘
一山银杏一山黄

📍 **最佳观景拍摄点：**
长潭湖心小岛
纬度： 23°26′N
经度： 113°80′E
大地高： 437 米

⧗ **最佳拍摄季节：**
每年 11 月中旬至 12 月上旬是最佳的拍摄时间，此时气候温凉，银杏叶也是最漂亮的时候。

🕐 **最佳拍摄时间：**
9:00~12:00

　　位于南雄市坪田镇的岭背塘，地处广东北部与江西交界处，以银杏景观而闻名。坪田镇享有"银杏之乡"的盛誉，在其境内的银杏树不计其数，单是树龄超过百年的银杏树就有五千多株，自然村落搭配银杏金黄，共同构成了"一山银杏一山黄"的动人景观。

　　银杏又称子孙树，往往需要生长近百年才能结果，岭背塘位于海拔四百多米的山区，是亚热带山地湿润气候，独特的地理优势造就了银杏生长的最佳环境，最早在 1300 年前就开始种植银杏树，是当之无愧的"银杏之乡"。

　　每年 11 月份，岭背塘起伏的山峦和银杏林金黄的色彩构成了醉人的风景画，树叶层层叠叠铺展开，舒展的树枝带着金色的羽翼相互勾连起来，天空就只盖得剩下星星点点的空隙，阳光散落，由于树叶的遮挡而越显柔和。如果此时来一阵风就更好了，金色簌簌落下，铺在泥土上形成一层厚厚的地毯，行走其中，让人沉醉。加上当地民居还保留了原始的风貌，乡村的人文景观与银杏林的自然景观巧妙融合，加上各类由银杏而衍生出的美食和特产，都让人不舍得离去。

摄。映迅

公共交通：

广州有火车或客运到达南雄，再从
南雄转客运到坪田。由于到南雄的
火车班次较少，还可从广州坐火车
到韶关，再从韶关火车站转客运到
南雄，然后再从南雄坐客运到坪田。

餐饮：

白果炖土鸡是当地名菜，另外新鲜
的银杏果也被制成各类菜肴，可以
在村镇内的餐馆品尝，价格亲民。

门票：

免费。

住宿：

坪田银杏森林公园内的自然村都开
发了相对完备的住宿，建议提前网
上联系或预订，随旅游季节的变化，
存在一定幅度的价格波动。

风物：

坪田因海拔优势，出产的油茶籽品
质优良；坪田白果也是另一重要特
产，远销国外，有良好的市场声誉。

![相机图标] **摄影指导：**

早间至午后阳光柔和，搭配银杏叶拍摄时效果较佳。

石塘古村
古香古韵，宁静安恬

📍 最佳观景拍摄点：
公路边的居民楼上
纬度：25° 07′ N
经度：113° 57′ E
大地高：111 米
观看方位：向西南

⧗ 最佳拍摄季节：
秋季

🕐 最佳拍摄时间：
阳光充足的白天

在距世界遗产丹霞山约 20 千米的一个小盆地里，有一个宁静而美丽的村庄，这就是石塘古村。人闲桂花落，夜静春山空。青砖马头墙，高屋建瓴的峥嵘翘角让人不禁产生空间错乱之感——明明是在广东省，石塘古村却充满了徽派建筑的风情，这种建筑风格源于当时建村的大户，李可求家族。屋内梁架藻井，又充满了客家建筑的典型特色。

这片风格独特杂糅的宁静古村多建于明清时期，具有重大的历史意义和建筑美学价值，并且获得了"中国历史文化名村"的称号。

石塘古村又是革命老镇，1928 年在石塘村进行了当时被称为"农民暴动中最伟大的战斗"——双峰寨保卫战。当地人民的顽强抗争

精神震撼北江，英雄的事迹流芳千古。由此，石塘古村内的双峰寨也成了省级爱国主义教育基地。

此外，石塘古村在 600 多年的历史中还发展出了完善的饮食文化。作为仁化县的重点粮食、经济作物区，水稻、花生、蔬菜、水果、甜笋、灵芝，石塘古村可称为鱼米之乡。甜香的稻米和甘甜的地下水源配合独特的酿制工艺，让这里的 80 多间酿酒坊远近驰名。其酒，清香甘醇，口感顺滑。

人杰地灵，这里的《月姐歌》已列入广东省非物质文化遗产名录，用石塘方言唱出，源远流长。

三多堂前的高门槛也是石塘的一个重要特征，传说，能否回答出高门槛有多少个台阶是判断你是否是石塘人的重要依据。如果回答不出，则是冒充的石塘人。

石塘古镇的堆花酒以其醇香的口感、特色的工艺远近驰名，扣肉、水豆腐、酥炸鱼让人叫绝，此外更有各种特色风味小吃，打糍粑、裹粽子、炸糖环、角仔更是让人赞不绝口，各位老饕岂能错过。

摄 / 龙全明

1. 石塘古村作为人文景观并无拍摄季节限制，总体来说，秋季，石塘古镇被美丽秋色包围，最适合前往。

2. 石塘古村是人文景观，村内城墙围绕，双峰寨的外围城墙更是弹痕累累，透出岁月的沧桑可以充分发挥摄影师的构图创意。

🚌 公共交通：

从广州市出发，乘 G6032、G6152、G632、G1156、G1404 次列车，约 1 小时到达韶关站。从韶关站到石塘古镇并无公共交通，建议驾车或打车前往，路上用时约 1 小时。从佛山市出发，乘 Z112、Z202、Z386、K1168、K512 次列车，约 4 小时到达丹霞山站或韶关东站。从丹霞山站或韶关东站到石塘古镇并无公共交通，建议驾车或打车前往，路上用时约 40 分钟。

🍜 餐饮：

石塘镇有许多特色农家乐，大多平价实惠，菜品精美，其中尤其推荐石塘思源农家乐，标准的农庄环境，餐桌上的鱼、肉都是本地饲养，十分新鲜。

🎫 门票：

无门票，不收费。

🏠 住宿：

石塘古镇当地并无住宿，建议前往仁化县居住。如转天前往丹霞山游玩，可选择丹霞山附近的高档温泉酒店或特色客栈。如丹霞山红锦湾温泉酒店、丹霞山和景温泉酒店、丹霞山云来客栈、丹霞山原色客栈。

📍 **周边看点**

丹霞山

尽管距石塘古镇约有 20 千米，美丽的世界遗产丹霞山与石塘古镇同属仁化县，为周边最大的看点。其特色的丹霞地貌和美丽的山林为前去游览的游客提供了人与自然和谐融合的绝妙体验。

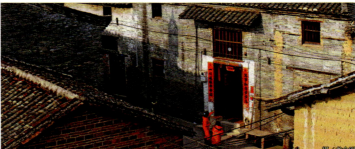

发现广东：100个最美观景拍摄地　**76**

云髻山
广东香格里拉

📍 **最佳观景拍摄点：**

纬度：24°07′N
经度：114°18′E
大地高：1 434.2米

⏳ **最佳拍摄季节：**
十一月中旬至十二月底

🕐 **最佳拍摄时间：**
12:00~15:00，午后雾气较小，色彩清晰。

云髻山位于广东省韶关市新丰县境内，因山体形似阿婆头上的发髻而得名云髻山，动人的山景由高海拔和低纬度共同造就，号称珠三角第一峰。

同时，景区还以温泉、红叶、瀑布等景观而著称，共同构成了云髻山的金字招牌，享有"广东香格里拉"的美名。

山、石、水、林、岩皆有风光的云髻山，一方面因山体位于亚热带，山形复杂多变而形成了独特的山峰景观，裸露的岩石也成为了特色；另一方面因为云髻山还是新丰江的源头，所以水源充沛，泉涌、温泉、溪涧都成为云髻山的亮点。

因山水的奇特而孕育出的，是独特的自然生态，诸多珍稀动植物都在此繁衍生息。

其中最值一提的生物景观是云髻山红叶。进入冬季后，地处亚热带的云髻山才秋意正浓，此时的云髻山红叶十分醉人。

岭南特有的三角枫与各种植被的交错混杂，常绿阔叶林、针阔混交林、灌木群等丰富多样的植被，也造就了红叶景观的多样性，绿色黄色的渐变也让红叶多了几分风韵。

云髻山红叶远近闻名，由于地处亚热带，秋季来得很晚，云髻山每年会在红叶盛开之时举办红叶文化节，一般是每年十二月左右，长达一个月的时间。在观赏红叶、参与文化活动的同时，景区门票也会有十元左右的上调。

云髻山的水也十分迷人，作为新丰江的源头，云髻山可谓诞生了孕育珠江三角洲的重要水源，景区之内的三叠泉瀑布就因落差大、水量充沛而著称，加之新丰县引以为傲的温泉，云髻山已成为一座探险、温泉休闲、赏叶观光的好去处。

🚌 **公共交通：**

由广州搭乘客运前往新丰县，再从新丰县城客运站搭乘巴士前往云髻山，景区距离县城十千米，如果租车或打车前往也很方便。

🥣 **餐饮：**

新丰县出产各类土特产，造就了这里饮食中的各种山林野味，菌菇、灵芝、兰花、蜂蜜都是当地的优质食材，用它们烹饪的美食自然不容错过。

🎫 **门票：**

云髻山门票 30 元 / 人，老人、儿童、学生有优惠票，每年枫叶节期间，门票可能略有上调。

🏠 **住宿：**

景区内有温泉旅馆，可以在景区内泡温泉，另外下山之后，新丰县城也有住宿地，十分方便。

🏮 **风物：**

云髻山所处的新丰县土特产颇有特色，其中就以"皇上皇"汤料最为出名，因其香醇甘甜的味道和保健功效而备受青睐。同时，云髻山山茶叶也是当地着重推广的品牌。

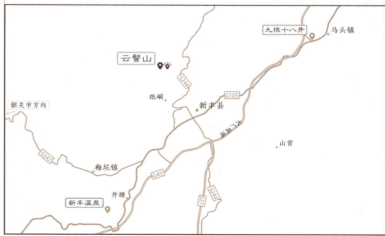

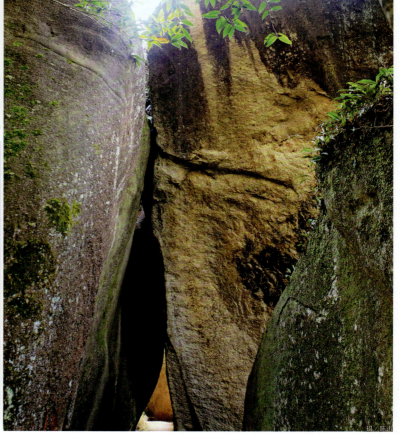

摄／陈迅

摄／陈迅

📍 **周边看点**

- **九栋十八井**
  位于新丰县马头镇潭石村的古村大宅院，以客家围屋为主体的大宅院始建于 1600 年，保存至今，具有较高的文化和研究价值。

- **新丰温泉**
  新丰县境内温泉密布，各类温泉度假酒店林立，爬完云髻山再泡一下新丰温泉，是绝佳的旅游体验。

摄·刘世辉

发现广东：100 个最美观景拍摄地　**77**

五山梯田
金黄璀璨，丰收盛典

📍 **最佳观景拍摄点：**
在梯田的东南边用无人机拍摄全貌
纬度：25°35′N
经度：113°49′E
大地高：720 米
观看方位：向西北

⧗ **最佳拍摄季节：**
春秋两季

🕐 **最佳拍摄时间：**
春季建议日出和日落时分，夏季和秋季全天都是最佳拍摄时间。

天地庄生马，五湖范蠡舟。不如寻找一份内心的宁静，来五山梯田看看吧。

这里的梯田只种南方罕见的一季稻。春天，播种时节，梯田注水，形成美丽的镜面，在早晚阳光的辉映下，金色的流光闪烁着、辉映着。满眼的流光溢彩仿佛令人登临大宝，领悟到内心的声音。夏天，绿意盎然，万物生长，稻田的边界勾勒出自然的力量。秋天，成熟的稻田，那金黄色对农民来说如同黄金般珍贵，空气中弥漫着收获的稻香。梯田极具艺术感的波浪是农民辛勤耕作的成果，逆光下的梯田宁静而又神秘，形成一幅动人的美丽画卷。

五山梯田位于广东乐昌五山镇，乐昌与汝城交界处，最出名的是上黎家，最好的风景在石下村，这里四面环山，海拔都在 1 000 米以上，古朴的山村就这样嵌在其间。层层叠叠的梯田体现了当地客家人的智慧，他们利用山上的溪流，开辟了片片梯田。在这里，辛勤的客家女人用柔弱的身躯肩负起命运的重担。时光飞逝，岁月流转，经过世世代代的耕耘，这里形成了壮阔的景观。

此外，这里留存着重要的红色记忆。这里是 1934 年红军长征时经过的地方。当年留下的枪械、箩筐、村口的红军标语、红军墓也都保存完好，历史的车轮在此也留下了深深的印迹。

摄影指导：

1. 春季 5 月水田注水，可以拍到壮阔的镜像天地。秋季 9 月稻田成熟，丰收的喜悦满溢空气。所以建议春季或秋季去拍摄。

2. 想要拍摄日出日落时分的梯田需要碰运气，因为山间早晚容易有雾气。如果想要拍到日出日落时的梯田，建议在当地的村子住下。

3. 拍摄梯田多为逆光，可以净化背景，提高画面饱和度、色明度。可以采用高角度、大逆光的手法衬托出梯田的宏大壮阔。

🚌 **公共交通：**

想要前往五山梯田需要前往广东省韶关市乐昌市五山镇石下村，这边山路环绕，公共交通基本都是在附近火车站下车，开车沿省道 247 前往。

从广州市出发是约 1 小时的 G6032、G6252、G6153 或 G632 次列车在韶关站下车。

从佛山市出发是约 4 小时的 Z112、Z202、Z3886、K1168 或 K512 次列车在丹霞山站下车。

🍵 **餐饮：**

石下村没有配套餐饮条件，如果当天往返可以自备一些食品。如果要在当地留宿，则可与老乡商量和他们一同就餐。

🎫 **门票：**

不收费。

🏠 **住宿：**

石下村本地没有住宿条件，但想拍摄日出日落则必须住下。可以找当地老乡商量，适当付费在他们的家里借住。

如果不愿在石下村住宿的话可驱车前往附近的九峰镇，有许多客栈和家庭旅馆，大多便宜实惠，环境干净卫生。

🏮 **民俗节庆：**

乐昌市的青蛙狮，俗称"蟾蜍狮"、"神狮子"，是在广东省内乃至全国都独具特色的拟兽舞蹈，通常过年时表演，传说其具有驱魔、辟邪、保人平安的力量。

五山梯田

曾家河

乐昌九峰山

九峰镇

竹子坝

张姑岭

下大湾

寨下水

S247

潭家

乐昌市方向

五山镇方向

摄／何发祥

摄／陈碧信

摄／何发祥

📍 周边看点

● **乐昌九峰山**

它是附近最著名的景点之一。那里春天景色宜人，3月，桃花李花竞相开放，争奇斗艳。秋天则可去果园采摘，嬉戏玩耍。九峰山的物产十分丰富，农家菜实惠好吃，特色农家院晚上可在房间中看到点点星光。

摄／陈碧信

发现广东：100个最美观景拍摄地

78

罗坑草原
田园风光在草原

📍 最佳观景拍摄点：
在湖边草坪用无人机拍摄
纬度：24°31′N
经度：113°21′E
大地高：1 586米
观看方位：四面皆可

📷 最佳拍摄季节：
夏季，此时草原植被最为茂盛。

🕐 最佳拍摄时间：
11:00~14:00，中午阳光充足，色彩明亮。另外，草原日出也十分有特色，选准时间和方位，也能拍到草原的曙光。

从广州驱车300千米一路向北，就能到达位于韶关曲江的罗坑草原，此时城市的喧嚣瞬间消失，眼前已是风吹草低、湖溪潺潺、鸥歌牛哞。

置身在水草丰腴的草原上，水牛黄牛悠闲走，野鸭白鹭慢步踱，罗坑草原就宛如掩藏在农耕文明中的一块宝地。

罗坑草原又名"船底顶草原"，因形似一座大船倒扣在粤北山区之上而得名，草原坐落在海拔1 500多米的船底顶上，是曲江的最高峰。

船底顶草原不同于平坦辽阔的草原，地势的崎岖起伏使得景观也更加多元，石壁、悬崖、

草原、山涧、湖泊等景观都能在此饱览。

罗坑草原是亚热带地区的高山地形所造就的一片天然草原，由于水热条件良好，草也长得较为肥厚，加之水资源较多，草原区内湖泊、水库、溪流等水体景观也十分有特色。

加之附近有农耕村落聚居，草原天然吸引的野鸟和农家的家禽同时散布在一片草原上，水牛、黄牛也在安静吃草，比起游牧草原的辽阔雄浑，这里更以桃花源般的田园风光而取胜。

罗坑草原还曾被誉为"中国最美露营地"，优美的自然风光、便利的设施、绝佳的地理位置、相对便宜的食材原料，都是露营者选中这里的主要原因。但仍然不可小觑这里的徒步难度，不过美丽的风景属于勇于探索的人。

每逢假日，厚厚软软的草丛上总能见到一顶顶帐篷相映成趣，比起蒙古包更多了另一种风味。

草场的环境承受力以及旅游管理的规范也成为工作的重中之重，相信随着知名度的提升，罗坑草原也能更被人们所重视，拥有田园风光的这片草原也将以最美的姿态示人。

摄 / 黄庆衡

摄影指导:

1. 罗坑草原周围有山有水，可能不能拍摄出那种一望无际的感觉，但是多种自然风光的融合能够让画面更加丰富多彩和绚烂夺目。

2. 航拍是很好的角度，使用广角镜头，能够将罗坑草原、崇山峻岭和湖水纳入画面。画面中元素已经很多，天空的比例不应过大，山峰的连绵起伏和罗坑草原的广阔风光是应该着力表现的部分。

3. 置身于罗坑草原拍摄，应该充分掌握好前景和背景的选择。吃草的牛群、露营的帐篷等都是能够增添画面趣味的元素。

🚌 **公共交通:**
从广州搭乘火车或客运到达韶关，之后租车或包车前往是最好的方式，目前没有固定的公交和旅游大巴能够到达。

🥣 **餐饮:**
草原附近有不少农家乐，还可以在集市购买食材后在露营区野餐。各类农家菜和烧烤均是当地特色。

🎫 **门票:**
不需门票，但是驾车进入收停车费，露营和烧烤场地也收取管理费，具体金额有变动，可以讲价。

🏠 **住宿:**
最适宜自带帐篷露营，附近镇上也有少量民宿可选择。

摄／陈迅

摄／黄庆衡

摄／陈迅

摄／黄庆衡

摄｜黄山湖

发现广东：100个最美观景拍摄地 **79**

油岭瑶寨
千年古寨，硕果犹存

📍 **最佳观景拍摄点：**

八排瑶景区
纬度： 24° 36′ N
经度： 112° 15′ E
大地高： 603 米

⚓ **最佳拍摄季节：**

四季皆可

🕐 **最佳拍摄时间：**
晚上相对不适宜外出走远，只要是光线充足的白天皆适合拍摄。

　　"市易杂鲛人，婚姻通木客。"瑶族自古以来就充满着神秘的色彩，想要探访其中究竟，不如来看看这"养在深闺人未识"的油岭瑶寨吧。

　　油岭瑶寨是目前我国历史文化保存最完整、知名度最高的一座千年瑶寨。这是由于它特殊的地理环境和经济条件造成的，油岭瑶寨位于广东省北部清远市的粤北山区中，耕地面积少，是广东省的重点扶贫地区。目前的油岭瑶寨包括两个部分——山顶的油岭大排和山脚的油岭新村。山顶的油岭大排是千年瑶寨的主体，居住着少数老年人，还保持着瑶族本族的风俗，没有文字，以歌传唱古老的传说。

　　油岭大排依山而建，鼎盛时期规模达400余亩，房屋近900幢，居住着1 000多户人家，所以也称千户瑶寨。最著名的当属山腰的"八排瑶"，距今已有一千多年历史，其房屋层层叠叠，环环相扣，皆是青砖或木质结构，其间羊肠小道也多为青砖铺设。从山腰望去，蔚为壮观，不由得让人感叹瑶族人民的勤劳和智慧。由于现代化水平不断提高，许多人家进城务工，目前古寨中只留下了300多户人家。

　　油岭瑶寨不只有壮丽的民族建筑，更有享誉世界的文化资源。当地拥有两项非物质文化遗产——瑶族耍歌堂和瑶族长鼓舞。晚上，当地舞台会举办表演活动，可让游客感受到瑶族的灿烂文化。

摄影指导：

1. 油岭瑶寨享誉世界，是众多摄影爱好者的天堂，各种"长枪炮筒"常来光顾。但请记得拍摄当地居民时一定要征得当地居民的许可，给他们一份应有的尊重。

2. 可以在整个油岭瑶寨的正面或者侧面对其进行拍摄，能够把寨子依山而建、错落有致的特点和"千户瑶寨"的规模淋漓尽致地表现出来。

3. 如果能找到更高、更广的角度来拍摄油岭瑶寨及其周边的整个自然环境，你将体会到世外桃源般的意境。拍摄时可以选择一些植被作前景，以层层叠叠的山峰作远景，而云雾天气时拍摄则能为油岭瑶寨增添一些神秘感。

🚌 **公共交通：**
从连南汽车站每天有往返千年古寨的小巴士，油岭首班发车时间是每天早晨 7:30，三江首班发车时间是每天早晨 8:00，末班车都是晚上18:00，中间约 1 小时 1 班，其间路程不特设站点，随叫随停。通往景区交通便利，但公路较窄，路势相对险峻，如未到想要下车的景点，建议不要提前下车步行。

🍵 **餐饮：**
瑶寨当中有许多农家乐，推荐公社饭堂、瑶寨餐馆、毛家酒店。当地的特色菜有连南土猪肉、清远鸡、泉水鸭、菜心等。

🎫 **门票：**
千年瑶寨门票 80 元。
1.4 米以下儿童，70 岁以上老人，军官、教师、导游、记者免票。
学生和 60 岁以上 70 岁以下老人享受半价优惠。有团购。

🏠 **住宿：**
瑶寨中有非常经济实惠的客栈，如想晚上观看瑶族表演，建议在此留宿一晚。推荐千年瑶寨连瑶客栈、瑶景旅馆、空中观景客栈等。

🎉 **民俗节庆：**
瑶族崇拜祖先，认为"盘古王"是他们的祖先，开天辟地诞下他们。每隔三五年，瑶族全部落举行一次长达三天的盛大"游神"，也就是所谓的"耍歌堂"。他们会在古寨后山上供奉盘古王公和盘古王婆。

🌸 **风物：**
瑶族耍歌堂和长鼓舞都被列为国家级非物质文化遗产。

摄／陈碧信

摄／黄山湖

摄／黄山湖

📍 周边看点

瑶族长鼓舞

瑶族长鼓舞历史悠久，经国务院批准已被列入第二批国家级非物质文化遗产名录。长鼓舞分"单人舞"、"双人舞"、"群舞"等类型，共72套表演程式。粗犷、奔放、勇猛、雄劲、洒脱的表演风格展现着瑶族人民热情奔放、坚强勇敢的性格。跳长鼓舞是农历十月十六日瑶族"盘王节"必不可少的项目。此外，每年的春节期间，除自己跳长鼓舞庆祝佳节之外，瑶族同胞还会组成花鼓队，向各族兄弟恭贺新年。

摄／黄山湖

发现广东：100个最美观景拍摄地　**80**

英西峰林走廊
游廊迎奇景，态妙鬼斧工

📍 **最佳观景拍摄点：**
位于黄花镇请坑村附近的黄花驿站
纬度：24°04′~24°08′N
经度：112°54′E
大地高：130米
观看方位：从彭家祠登顶眺望周围峰林景色。

⏳ **最佳拍摄季节：**
3~11月皆宜，雨水多，似仙境之景。

🕐 **最佳拍摄时间：**
傍晚峰林夕照，云雾缭绕是最美。

清远英德的喀斯特地貌形成了"南天第一峰林风光"——英西峰林走廊。

虽然以峰林命名，但这一风景绮丽的长廊并不仅仅有连绵起伏的群山。彭家祠，小赵州桥，两个人文历史景观，为风光走廊平添几分底蕴。

彭家祠始建于清朝，整个村落依山势建成三层，为了凸显防御功能，唯一的出口是北坡的石阶路，每层有一个小门通往更高一层，另外三面是悬崖峭壁。大小房间共同构成形似布达拉宫的景致，与螺山地势相依，又不着痕迹，自成一体。而小赵州桥是一座古石桥，轻巧而优美，时光与过客就像爬满桥面的藤蔓，桥头的凤尾竹与之浑然天成，此外别无修饰。

当然，来到这里更多的是体验"小桂林"似仙并非仙，非仙又似仙的惬意和恬淡。两大峰林——千军峰林、公正溪村峰林——名不虚传。正所谓观景需"三分形象，七分想象"，千军峰林、公正溪村峰林的千座奇峰拍摄取景便有千种拍法，让游人充分发挥创造力。千军峰林群山似冲锋展示，整体向东方倾斜，颇有一声令下万马奔腾横扫千军之势。如果看遍了千军峰林的"千篇一律"，不如来到第二处公正溪村峰林来打破视觉的疲劳，千峰百态，任想象力随视线驰骋。山间溪流蜿蜒，山水相映，灵气就来了。遇上烟雨朦胧或霞光散布时，更与桂林山水多了几分神似。

喀斯特地貌之奇景由岩洞和钟乳石组成。钟乳石晶莹闪烁，岩洞柳暗花明，仿佛来到陶渊明笔下的世外桃源——这就是洞天仙境和阳岩洞。洞中水面平静，洞顶透入阳光，滋养洞内花草生长，已然是个不被打扰的小世界。

虎迹岗村和红珠石村的风景值得重点拍照观赏，获得摄影金奖的《英西夕阳恋》就是在这里的田螺山取景的。黄花镇的明迳倒影位于黄花镇请坑村附近的黄花驿站，可在此露营观赏，拍摄风光。

这就是英西峰林走廊，在广东，英德或许就是山水与田园自然合一的名片吧。石板桥，竹篱笆，黛瓦粉墙惹牵挂，炊烟起，飘过河，田野写下诗样年华。夕阳笼罩，溪涧环绕，群山坐拥着你，让你忘了思绪。画廊十里，在这青山碧水间与你相见。

摄／谭宜伟

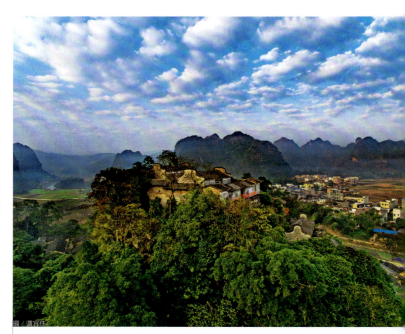

摄／谭官伟

🚌 公共交通：

广州的罗冲围客运站有直达英西峰林九龙镇的班车，每天上午 10:40 和下午 16:30 两班。

广州、广州南到英德、英德西可搭乘列车，每天十余趟，高铁 36 分钟即达，普快一个半小时。

清远一九龙镇（英德）：普通大客车行程 90 分钟，通常 1 小时 1 班或客满即走，票价 10 元 / 人。

九龙一明迳一岩背：多种车型可以选择，票价 2~5 元 / 人，摩托车一车 2 人 5~15 元。

☕ 餐饮：

九龙人家特色农庄，御品轩食府，九龙聚友餐厅。黄花鸡、九龙豆腐、麻竹笋、东乡蒸肉、擂茶粥、沙河粉、沙螺都是颇为地道的必点菜式。

🎫 门票：

九龙镇：洞天仙境（穿天岩）成人票 85 元，儿童票 60 元。

黄花镇：彭家祠 40 元，九重天 60元，峰林胜境 60 元。

可以提前团购套票有优惠。

🏠 住宿：

九龙镇的九龙宾馆及交警中队招待所、镇政府招待所，明迳镇的明迳度假村，岩背镇的镇政府招待所。

🍊 风物：

黄花鸡，以岩背镇产的走地鸡为上品，苞谷喂养，每只约 3~4 斤；竹笋、腐竹质量高，可以购买回家烹饪；本地塘鱼、山鱼、黄鳝等，味道与人工养殖品有着天壤之别之别；茶叶有岩雾尖，英红九号茶，苦丁茶，野菊花；沙糖橘，元旦前后成熟，这里是沙糖橘的故乡。

摄/陈碧信

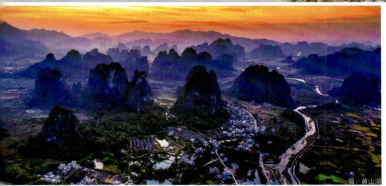

摄/黄山湖

摄/李阳桂

📍 **周边看点**

英西峰林走廊景观由两大峰林、两个岩洞、两处古迹构成——千军峰林、公正溪树峰林，穿天岩、阳岩洞，彭家祠、小赵州桥。除此之外，由于独特的喀斯特地貌，来到清远英德市还可以到奇洞温泉小镇享受舒适的温泉；到横石塘镇仙桥景区游玩仙桥地下河，泛舟览胜；或到英红镇水头水联村云水谣度假区亲身体验原生态农家乐，采果、采茶、观赏四季花海。

徒步观景

可选择两天的徒步路线：从"英德人民欢迎您"牌坊起，依次经过攸竹园村，营地村，孙坦都督庙，上塘围村，红珠石村，虎迹岗村，过桥后来到九龙镇，徒步荣强小桂林、千军峰林，游览穿天岩（洞天仙境），围内村，游览彭家祠，到达明迳黄花镇，欣赏明迳倒影、小赵州古桥，经过永丰古庙，游览和顺岩，经过和顺岩天然隧道，观音谷，阳岩洞，千足溪玩水，最终到达岩背镇。

摄｜黄山湖

发现广东：100 个最美观景拍摄地　**81**

湟川三峡
瑰异卓绝的连峡之珠

📍 最佳观景拍摄点：
可攀登至山峰顶处向下俯拍，亦可在宽阔的河滩或河面处向远处拍摄。
纬度： 24° 42′ N
经度： 112° 26′ E
大地高： 293 米
观看方位： 在山峰处向下向前观看。

🏺 最佳拍摄季节：
四季皆可

🕐 最佳拍摄时间：
清晨

在清远连州，全长 20 多千米的湟川三峡被誉为中国最美的峡谷，峭壁险滩、翠林修竹、碧波绿水……蜿蜒贯穿在连州市区到龙潭镇之间的连江河段，是连州秀美自然风光的杰出代表。

坐上观光船出发，两岸的青山夹道欢迎。湟川三峡由龙泉峡、楞伽峡和羊跳峡三段风格迥异的峡谷组成。龙泉峡相对平缓开阔，胭红色的崖壁上有十多道瀑布急流而下，奇特的喀斯特地貌让峡壁上有不少钟乳石裸露在外，展现出错落的姿态。楞伽峡山高峡深，两岸峭壁威严耸立，让人不禁生出渺小之感。羊跳峡山势狭窄险峻，水流湍急，船身激起忽浓忽淡的水花恍若彩链。三条峡谷展现着不同的风貌，就像巴洛克珍珠，每一处崎岖都有着奇异的美丽。

清晨，最好有丝丝微雨，青山绿水间云雾空濛，好似一幅全彩的江南烟雨图。待到雨后初霁，又有另一番景色，浓烈浅淡的绿色色块填充着人有限的视觉范围，满眼的绿意将双眼倒映成两汪碧潭。雨后的空气，也更加清新，让人心情愉悦。

刚硬与柔和，在湟川三峡表现得鱼水交融，清朝知州林华皖曾夸赞它"连峡之珠，瑰异卓绝，历相九州名胜，罕有伦比"，今人也常称赞它兼具"桂林山水之秀美，长江三峡之雄伟"。

公共交通：

广东省内游客可在所在城市汽车站搭乘到连州的大巴车，在连州汽车站乘坐至龙潭的客车，在终点站龙潭医院下车，向前 500 米即到龙潭生态旅游度假区，湟川三峡码头即在龙潭度假区内。

餐饮：

东陂水角，是连州传统怀旧的古早味，粘米粉打皮、鲜肉、香菇、马蹄、葱花做馅，隔水蒸熟，蘸豉油进食，咬一口细嫩鲜香。丰阳牛肉干、星子扣肉、山塘豆腐……还可以来一杯当地特产瓜箪酒或者糯米酒。

门票：

成人票（含游船）60 元，携程订票 50 元。6 周岁（含 6 周岁）以下或身高 1.2 米（含 1.2 米）以下的儿童、70 岁（含 70 岁）以上老人和残疾军人享有免票优惠，全日制大学本科及以下学历学生，凭本人学生证购票可享学生优惠。

住宿：

周边舒适度较高的住宿地首选龙潭客栈。它位于风景秀丽的龙潭度假区内，木门、木窗、木床、天然树枝拼接的洗手间镜框……不与山水争锋、顺应自然。

民俗节庆：

长鼓舞是当地瑶族在节庆喜日必跳的一种自娱性舞蹈，长长的鼓队时而分合、时而穿插、时而组成形状转动，场面壮观、气氛热烈。

风物：

连州地下河洞藏黄精糯米酒，以黄精、优质糯米为主要原料，配上山泉水酿造而成。其酒色清亮、呈红褐色，有轻微的中药香味，入口微甜、酒味微烈，据说可健脾补气。

摄影指导：

1. 夏季天气炎热，春秋两季气候适宜摄影、游玩。春季万物生长、绿意盎然，两岸的动植物会在镜头中展现出生机勃勃的景象。秋季太阳高悬、秋高气爽，此时云澈风清、画面清爽，易于捕捉细微的自然景色。

2. 清晨，云雾未散的时候，湿润的空气让镜头里的画面也变得温润。氤氲的云烟，像在拍摄一帧帧山水画。

摄／黄山湖

摄／陈碧信

摄／黄山湖

摄／黄山湖

📍 **周边看点**

- **连州地下河**

  国家级 5A 景区，位于连州市区以北 26 千米的东陂镇，是一个大型的地下暗河溶洞，分上下三层，全长 1 860 米。一进入洞口，人们必然会被其巨大的空间所震撼，广阔的洞口就像一个大嘴巴，所以当地人称之为大口岩。往下走直线距离 50 多米，即可窥得洞中真容。

- **连南千年瑶寨**

  是广东十大最美古村落之一，明清时期的古宅依山而建、错落有致，寨中的石板道纵横交错、连贯交通。发达的旅游业让古寨的瑶族文化焕然新生，若到寨中游玩，会受到"莎幺妹"（姑娘）和"阿贵哥"（小伙子）的热情欢迎，也能欣赏到瑶族特色舞蹈——长鼓舞。

- **中国瑶族博物馆**

  博物馆在连南瑶族自治县高寒山区移民新村示范区，现场模拟展示厅中还原了古时瑶绣工坊的刺绣场景，瑶族有自己的语言，却没有文字，古老而形象的瑶绣记录着瑶族文化的变迁。

摄一黄山湖

发现广东：100 个最美观景拍摄地　**82**

雾山梯田
广东最辽阔原生态梯田

📍 最佳观景拍摄点：
自由选择地点和角度拍摄
纬度：24° 44′ N
经度：112° 09′ ~112° 10′ E
大地高：500 米
观看方位：四方皆可

⌛ 最佳拍摄季节：
秋季，金色稻浪随风涌动，十分美丽。

🕐 最佳拍摄时间：
光线充足的日间

　　雾山梯田位于广东省清远市连山壮瑶自治县，在被称作"广东岭南屋脊"大雾山的山脚之下，是广东省面积最辽阔的原生态梯田。梯田犹如一条拥有独特剪裁的缎带般盘绕在大雾山脚处，绵延近三千米，气势磅礴，风光绝美。一年四季，无论哪个季节，来到这里，都能欣赏到雾山梯田独属的美丽。

　　美好的春日正是播种的季节，雾山梯田的"春耕节"热闹非凡。在一块块大小不一、高低参差的梯田之上，随处可见当地村民忙碌劳作的身影。值得一提的还有每年农历三月春耕时的大型春耕祭祀活动，活动上会给这上千亩梯田同时灌水。灌满水的梯田如块状分割的澄澈湖泊般，倒映着周边的风景。

　　到了盛夏，水稻茁壮成长，放眼望去，稻田绿油油一片，为大雾山增添了生机。即使是烈日当头的正午，身处这一片绿野之中，也会觉得清凉与平静。

　　转眼已是秋天，收获的季节悄然来临，满眼都是金黄。由于收割时间的前后稍许差异，没收割的地方和收割过后的稻垛堆积形成了色彩差异，整个梯田就仿若散落的巨大调色盘，形状各异的斑驳色块令人惊叹。随着秋风的舞动，淡淡稻香阵阵传来，享受至极。

　　冬日的雾山梯田，风景旷达深远。若有闲暇，也可顺着田埂向仙雾缭绕的大雾山走去，或于隐显于梯田之中的民居一探，处处都暗藏惊喜与新奇。

摄／黄山湖

🚌 **公共交通：**

从清远市出发大巴车可直达黑山梯田（雾山梯田景点之一）。

因进入欧家梯田（雾山梯田景点之一）公路未启动扩建，大巴车需在入口处停车场停放中转进入。

🥢 **餐饮：**

土鸡、土猪、清水鸭、禾花鱼、上汤大韭菜等是当地特色美食，值得品尝。

🗝 **门票：**

景区尚处于初始开发阶段，暂无门票。

🏠 **住宿：**

景点所在村镇提供有食宿的农家乐与民居。

🎡 **民俗节庆：**

稻香节、春耕节、上巳节即"三月三"节、炸火狮等。

播种季节会有"雾山梯田春耕节"，已连续举办两届。祭祀仪式有"拜祭田头神"、春耕仪式、傩舞表演，活动结束后还有壮瑶春耕千人宴。

⛰ **风物：**

连山大米、竹笋、蜂蜜、灵芝等。

摄／黄山湖

摄／黄山湖

📍 **周边看点**

茅田观景台

茅田观景台地处连山县茅田界的半山坡。于此平台之上，可以俯瞰县城全景，夜晚城内斑斓灯光，也可于此尽收眼底。该观景台因其精巧建筑风格也自成一景，点缀于山间。

福林苑景区

福林苑景区位于连山壮族瑶族自治县吉田镇福安村，距离雾山梯田约一个半小时的车程。景区内众多参天古树林立，植被茂盛，传承千年，号称福安村的福林，守护着当地善良勤劳的人们。

摄／黄山湖

摄｜黄山湖

发现广东：100 个最美观景拍摄地 **83**

挂榜梯田
瑶族风情，金色稻浪

📍 **最佳观景拍摄点：**
梯田北面的山上
纬度：24° 70′ N
经度：112° 70′ E
大地高：480 米
观看方位：向西

⏳ **最佳拍摄季节：**
金秋时节

🕐 **最佳拍摄时间：**
光线充足的白天

　　挂榜梯田地处连州，五岭南麓，湖南、广西、广东的交界之处，是本区域内最大的瑶族聚居区。"星居占泉眼，火种开山脊。夜渡千仞谿，含沙不能射。"唐代诗人刘禹锡的诗句真实地反映了这里瑶族人民勇敢勤劳、坚韧智慧的优良文化。当年刘禹锡在连州任刺史，挂榜山曾用来悬挂瑶族圣典"过山文榜"，由此得名。

　　挂榜梯田，也称欧家梯田。四面群山环绕，梯田层层相扣，竹海连绵不绝。夏季，梯田的绿色逐渐变深，由嫩绿逐渐转向翠绿而后墨绿，与周围群山相映生辉。水稻仿佛是被瑶族人"缝"在了田野里，"绣"出一张天地画卷。玩赏其中，仿佛进入世外桃源，令人忘却尘世间的烦忧。

　　而到了金秋时节，梯田景色则最为勾人，那一阶一阶金灿灿的台阶透露着丰收的喜悦，对于瑶族人来说那可是比金子还珍贵的东西。风吹稻浪，一层一层"金子"螺旋上升而后又"流淌"下来。最淳朴的农家风貌正呈现在你眼前。

　　此外，这里还有国家重点保护的民间遗产——世界独一无二的瑶族布袋木狮舞和最大的玉皇大帝印章。这个最神秘、最原始的瑶族部落还保留着自己的文化积淀，落寨门、十二姓居室、盘王殿、风雨桥等无不展现着瑶族人民最深刻的期盼和信仰。

摄影指导:

拍摄梯田多选用逆光,既可净化背景,又能够提高画面饱和度和色明度。可以采用高角度、大逆光的手法衬托出梯田的宏大壮阔。

🚌 **公共交通:**

挂榜山距连州市区约 43 千米,广州市或佛山市 200 多千米,附近无合适的公共交通路线。

🥢 **餐饮:**

附近有许多当地人开设的农家乐饭庄,大多物美价廉,颇具瑶族特色。

🔖 **门票:**

无门票,不收费。

🏠 **住宿:**

挂榜梯田附近有许多客栈和农家乐,预订时搜索"欧家梯田"更容易搜到。推荐雾上花开客栈,装修新颖;荣华酒家,环境干净卫生。

🎎 **民俗节庆:**

布袋木狮舞是瑶族著名的文化遗产,也是一种当地人民喜闻乐见的道具舞表演艺术形式,通过唱歌跳舞来反映族系"事件",如"狮子扮旗"、"狮子现抓"等。

🌾 **风物:**

挂榜梯田附近蕴藏着丰富的竹资源,共有 19 万亩的林地,其土地肥沃,目前已开发出了毛竹场、茶叶场、药材场、还有冬菇和木耳场。不妨带些冬菇、木耳、竹笋作为此处的风物,回家享受。

摄／黄山湖

发现广东：100个最美观景拍摄地 **84**

潭岭天湖
水中颍州，独树一帜

📍 最佳观景拍摄点：
潭岭天湖东北的山上
纬度： 24° 58′ N
经度： 112° 38′ E
大地高： 668 米
观看方位： 向西南

⧗ 最佳拍摄季节：
每年一月见雪；每年三月底，雨量较大时节，潭岭天湖会开闸放水，白练直冲而下，异常壮观。

🕐 最佳拍摄时间：
白天皆可

　　潭岭天湖位于广东天湖森林公园内，是一片坐落于群山之中的美丽湖泊。湖面海拔达 650 米，为全广东最高，夏可避暑，冬可观雪，在广东实属难得。同时它也是连州市境内唯一的大型水库，1.7 亿立方米的库容量以及 460 米的落差为连州人民带来了丰富的水资源和电力资源。

　　水何澹澹，山岛竦峙。潭岭天湖水如明镜，一望无际，偶有山中微风习习，又吹皱了一池春水。湖中多有小岛，树木枝丫蔓延，与四周青山相映成趣。在这里，旅途的目的不再是到达目的地，而是旅途本身。在这里，逃脱了传统的归纳演绎的逻辑模式，世界恢复了一片混沌。在这混沌之中，你也不再是你自己，而是融入了其中。

摄影指导：

1. 想要将瀑布流水拍出宛如丝绸的效果，可以运用慢速快门将曝光过程中的画面全部捕捉下来。在此种情况下，必须使用三脚架，以免手持产生抖动。

2. 可以考虑使用偏光镜减光，同时让快门速度更慢，去除反射和杂光，让画面更加突出重点。

3. 建议选择雨后时间拍摄，这样瀑布水量更大，更能体现出磅礴的气势。

4. 适当借用周边的动物和林木来为瀑布铺设一个前景，也可有效减少画面的枯燥感。

🚌 **公共交通：**

到潭岭村没有开通相应公交线路，从广州市出发约 3 个小时车程即可到达，建议包车前往。

☕ **餐饮：**

当地农家乐菜品多便宜实惠，非常推荐尝试。做饭材料多就地取材，水库鱼非常鲜嫩，建议尝试。

🎟 **门票：**

无门票，不收费。

🏠 **住宿：**

潭岭村当地有许多农家乐，大多干净实惠。推荐潭岭芳香农家乐，依湖而建，打开窗户就能欣赏到美丽的湖景。

🎃 **民俗节庆：**

清远市内过生日有特殊的习俗，一般说 29 岁以前的年轻人都是不过生日的。男性 30 岁起，女性 31 岁起才开始过生日，同时不论男女，40 岁以后到 50 岁之前都不能过生日。男性到了 50 岁，女性到了 51 岁，才可再过生日，且每十年都会做一次大寿。

🎃 **风物：**

清远市盛产英德红茶，与祁门红茶、云南红茶并列为中国三大红茶，其外形成条状，外表光润乌黑，回韵甘甜，香气浓郁，入口醇厚。据传，英国女王伊丽莎白二世就十分喜爱英德红茶。此外英德绿茶、英德乌龙茶因与红茶选用同种茶叶，入口也别有风味，喜欢喝茶的朋友不妨带点儿回家。

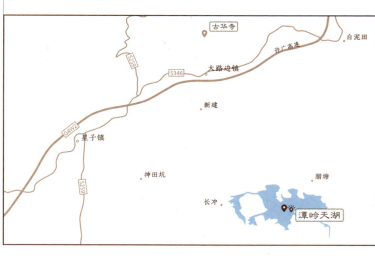

摄／冼卓明

发现广东：100个最美观景拍摄地 **85**

连州地下河
神秘瑰丽，地下乾坤

 最佳观景拍摄点：
景区内南天门溶洞附近
纬度：25° 0′ N
经度：112° 19′ E
大地高：216 米
观看方位：四面皆可

 最佳拍摄季节：
溶洞气温较低，适合夏季前往。

 最佳拍摄时间：
开放时间皆可

　　巍巍然立于天地，悠悠兮纵横于经纬。天下溶洞之多，数不胜数，但能行舟观景，且风景独特，神秘瑰丽的溶洞却不多见。

　　连州地下河是典型的亚热带喀斯特地貌钟乳洞，分为上、中、下三层，前两层是陆地层，第三层是一条地下河流，乘船游览，穿越一个个独特的景观和桥洞，仿佛行走于《鬼吹灯》中的地下墓穴之中，惊险刺激。

　　各种钟乳石景观在彩灯的映照下分外恢弘，其中最具特色的当属"仙人神田"，层层叠叠的钟乳石环环相扣，蜿蜒曲折地攀在"仙人河"两岸，曲折婉转，船外一条暗河向山洞深处延伸，微弱的光芒中仿佛看不到尽头。

　　行舟向前，竟看到无数酒坛，原来此处天然的环境被古人发现是绝佳的天然储藏室，洞藏的桃花酿和黄精糯米酒芬芳醉人。值得一提的是，黄精糯米酒中添加了冰糖和蜂蜜，喝起来分外柔润，此外黄精还有抑菌防病、降血糖、滋阴润肺的养生功效。

　　令人意外的是连州地下河还是一个重要的植物研究所，国家濒危植物报春苣苔在此安家。原来这种苔藓只适宜生长在石灰岩溶液浸润同时又不能有阳光直射的地方，生长环境十分特殊。报春苣苔也被称为"植物界的大熊猫"。

🚌 **公共交通：**

连州地下河处于连州市郊区 30 千米处，如果要坐火车到连州市，最近可在英德西站下车，但实际还需约 3 个小时的车程才能到达连州市，总体建议驾车或包车前往。

🍵 **餐饮：**

风景区食府、东坡风香酒店、德莱文农农家菜、清雄酒家、阿嫂私房菜、志雄酒家、乡村房菜等。

🎫 **门票：**

门票、船票、讲解三项一体，成人票 150 元 / 人，可团购。1.2~1.5 米的儿童，60 岁以上 70 岁以下的老人，全日制大学本科及以下学历学生，现役军人，残疾人，宗教人士可享受优惠票价。1.2 米以下儿童和 70 岁以上老人免票。开放时间为 8:30~17:00。

🏠 **住宿：**

附近东坡公寓、阳光公寓、风香酒店、林泉大酒店等，价格公道。

🎎 **民俗节庆：**

清远市是广东省全省唯一的壮族聚居区，也是瑶族的主要聚居区，保留了独特的民族风俗。每逢春节、三月三、六月六、十月十六等传统节日，以及耍歌堂活动之时，当地瑶族都会以两人对舞或四人合舞的形式来跳长鼓舞。

🎎 **风物：**

正宗清远三黄麻鸡要皮黄、嘴黄、脚黄、毛色黄中带麻点。这样的鸡肉质最为鲜嫩，最适合做成名菜白切鸡，当年美国总统尼克松访华开启破冰之旅，日本首相田中角荣访华的国宴上都少不了以食材清远鸡命名的三黄鸡这道菜。

 摄影指导：

1. 拍摄钟乳石洞需要体现石洞中不同颜色的光线，但整体来说石洞中光亮较少，这种情况可能会不好处理。可以尝试在不同白平衡情况下适当增加曝光补偿，以获得鲜艳的色彩。由于光线过暗，可以适当使用闪光灯来作为补充。

2. 同时拍摄钟乳石需要发挥丰富的想象力，每一组钟乳石都被赋予了不同的形象，想要在照片中把这些形象生动地表现出来则需要良好的构图能力。

3. 在溶洞中拍摄一定要处理好光线的问题。连州地下河内光线昏暗，拍摄时必须要使用三脚架来保证稳定画面，同时注意控制曝光时间，反复尝试以得到最佳效果。尽量使用小光圈，使整个画面都保持清晰。

4. 尽量不要使用闪光灯，以免破坏连州地下河溶洞内的灯光效果。不同于一般的溶洞，连州地下河还可以拍摄灯光和岩石在水中的倒影，对称式构图能够更好的展现出连州地下河的神秘瑰丽。

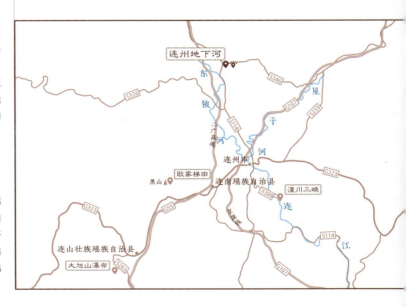

摄／陈碧信

摄／黄山湖

摄／黄山湖

摄／黄山湖

粤西百越风情滨海区

湛江市、茂名市、阳江市、云浮市

　　粤也叫越，古代称中国南方沿海地区的古越部族为百越。广东为百越之一，称为南越。秦之前，广东的土著民族是古越族，而后随着历史变迁，形成了广府、客家、潮汕的三足鼎立之势。可以说，古越族是中华文明的先行者，他们的衣食住行都对后人产生了深远的影响。

　　粤西地区坐落着四座百越风情的城市——湛江市、茂名市、阳江市和云浮市。

　　依托绵长的黄金海岸线、热带—南亚热带气候资源以及丰富多彩的百越文化，这里的滨海度假、暖冬旅游、生态旅游、温泉养生、海丝文化旅游、禅宗文化旅游、民俗风情游、热带南亚热带美食果乡游等源源不断地吸引着游客前来。

　　不久的将来，东起饶平县大埕镇粤闽界，西至湛江市廉江市高桥镇粤桂界的一条长达1875公里的蔚蓝色丝带——世界上最长的滨海旅游公路，将串联起包括湛江、茂名、阳江等"璀璨明珠"在内的14个广东省内的沿海城市。

　　粤西地区号称拥有中国最特别的海岸线，四座城市也分别有着自己特色的滨海旅游风情。湛江，位于中国大陆最南端的雷州半岛，有着长约1180千米的海岸线，这也给了湛江丰富多彩的海滩、海港和海湾。不仅如此，东海岸还分布着硇洲等岛屿，让其当仁不让地成为粤西的中心城市。茂名，自然风光和人文景观在这里交相呼应。不仅有着号称"东方夏威夷"的浪漫海岸，还拥有"粤西第一高峰"大田顶和历史的见证高州三塔。阳江，中国著名的滨海旅游城市，由于其山地面积占到四成以上，给了阳江除了滨海资源外丰富的森林山峰类自然景观。云浮，因60%的山区面积被命名为国家园林城市，云雾山脉则延绵于此。

　　承载着历久弥新的百越风情，汇集着别样迷人的海岸风光，粤西，这个与众不同的沿海区域正携着带着旖旎的海风惊喜地拥抱你。

湖光岩玛珥湖
神秘幽静，森林繁茂

📍 最佳观景拍摄点：

观海楼

纬度： 21°08′ N

经度： 110°16′ E

大地高： 44 米

观看方位： 向西南

⌛ 最佳拍摄季节：

四季皆可

🕐 最佳拍摄时间：

总体来说，白天是拍摄玛珥湖和周边水杉林的绝佳时机，高强度阳光直射可以为拍摄提供更好的光线条件。

与德国艾菲尔玛珥湖结为姐妹的湛江湖光岩玛珥湖，以其独特的身世吸引着世界各地的游客和地质学家、考古学家的注意。

作为世界上最典型的两个因水灌入火山口、水蒸气引发爆炸而形成的火山口湖之一，玛珥湖的五大奇景让人惊叹不已。

湖水因不受外界水系干扰，湖底的沉积层还完整地记录着地球古植被的变迁，被视为研究地球古气候和环境的天然年鉴。

但明明没有外部水系补充和净化，它却能保持清澈见底，不脏不臭，而且竟然永不干涸。

湖边都是茂密的树木花草，但刮风下雨，

落花落叶却不会在湖面留下任何痕迹。

湖区旁的水杉林形成了一个天然负离子氧吧，湖水主要是地下泉水，富含微量元素，可以美容。

斑驳的岩壁、茂密的森林、秀丽的湖水，使得湖光岩玛珥湖成为繁华都市中的一片宁静绿洲。

玛珥湖有五大奇景，湖水下的沉积层记录了地球古植被的变化，湖水能够自我净化，湖中飘落的树叶花草总能消失无踪，湖边没有青蛙、蛇、蚂蟥栖息，还有湖边水杉的负离子区，让人叹为观止。

在景区内有一家玛珥湖畔餐厅，都是当地特色菜式，味道不错。总体来说菜式不太丰富，但可以观湖畔景色，非常优美。

湖光岩周围植被茂密鸟语花香，当地居民会在湖光岩景区购买年票，常来锻炼。

摄／李静

🚌 **公共交通：**

从广州市乘坐列车到湛江约 10 小时，从佛山出发约 9 小时，从玉林出发，全程约 3 小时。

之后步行至公交湖光路口站乘坐 4 路或 18 路公交车在厚高村站下车，步行至湖光岩，约 2 小时。

🍵 **餐饮：**

湖光岩景区靠近广东海洋大学，有很多经济实惠的小吃。

🏷 **门票：**

湖光岩景区票 50 元，学生票半价，老人证免费，无团购价。年票 60 元，手机智能导游票 5 元，园区内小火车 30 元。

🏠 **住宿：**

建议到市区住宿，可以选择湛江火车南站附近的快捷酒店。

如果要当晚在玛珥湖边住宿的话，只有金玉商务酒店、玛珥湖乡村客栈、湖光岩度假酒店可供选择。

🌐 **民俗节庆：**

湛江当地的"舞雄鹰"、"爬刀梯"流传于雷州半岛已有几百年历史，当地民众每年都把这项活动搞得热闹隆重。

摄／冉玉杰

摄／季静

发现广东：100个最美观景拍摄地　**87**

雷州乌石港
山中海洋处处绿

📍 **最佳观景拍摄点：**
天成台
纬度： 20°32′N
经度： 109°49′E
大地高： 0米
观看方位： 正南

✖ **最佳拍摄季节：**
尽量避开冬季，雨雾不利于观赏日落。

🕐 **最佳拍摄时间：**
白天阳光强烈，可将海滩周边树木植被清晰地映射进镜头中；傍晚日落，夕阳西下，壮阔幽静尽收眼底；夜晚繁星点点，海水漆黑翻滚……一天24小时都是最佳拍摄时间。

　　北部湾畔的沙净、水清、人少，尚未大力开发的海边浴场总会给人留下清静的印象，乌石港也不例外，这可能是由于乌石港夏季白天过于炎热的关系。这里是中国大陆唯一可在西海岸欣赏日落的地方。

　　乌石港的天成台景区向来有"北部湾畔蓬莱岛，椰风海韵天成台"的美誉，阳光、海岸、金色浪花，面积600多亩的半岛只接待140人，可在安静的沙滩上狂奔乱跳，放飞自我。

　　落成于1999年的天成台度假村原来不过是一片荒滩，纯白如银的沙滩和树木系一位土生土长的当地人斥资百万运来土壤、树苗和草坪修缮而成，现已占地500多亩。海边一般鲜见植物，这里却绿树成荫、芳草如茵，空气中飘散着淡淡白玉兰香味，小鸟也徜徉其中。房子都是木头或石头建造，式样充满南国复古风情，"涛声阁"、"陶然亭"等名字风雅有趣，不禁有误入唐街宋巷之感。

　　更可贵的是，天成台景区对面的渔村还保留着古朴的模样，当地渔夫依然戴着斗笠，村民也保留了许多旧时建筑。海边滩涂常有许多闲时来挖贝壳的一家老少，旁边还有放风筝的人和叫卖的小贩，古朴温馨。

摄影指导：

1.如果想拍摄夏夜繁星，大光圈的长焦镜头必不可少，可将快门开启时间调得很长，拍摄出繁星的变化，请一定携带三脚架。

2.如想拍摄海边落日，可以配备广角镜头以增添场景辽阔之感。

3.如想拍摄树木花草，可配备微距镜头，将对焦无限拉近。

摄／李静

🚌 **公共交通：**
在湛江火车站乘坐火车西站专线公交车在麻章车站下车，转大巴到乌石，下车后坐摩托车到下郁小学即可看到海岸。也可步行至湛江霞山汽车客运总站乘大巴到乌石。

🥄 **餐饮：**
距天成台景区最近的有一家疍家乐渔排海鲜餐厅，面朝大海，可以一边大啖海鲜一边欣赏空旷海景。还可选择乌石镇当地的海鲜市场和海鲜排档，物美价廉、人声鼎沸。

🌿 **门票：**
天成台景区有 10 元门票，无学生票，无团购优惠。租三人家庭式自行车一小时 50 元，押金 300 元。普通自行车一小时 20 元，押金 200 元。

🏠 **住宿：**
高档型住宿有天成台旅游度假村，内含温泉、别墅等特色住宿，适合情侣、家人一同前往。经济型住宿可选择景区外的乌石湾酒店、黄金海岸大酒店。

🎁 **风物：**
雷州半岛乌石港的珍珠非常有名，薯粉、莲雾、甜糟都是当地特产，更有龙虾、鲍鱼、牡蛎……除了现做现吃，还可以去海边渔民处购买新鲜捕捞的海鲜和海鲜干货回家。

灯楼角
远眺琼州海峡的大陆最南端

📍 **最佳观景拍摄点：**
灯楼角灯塔
纬度： 20° 13′ N
经度： 109° 55′ E
观看方位： 自东向西

⧖ **最佳拍摄季节：**
四季皆宜，夏季前往拍摄应注意防暑。

🕐 **最佳拍摄时间：**
清晨或傍晚

位于广东湛江徐闻县的灯楼角，是中国大陆的最南端，在雷州半岛末梢，与海南岛隔琼州海峡相望，同时也是北部湾和琼州海峡的分界点。

灯楼角一带地理位置极其优越，但是海面礁石众多，海况复杂，自古以来有着重要的军事意义。

因为其重要的地理位置，守着一条黄金水道的灯角楼，在中国历史上不曾缺席：120 多年前的光绪年间，法国人因通商及航行需要，借机在此修建了灯塔和洋房，并雇用当地人管理。

抗日战争期间，国民党军队为了抵御日本

人进攻，炸毁了灯塔。

60 多年前的 1950 年，解放军为顺利解放海南，就是在此用 13 艘木船拉开了渡琼作战。历经历史的风风雨雨，终于在 1994 年，灯楼角才建起了崭新的灯塔，成为中国大陆最南端的象征。

每当太阳升起，灯楼角守着的一片南中国海渐渐苏醒，V 字形的海滩面朝南方，沙质柔软的岸上浪花徐徐，海底有着品种齐全面积巨大的珊瑚群，还养殖有珍贵的珍珠贝，同时椰树、仙人掌等海岸植物丰富了这里的色彩，构成了一幅南天盛景。

在灯楼角还有一片生长了上百年的野菠萝

林，相传野菠萝林是由遭遇爱情不幸的一对男女双双跳海后形成，并由此传说，将这片野菠萝林命名为"情人谷"。

每天，当太阳落下，夜幕升起，灯塔重新点亮，和一百年前一样，这里依然是出海者的指路明灯。

摄 / 袁伟强

🚌 **公共交通：**

目前尚无公交能够到达灯楼角。可以从广州搭乘火车到达徐闻站，再从徐闻站租车或打车前往。

🥢 **餐饮：**

徐闻凉拌粉、芋头糖水、清补凉、徐闻汤饼等。

🎫 **门票：**

无，如果自驾前往则会收取停车费。

🏠 **住宿：**

距离灯楼角较近的角尾乡有少量民宿可供选择，如果回到徐闻县城则有高中低档各类住宿。

🎡 **民俗节庆：**

当地女子出嫁前要在娘家"躲房"一个月不能出门，等到出嫁当天则要"哭嫁"，新娘和同龄姐妹都有节奏有声调地哭泣，独具特色。此外婚礼还有"吃槟榔"、"爬树"等活动，充满了南国特色。

🎁 **风物：**

徐闻物产丰富，徐闻菠萝和各类海鲜是远近闻名的食材。地处热带的徐闻守着一片优质海域，有着天然的晒盐场，这里晒出的海盐品质优良，是当地的优质产品。

摄／李静

📍 **周边看点**

· 徐闻珊瑚礁国家级自然保护区
在灯楼角不远的地方，同样位于徐
闻角尾乡，是中国大陆沿岸唯一发
育和保存完好的现代珊瑚岸礁，有
着热带生物研究的重要价值。

摄／冉玉杰

摄／冉玉杰

发现广东：100个最美观景拍摄地　　**89**

金沙湾
霓虹缤纷，椰风阵阵

📍 最佳观景拍摄点：

情侣码头
纬度：21°16′N
经度：110°23′E
大地高：1米
观看方位：向东，日出方向

⧗ 最佳拍摄季节：

夏季的金沙湾最为繁华

🕐 最佳拍摄时间：

全天皆可

摄｜曹展溢

　　金沙湾可以说是湛江市最大地标，观海长廊一端连接着金色的海滨浴场，另一段连接着南北双子岛，间或掺杂着各种高档商场和消费设施，具有强烈的东南亚风情。

　　海滨浴场当地人又称滨湖公园，占地400多亩，是湛江市最大的湿地公园，湿地和海滨相结合的生态景观在国内实属罕见，白色的沙滩和湖畔的湿地相映成趣。整个公园被划分为临湖游赏区、生态休闲区、水上运动区、飞鸟休憩区和生态培育区。天气好时，在这里，有的人在沙滩边嬉戏、有的人在散步锻炼、有的人在拍摄婚纱照，还有的人在比赛皮划艇。可谓是怡然自得，别有一番情致。

　　观海长廊上坐落着高档的丽悦新天地购物中心和万象金沙湾广场，是逛街购物的好去处。在那里可以充分感受到都市的繁华与热闹，琳琅满目的商品中一定有你最需要的东西。适当地沉浸在消费的乐趣中，也可以作为对自己的嘉奖。

　　更有高档的湛江民大喜来登酒店伫立其中，美丽的海景在此一览无余，闹中取静的高层建筑让你享受站在城市顶端的快感，奢华的享受让你忘记纷繁复杂的争端。或许可以选择在此举办婚礼，拥有一个难忘的记忆。

🚌 **公共交通：**

到达湛江市后可乘 21、38、43、809 路公交车到达金沙湾沙滩泳场站，即到达了金沙湾海滨浴场。

🍜 **餐饮：**

万象金沙湾广场和丽悦新天地购物中心中有各种各样的餐馆可供选择，从当地小吃到西式甜点，一应俱全。

🍴 **门票：**

无门票，不收费。

🏠 **住宿：**

高档住宿毫无疑问推荐海滨大道北 128 号的湛江民大喜来登酒店，绝佳的享受带给你极致的体验。

经济型住宿最推荐湛江远洋 young 咖啡主题酒店，精致的装修和小资情调别具特色，房价也十分合理，最重要的是交通便利，周围设施齐备，方便出行。

🎪 **民俗节庆：**

湛江市各地过年有"游神"习俗，即坐花车在街上游行，道路两边通常有观众观看。坐在花车上的人都"神上身"，俗称"嘴穿针"，用巨大的钢针穿过脸颊皮肤，但据说并不会留下疤痕。如今这种习俗每年有越来越多的年轻人参加，实在是一项民俗奇观。

🎁 **风物：**

湛江特产簕古粽，在广东话中"簕"并不念 lè，而是念 néng，是用簕古叶包成的粽子，通体碧绿，玲珑可爱，和一般北方的芦苇粽或海南的芭蕉粽相比，别具风味。

摄／李静

硇洲岛
硇洲古韵

📍 **最佳观景拍摄点：**

观景台
纬度：20° 53′ N
经度：110° 33′ E
大地高：45 米
观看方位：东南方向

⌛ **最佳拍摄季节：**

四季皆宜

🕐 **最佳拍摄时间：**

全天皆可

这座位于湛江东南方总面积约 56 平方千米的小岛，是中国第一大火山岛，形成于大约 20 万~50 万年前的海底火山爆发，至今岛上众多的黑色岩石，就是当年火山熔浆冷却后形成的。

硇洲岛不仅有着独特的地质意义，在历史上也曾书写下重要一笔。南宋末年，元军入侵，南宋皇帝端宗赵昰和卫王赵昺两兄弟就曾逃难到此，一位葬在了硇洲，另一位年仅 8 岁，在遗臣辅佐下在硇洲称帝，并建造行宫营房，也就是现在的硇洲岛宋皇村遗址。

到了清末，1898 年法国人强租广州湾，也就是今天的湛江，硇洲岛在当年作为法国租借曾经繁盛一时，也激起过民族义士的悲愤，闻一多就曾在《七子之歌》中写道："东海和硇洲是我的一双管钥，我是神州后门上的一把铁锁。你为什么把我借给一个盗贼？"

硇洲灯塔是与伦敦和好望角齐名的世界著名三大灯塔之一。灯塔在法国人强租广州湾后，出于通商和军事目的而建，历时两年完工，高 23 米的灯塔完全由麻石堆砌而成，严丝合缝，石块之间缝隙对应吻合，灯塔还是世界仅存的两座水晶磨镜灯塔之一。

那晏海石滩是沙滩和火山喷发形成的礁石共同构成的景观，面朝大海，脚踩沙滩，环顾左右则是由黑色的火山礁石包围，形成"凹"字形。海水扑来，声势磅礴，很是震撼。

 公共交通：

前往硇洲岛有诸多方法，最方便的是从广州乘客运或火车到达湛江市，再从市区前往东南码头，从东南码头乘船。

餐饮：

硇洲岛海鲜众多，值得一尝的是硇洲青龙虾，另外硇洲香蕉、硇洲出产的鲍鱼、生蚝也值得品尝。

门票：

无。

住宿：

硇洲岛建立了完备的旅游设施，岛上住宿方便。

风物：

各类海鲜干制品。

摄影指导：

岛上景点众多，可在清晨拍摄渔港繁忙、汽笛轰鸣的景象，中午、下午则拍摄硇洲灯塔、宋皇村等历史景观，傍晚到海边拍摄那晏海石滩。

摄／李静

摄／冉青松

摄／李静

摄／李静

摄／刘小强

发现广东：100个最美观景拍摄地 **91**

大田顶
云雾中升起的山峦

📍 最佳观景拍摄点：
开车上大田顶可以到达最高点，拍摄"天池"和环绕四周的群山。
纬度： 22° 17′ N
经度： 111° 13′ E
大地高： 最高 1 704 米

🏔 最佳拍摄季节：
3~4月杜鹃花盛开，可以拍摄到鲜花开满山坡的画面。秋季天高云淡，降水较少，也适合拍摄。

🕐 最佳拍摄时间：
全天皆可

　　海拔1 704米的大田顶号称粤西第一峰，属于云开山脉的一部分，是大雾岭的主峰，距离市区大约有50千米。由于20世纪此处被划为自然保护区，大田顶一直保持着原生植被，加上垂直落差较大，漫步山中可以看到从阔叶林、竹林、杂木林一直到高山草甸等多种植被形态，"一山有四季，十里不同天"。

　　大部分人选择从大成镇出发，沿盘山公路一路开上大田顶。从山顶可以看到一片湖泊如同明镜般镶嵌在山峦之间，名为"天池"。相传，古时因湖中有一块宝玉，常有仙女下凡在湖中嬉戏，有一位放牛郎无意间瞥见了仙女的身影，仙女受到惊吓，吹下一口雾气遮挡住他人视线，造成此地常年大雾环绕。在晴朗的天气登上山顶，茫茫林海在脚下展开，与静谧的湖面相得益彰，而当云海从山峦另一侧翻过来，沿着山坡涌向湖面时，瞬息之间天地变色，令人叹为观止。

　　除了驱车上山以外，徒步路线往往将大田顶与附近的几座山峰串联起来。在山野中跋涉时，咫尺之间便是各种珍奇的花草。大雾岭中有着诸如桫椤等珍稀濒危物种，还有不少属于起源古老的活化石种类。

　　山中地势复杂，山间会有毒蛇出没，徒步经验较少的人可以聘请当地村民作为向导，同时注意保护山中环境，带走随身垃圾，不要随意采摘山中花草。

摄影指导：

1. 大田顶为粤西第一高峰，可在山顶远眺，利用广角镜头将整个大场面的景色收入画面。层峦叠嶂的山峰、山下的小城镇等都是可以拍摄的素材，云雾天气时拍摄则能让整个画面如同仙境。另外，山顶的水库被茂密的植被包裹，蓝天白云倒映水中，也是可以单独拍摄的美景。

2. 在能见度高的夜晚，在大田顶拍摄星空也是一个不错的选择。快门线、三脚架、备用电池等都是必需的装备。如果能将星轨和车轨结合纳入一个画面，将会令整个画面更有趣味。

🚌 **公共交通：**
从深圳出发，可以先坐火车 K1208 到达茂名市，再转乘火车 K9048 或者大巴到信宜市，从广州可以直接坐火车 K9049 到达信宜市，从信宜可以包车上山。

🥄 **餐饮：**
食惯嘴粉：名字来自于当地一地名食惯嘴，历史可以追溯到清朝时期。粉皮以大米为原料，蒸熟后切成丝，再配以不同的调料，口感滑软。

🎫 **门票：**
开车上山需要收取停车费。

🏠 **住宿：**
可以住在信宜市内。

🏵 **民俗节庆：**
年例一般维持多天，是一种当地特有的祭祀活动，在年例期间，当地居民敲锣打鼓，祭祀先祖，上街舞狮巡游，期望来年风调雨顺。

🎁 **风物：**
飘色：飘色属于戏剧艺术的一种，通常几人抬着一张色台，台上则展示着各种民间故事、神话传说中的人物形象。这些人物惟妙惟肖，在空中排列开来如腾云驾雾。

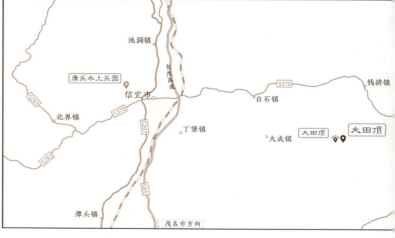

摄／刘小强

📍 **周边看点**

● **天马山**

由于开发较晚，天马山依然保持了
比较原始的自然风貌，可以在山中
步行散心，或是聆听泉水潺潺，山
顶还可以观赏到由于垂直地带性所
形成的奇特的高山草甸景象。

摄／刘小强

摄／李学东

摄／刘小强

摄／李劲

发现广东：100 个最美观景拍摄地　**92**

高州三塔
流传百年，结界相守

📍 最佳观景拍摄点：
站在宝光塔的南面淦江河对岸，向潘洲街道办事处南官岭方向拍摄
纬度：21° 54′ ~21° 55′ N
经度：110° 50′ ~110° 51′ E
大地高：40~49 米
观看方位：向北

⏳ 最佳拍摄季节：
尽量避开冬季的雾霾天气

🕐 最佳拍摄时间：
白天皆可

"环城有三塔，北曰艮塔，东曰文光，西南曰宝光。"据《高州史》记载，高州三塔始建于明清，文光塔以振兴高州文风，艮塔以镇高州龙脉，宝光塔以镇水聚财。

这三塔建于不同时期，起于不同地形，顶端却处于同一高度上，三足鼎立，形成一个完整的"结界"。

艮塔又称镇龙楼，建于清道光六年（1826 年），位于高州城北的东门岭上，是三座塔中唯一的实心建筑，用青砖砌成，塔内用泥沙夯实。我国现存宝塔层数多为三、五、七等单数，艮塔六层实属特别。据传，当年高州知府戴锡伦对地理风水颇有造诣，发现县城四面皆山，因此要在艮峰兴建塔楼，以壮高州龙脉。

文光塔又称文笔塔、文塔，建于清嘉庆二十一年（1816 年），位于城东的镇头岭上，现属文笔岭森林公园，为振兴文风故外形似笔，塔身用青砖砌成，内部空心，可逐层攀登，但因塔外未装围栏，目前禁止入内。传说，文光塔为笔、学砚塘为砚为墨、笔架山为笔架，高州多出秀才原因在此"文房三宝"。

宝光塔又称粉塔，建于明万历四年（1576 年），为全国第二高塔，双层塔身，九级浮屠，底座内嵌"双凤朝阳"、"鲤跃龙门"、"云鹤翱翔"、"梅花奔鹿"等石浮雕 21 幅，是广东省文物保护单位。

🚌 **公共交通：**

从广州市乘列车到茂名站或茂名西站，全程约 6 小时。从玉林市乘列车到茂名西站，约 4 小时。

从茂名站到艮塔、文光塔、宝光塔都是乘公交 G1 路，分别在光明桥站、光明路站、高州洗太庙站下车步行约 20 分钟即可到达，乘坐公交时间约 2 小时。

从茂名西站到艮塔、文光塔、宝光塔需要经 8 路、5 路、7 路转 G1 路，乘坐公交时间约需 3~4 小时。

🍵 **餐饮：**

宝光塔靠近府前路，周围有许多茶餐厅、牛杂、煲仔饭、茶楼等，网红奶茶店"喜茶"在附近也有分店。

🎫 **门票：**

无门票，不收费，内部不开放。

🏠 **住宿：**

宝光塔、文笔塔附近有城市便捷酒店、万豪商务酒店、7 天连锁酒店等众多经济型酒店可供选择，也有如益盛大酒店、维也纳酒店等高档型住宿可供消费，非常便捷。

🎪 **民俗节庆：**

"年例"是高州的一项重要节庆，以祈祷风调雨顺、百业兴旺、国泰民安为主旨，目前已申报进入广东省非物质文化遗产名录。早年，每到年例期间，舞龙、木偶戏、麒麟舞、跳花棚都是必不可少的节目。

🎁 **风物：**

高州是粤西菜的典范，日常有豆腐酿、豆饼酿、苦瓜酿、茄子酿、辣椒酿等。特色小吃如寿桃粄、莲蓬粄、赖粉、古粽粄等，多为黏米制成。

 摄影指导：

1. 高州三塔分别建于高州城区内的西南方、东方和东北方，无法同时拍摄，每个塔均可在塔下用仰拍的角度来表现。

2. 三塔之一的宝光塔位于高州城西的鉴江边上，可站在江对岸，以江水为前景，天空为背景，着力表现出宝光塔高耸入云，并且通过高州城的衬托，宝光塔显得格外高大雄伟。

摄／李劲

摄／陈兆武

摄／蓝汉明

摄／李劲

摄—季学东

发现广东：100个最美观景拍摄地 **93**

南国草原
世外桃源，香格里拉

📍 最佳观景拍摄点：
天马山
纬度：22°27′N
经度：110°42′E
大地高：510米
观看方位：四面皆可

🏃 最佳拍摄季节：
四季皆可

🕐 最佳拍摄时间：
尽量避开薄雾和下雨天气。

　　南国草原位于广东省茂名市信宜天马山旅游区内，距市区40多千米，是近些年才开发出的新型生态旅游区。

　　由于天马山主峰海拔高达1080米，呈现出强烈的垂直地带性气候，山中天气多变，或阳光灿烂，或大雾封山，或又云销雨霁。茂密的树木衬得南国草原更加寥廓苍茫，气势宏大。如果有幸，还能看到当地壮族姑娘在此草原放牛。天马山天气多变，富有神秘色彩，草原土壤肥沃，绿草如茵，远处牛羊成群，如在画中。

　　茂密的丛林为天马山提供了丰富的负离子，形成了庞大的天然氧吧环境。置身其中的苗族村寨还有拦门酒、迎宾舞、竹竿舞、踏脚舞、多耶舞、抛绣球、斗马等特色活动，十分有趣。

　　不同于大部分山中景区，天马山想要上山只能徒步而行，山势险峻陡峭，景色优美怡人，空气清新自然，是锻炼身体的好机会。想要看到山顶的南国草原需要徒步4小时左右才能到达，沿途会看到天湖水库，布满怪石的蜿蜒河流，长满岩壁的苍翠树木，还有山姜、当归、杜仲等野生药材，果狸、穿山甲、山龟、毛鸡等珍禽异兽，甚至还有层层梯田一望无边。

🚌 **公共交通:**
从广州市乘列车到茂名站,约 6 小时,从茂名站到天马山生态旅游区间没有班车,只能开车前往,全程约 3 小时。或乘列车到信宜火车站,约 9 小时,再开车前往天马山生态旅游区。从佛山市出发与从广州市出发所乘车次完全相同,但用时相对较少,到达茂名站约 5 小时,到信宜火车站约 8 小时。

🍵 **餐饮:**
景区附近没有餐饮设施,建议自带食物。爬到山顶单程约 4 小时,垃圾不要随意丢弃。

🎫 **门票:**
成人票 60 元。学生票 / 老人票 / 儿童票 30 元。可网上团购。

🏠 **住宿:**
信宜火车站或茂名站附近就是不错的选择。此外,隔壁黎村镇有一个天然湖温泉度假山庄,价格经济实惠,还有温泉泡澡,可以考虑尝试。

🌐 **民俗节庆:**
南国草原地处两广边境,独特的地理位置形成了悠久的少数民族民俗文化。此处曾是瑶族和苗族的聚居地,留下了大批石砌梯田和石屋遗址。

🎁 **风物:**
当地出产的八角、鸡骨草、鸭脚粟、氹仔鱼、绿茶、土猪都颇有名气。天马山景区内还种有大量的油茶树、柠檬、油菜等作物,可供采摘。

📷 摄影指导:

1. 拍摄宽广的草原时,可以选择房屋、牛羊、树木或河流的拐点作为焦点。因此要明确焦点的选择。

2. 在拍摄大群牲畜时如羊群、牛群时,要选择高角度。紫外线很强时,建议配备偏振镜,可以吸收紫外线的光源,提高画面的质量。

3. 由于草原风光的独特性,景别的选取及合理的构图在草原摄影中尤为重要。常见的摄影构图方式中,水平线构图、曲线构图、对角线构图、汇聚线构图都可以体现草原辽阔、大气的一面。

发现广东：100 个最美观景拍摄地 **94**

浪漫海岸
爱与浪漫，异域风情

📍 **最佳观景拍摄点：**
电白市博贺镇与覃巴镇之间的海滨
纬度： 21° 29′ N
经度： 111° 13′ E
大地高： 6 米
观看方位： 正东偏

⚱ **最佳拍摄季节：**
浪漫海滩一年四季皆是好风光，随时都可拍摄。整体来说秋冬季海水偏凉，可能不适合下水游玩。

🕐 **最佳拍摄时间：**
白天海边风景宜人，晚上歌舞表演热情似火，日出日落浪漫美好，可以说 24 小时皆是最佳拍摄时间。

摄 / 朱明

作为我国南部最大的生态海岸，浪漫海岸成为了茂名市重点项目，以及电白县十大重点项目之一，于 2010 年起呈现在我们的眼前。距茂名市仅 40 千米、电白县城仅 25 千米、电白区御水古温泉仅 12 千米的浪漫海岸拥有细软的牛奶沙、高高的椰林、碧蓝的海湾、美丽的礁岛和物产丰富的渔港。

浪漫海岸以爱与浪漫为主题，充满了东南亚的异域风情，海水浴场、沙滩休息吧、汽车营地、海钓基地、椰林露营亭、独栋别墅、湿地花海、松林烧烤场等可以让人体会到真正的奢华与放松，仿佛置身于巴厘岛之上。

到了傍晚，夜幕降临，篝火晚会、盛大演出、啤酒海鲜、点点繁星，无不拨动着心弦。

枕海浪声入眠，听鸟鸣声而起。身在国内还可享受新加坡特有的无边际泳池，豪华却价格适中的特色住宿等你去尝试。

音乐、比基尼、游泳、潜水，极致的享乐让人一瞬间竟有穿越到 20 世纪 20 年代的美国长岛之感，面朝大海，头顶和远处的光影记录着深刻的故事，守护住爱，守护住浪漫，在海滩上欢歌，这就是浪漫海岸。

摄影指导：

1. 海边摄影一定要记得充分保护设备，务必不能弄湿，不要过热，避免长时间太阳直射，适当用毛巾包裹可改善相机环境的温度和湿度。

2. 由于沙滩海面反光强烈，海边拍摄人像可能导致人物过暗，可以通过曝光补偿、闪光补充或由上至下取景来解决这个问题。

3. 想要在海边近距离拍摄浪花可以选择防水相机或为相机配备防水外壳，甚至可以考虑水下拍摄。

🚌 **公共交通：**
从佛山市乘列车至茂名站，约 5 小时。从广州市出发约 6 小时。
从茂名站出发可乘公交 303 路至交投物流园，转 311 路到红花站，步行至浪漫海岸国际旅游度假区；也可乘顺风车直接抵达浪漫海岸国际旅游度假区，每人 40 元。

🍜 **餐饮：**
各家度假酒店都配有相应餐厅，高档奢华。海滩上有烧烤架可供租赁，可在附近渔家购买生鲜海鲜，自备啤酒小菜，海边烧烤也别有一番乐趣。周边饭店推荐博贺镇茂记饭店。

🎫 **门票：**
成人票单人 88 元，双人 160 元。儿童票 40 元。亲子票（两位成人一位儿童）200 元。学生半价，可团购。

🏠 **住宿：**
高档住宿建议选择茂名浪漫海岸温德姆酒店，可以无偿享受酒店的无边际游泳池和海景房，角度好的房间还可欣赏日出日落。
经济型住宿只能选择景区外住宿，但转天如果还想回景区游玩，需要重新购门票，以及必须使用景区内更衣室等相应收费设施。

🎎 **民俗节庆：**
作为岭南文化中鉴江流域的代表，年例起源于宋朝，有摆宗台、菩萨巡游、宴客、粤剧、木偶戏、跳花棚、舞春牛、舞龙、舞狮、飘色、采茶戏、杂剧歌舞等文娱活动。

🎁 **风物：**
荔枝、龙眼、芒果、菠萝蜜，喜欢的朋友请不要错过。

摄／柯大

摄／洛伟玲

摄／洛伟玲

摄／陈兆武

📍 **周边看点**

电白县

"南海之滨，有我水东乡，山明兮水秀，胜地冠南疆。"就是唱的电白县。原因在于电白集深厚的底蕴与现代化的设施，海边美景与湖光山色于一体。水东港、望夫山、浮山岭、红树林、放鸡岛、浪漫海岸，无不演绎着电白的魅力。

闸坡大角湾
南国风情，热烈澄澈

📍 最佳观景拍摄点：
用无人机从岸边飞离海岸两公里处从海上高空拍摄
纬度：21°34′N
经度：111°50′E
大地高：0米
观看方位：向西南

🏆 最佳拍摄季节：
四季皆可，尽量选择晴天拍摄。

🕐 最佳拍摄时间：
全天皆可

　　温柔细腻的沙滩上盛开着一朵朵太阳伞供游客休息，旁边的烧烤架上海鲜发出滋滋响声，空气犹如一块水晶，澄澈透明，海风吹来阵阵海盐的味道，绸缎般的海水在浪花下闪耀，让游人们忍不住冲向这快活和青春的怀抱。是的，这就是闸坡大角湾，天空和大海都洋溢着南国风情的螺线形海滩。

　　阳江市闸坡大角湾位于海陵岛闸坡镇东南，因形似牛角而得名为"大角湾"。驱车前往，看到海滩上的标志性海螺雕塑便可知自己身在何处。

　　大角湾依山面海，有两边大角山与中间望寮岭环卫，因此湾内风和浪都很平缓，可登山观日出，也可面海观日落。

白天沙滩上各种海上运动种类丰富。到了傍晚，天空的颜色渐深见墨蓝，远处的渔火与恬静的星光连成一片，海天一色，直到微咸海风中的丝丝凉意提醒游人夜幕已经低垂。或在露天酒吧取一瓶啤酒，或欢聚于海滩烧烤，海浪冲散了沙滩上的脚印，耳边的音乐热闹欢腾。能享此良辰美景，岂不是人生一大幸事。

远山观日出，海边观日落，白天海上冲浪，傍晚音乐节，一天皆可拍摄。需要注意的是大角湾 21:00 结束营业，以防游客出现危险，请在 21:00 前离开。

大角湾是集游泳、度假、吃海鲜、买海味于一体的观光旅游区，当地渔家乐可出海观光捕鱼。

闸坡当地地方风味小吃以鱼丸、鱼面、马鲛鱼饭闻名，还有渔民特制的"罟家菜"不容错过。

海上运动有摩托艇、香蕉船、降落伞等可供选择，喜欢浪漫氛围还可以放风筝、赏日落。

对了，别忘了大啖大角湾的海鲜，龙虾、鲍鱼、螃蟹、牡蛎，生猛海鲜一应俱全，可以大快朵颐哟！

摄 / 朱泽辉

摄／陈碧信

🚌 **公共交通：**

广东省汽车站与阳江市汽车站之间有大巴对开，1小时或1小时30分钟1班，全程约3小时30分钟，车费75元。广州市流花车站和广州市天河汽车站也有大巴到阳江。阳江客运站有车直达闸坡，约40分钟。也有旅游专线车直达海陵岛，每15分钟1班，约30分钟，车费12元。或者选择从广东省汽车站直达闸坡，每天两班车，约4小时，车费在95~120元浮动。从广州市天河客运站直达闸坡，每天1班车，约4小时。

🥢 **餐饮：**

当地有许多生猛海鲜，龙虾、鲍鱼、螃蟹，秋姐美食店、锐记美食店、风味坊、海知味海鲜大排档都是不错的选择。海滩上也可以自己租烧烤架烧烤海鲜，还可参观渔家乐出海打鱼。

🎫 **门票：**

海陵岛大角湾海上丝路旅游区单次成人票50元，两日多次票85元，儿童单次票30元，观光游船票40元，双人票可优惠，可团购。

🏠 **住宿：**

五星高档酒店有阳江闸坡海晖大酒店、阳江海韵戴斯度假酒店、阳江海陵岛保利皇冠假日酒店等。度假别墅有蓝涛别墅、建业别墅、银湾别墅等。能看到海景的酒店可能装修服务都比较一般，可能都是相对有些旧。经济型住宿有北洛湾青年客栈等青年旅社，也有海陵岛老船长民宿等高性价比选择。

🎏 **民俗节庆：**

闸坡当地有特殊的渔家风情，如铜鼓帽作嫁妆等，但大多失传，建议和当地渔民多聊聊天，回忆故事。

📷 **摄影指导：**

1. 如果想拍摄日出、日落请记得带相对稳定的三脚架，沙质地面可能不方便三脚架找水平。相机的维护也需要注意，海边潮湿、盐碱度高，记得保护好镜头。

2. 如果想日间拍摄可以配合一些道具，如风筝等，拍摄出浪漫唯美的蓝天。如果选择夜间拍摄注意曝光时间要相对长一些，确保光线。

摄／黄全

摄／陈碧信

摄／陈碧信

摄—梁文栋

发现广东：100个最美观景拍摄地　**96**

东湖星岛
四季湖水绿如蓝，能不忆星岛

📍 最佳观景拍摄点：
站在主坝山顶上眺望水库星岛全景
纬度： 22° 00′ N
经度： 112° 12′ E
大地高： 22 米
观看方位： 推荐乘船游览，穿梭在星罗棋布的群岛之中；也可在水坝主坝山顶眺望。

⧗ 最佳拍摄季节：
3~9 月

🕐 最佳拍摄时间：
清晨或傍晚，可抓拍百鸟齐飞、归林之景。

　　"老邓水库"位于阳东那龙镇东南 5 000 米处，也就是今天的东湖水库。东湖星岛是对东湖水库的另一种形象的称呼——108 个小岛星罗棋布点缀着库区水面。自 1959 年 11 月动工至 1961 年 10 月竣工，共建成 3 条水坝，那龙河一条支流在这里被截断，与四周群山环抱，形成水库。深坳河、黑木头河、大陂黄竹水河三条河汇聚于此，山泉源源不断注入库区。

　　东湖水库不仅仅是水利工程，供水、发电，还保存下来独特而完整的水库生态环境，形成了共生互惠的渔业、林业及旅游业。岛上种植着芒果、荔枝、湿地松等亚热带季风气候作物与植物，珍稀植物上千种，水中生长着水鱼、黄鱼、生鱼甚至娃娃鱼，陆上生存的动物有数十余种，水獭、穿山甲、天鹅、野猪、黄猄等。乘着乌篷船进入群岛，宛若置身画中。

　　东湖之东是六三尖山，刘三姐的故事久远流传；东湖西岸是将军山和马索山；南部是天堂岭和马仔山，相传农民起义军首领绣花针霸据此山。天堂岭又称纱帽山，因曾矗立帽状巨石得名，巨石之上约 50 米处有块石鼓，用脚蹬激发出响声；巨石壁刻有诗文，曰"天堂天上天，埋银三万千。流沟石对面，藏在地塘边。谁人挖得着，其就会成仙"。这些白银据说是起义军的军饷。后来水库修筑时，工人们把这块巨石筑了坝，现在看来有点儿可惜了。

摄影指导：

1. 东湖星岛是东湖水库上星星点点分布的 108 个岛，航拍是最佳的表现方式。在高空将整个水库和东湖星岛纳入一个画面，能够很好地表现出这一壮阔的美景，给人以强大的视觉冲击力。

2. 拍摄时建议选择天气较好的时候，蓝天白云和足够的光线，能够将湖水的颜色表现得更加鲜艳美丽。

3. 如果没有航拍的条件，可以在湖边或者高处特写拍摄一个或者几个岛，建议选择一些植被作为前景，湖面的动物或者游船则能够让画面更有趣味。

🚌 **公共交通：**

广州到阳江的高铁暂未开通，从广州各大汽车客运站搭乘巴士前往阳江 3 小时。东湖水库位于阳东那龙镇东南 5 000 米，从阳东汽车总站出发前往合山镇、那龙镇或恩平的车会经过东湖水库。公共交通相对不便，可以选择租车自驾。

🍵 **餐饮：**

榄角蒸五花肉，合山牛杂粥、焖煲大石斑鱼、蚬蝌酱蒸猪肉，咸水角等。推荐温泉度假村汉唐宫中餐厅。

🏠 **住宿：**

阳江涛景高尔夫度假村、阳江温泉度假村，距离水库约 5 000 米。

🌐 **民俗节庆：**

赛龙舟：阳江民间的龙舟竞渡从南北朝起沿袭至今，公元 6 世纪南北朝时期梁朝天监期间已有船只经常往返于广州，凭吊屈原的风俗也是龙舟竞赛，到了明清时期，赛龙舟成为一种民间活动，也是阳江龙舟竞渡的鼎盛时期。"四月八，龙船挖"，今天，每到农历的四月初八前后，龙舟协会会在河岸搭建起龙舟棚，挂彩旗、贴对联、迎祖宗神牌来驻龙舟棚，五月初一举行"祭龙"仪式。

🎁 **风物：**

阳江三件宝——豆豉、漆器、小刀。豆豉，古时既做调味品，又做药品，吃下后口舌生津，唇齿留香。漆器，已经有三百多年历史，色彩绚丽、造型奇巧，防潮耐用，既是生活用品，也具有工艺品欣赏价值，驰名中外。小刀，阳江十八子、合全利、梁季芙等品牌在世界享有盛名。

摄／梁文楼

摄／梁文楼

📍 **周边看点**

阳江温泉度假村

广东省首家五星级温泉度假村，荣获"全国十佳温泉"、全国"最佳温泉度假酒店"等荣誉。温泉度假村以天然温泉取胜，仿唐朝、日式建筑风格设计建造，拥有"一瀑、三湖、六泉、八池"。度假村还有果场，当地的龙眼、荔枝、芒果均有大面积种植，度假享受之余可以体验农家之乐，大饱口福。

阳江海陵岛

2007 年 12 月，南宋商船"南海一号"在阳江海域被发现，后在海陵岛建广东海上丝绸之路博物馆。海陵岛的海水、沙滩、海鲜都是广东省内上佳的，到阳江必然要到海陵岛领略沿海港口文化、海滨风光和享受丰富海味。

发现广东：100 个最美观景拍摄地 **97**

沙扒湾
奇峰罗列，怪石嶙峋

📍 **最佳观景拍摄点：**
阳江海韵山庄楼上
纬度：21° 31′ N
经度：111° 27′ E
大地高：0 米
观看方位：向西北

⧗ **最佳拍摄季节：**
每年 10 月到次年 3 月为最佳拍摄季节，避开 4~9 月的雨季。

🕐 **最佳拍摄时间：**
全天皆可

中国最长的海滩之一，沙扒湾的海岸线长达 1 500 千米，其风景度假区包括沙扒海滨、月亮湾、青洲岛和白额岭等景点，被称为"中国的马尔代夫"。

整个海湾仿佛一轮弯月，坐落在南海之滨，背靠秀丽的北仔岭，葱绿的青洲岛点映其间，仿佛皓月下的明星，熠熠闪光。

这里是梦境中的的天然浴场。沙扒人喜欢种树，家家被菠萝树、椰子树环绕，以致岸边沙滩绿林滴翠；温暖的天然港湾，湾内水质清澈透明，天高海阔，水面波光粼粼；宁静的海滩秀美，沙滩沙质细滑白净，温柔服帖。

这里夏长冬暖，夏季平均气温 28°，冬

季平均气温 12°。附近的月亮湾最适合进行各项海上运动。

海风拂面，心旷神怡，在此冲浪，抚摸朵朵浪花，感受海天一色的辽阔。水质清澈，礁石林立，贝壳、珊瑚、各种鱼儿在此玩耍，在此浮潜，感受自然的神奇。

白天可在海上尽情玩耍，傍晚可到西边海滩观落日，天黑可到青洲岛边看渔火，可以说全天都是最佳拍摄时间，只是主题有所不同。

傍晚，西面的海滩，晚霞为波涛戴上了美丽的面纱，赤红、丹红、茜红的波浪层峦迭起。火烧云在天边追随着火红的太阳，海的边界与天的边界仿佛融为一体，无限遐想由此而生。

到了晚上，青洲出海打鱼的渔民便开始集中作业，这里海产资源丰富，春季和秋季的月黑时分，照鱼小艇便在此徘徊，往往收获颇丰。

点点渔灯便形成了阳西八景之一——青洲渔火。又或者在沙滩上放烟火或孔明灯，许下心愿，定能实现。

摄 / 李泮

摄影指导:

1. 如果有足够的保护措施，可以登上海边的岩石或峭壁拍摄，那边的景色分外壮观。

2. 拍摄渔火的时候尽量调大光圈，以保证足够多的光线，不建议调慢快门速度，因为渔船在进行作业时会不停地移动。

🚌 **公共交通:**
前往沙扒湾没有公共交通，只能自驾或包车前往。从别的省市来沙扒湾可坐火车到阳春站，再在火车站包车即可，从阳春站到沙扒湾全程约 1 小时 30 分钟。

🍵 **餐饮:**
尽量不要到海边的"大饭店"就餐，那边相对价格较高且多为跟团游客，可以选择小巷小道，反倒会有意外惊喜。
推荐一家在当地有 30 多年历史的老字号饭店"风味"，但当地人只叫它"老字号"，饭菜非常美味，门口现煲的煲仔饭，还有别具风味的炸酱云吞，都独具特色。

🎫 **门票:**
沙扒湾每人 18 元，月亮湾每人 38 元。无优惠票。

🏠 **住宿:**
沙扒湾旅游配套设施齐全，周边有许多经济型民宿如小狸民居、王子客栈、碧海湾海边别墅等。也有许多高档酒店，如阳西沙扒湾尚柏假日酒店、沙巴岛海湾酒店、星际海湾酒店、西尔曼度假公寓等，可以短暂停留，也可长时间居住。

🎡 **民俗节庆:**
沙扒湾当地有浓厚的客家特色，家家都供奉着地龙公和灶神。

🎁 **风物:**
沙扒湾的海水养殖、水产品加工和水产市场行业都十分发达。鱼干、鱼丸、熏鱼、生鲜都十分丰富，想要买些带回家可以去干货街或者码头的转运仓库看看。

摄／陈碧信

摄／李善周

摄／刘世昌

摄／李善周

📍 **周边看点**

- 沙扒湾有一个沙扒景隆海洋馆，适合全家一起出游参观，有各种各样奇妙的海洋生物，还有小孩子们喜欢的哈哈镜，更可全家免费体验鱼疗，感受小鱼咬掉脚上死皮的快感。

摄－蓝军

发现广东：100个最美观景拍摄地 **98**

鸡笼顶
"南国大草原"的绝美风光

📍 最佳观景拍摄点：

纬度：22°25′N
经度：111°44′E
大地高：232米
观看方位：四面皆可

🏆 最佳拍摄季节：
五一前后，数千亩花海尤为壮观。

🕐 最佳拍摄时间：
白天光线充足即可。

　　鸡笼顶位于阳江市阳春市双滘镇的七星涌山顶，也是阳春、高州、信宜三市交界枢纽处。地理位置独特且风光多彩。号称"南国大草原"的连绵不绝的高山草地，和茂密的树丛、繁盛的鲜花一起，争先装点着这片神奇的土地。

　　攀登鸡笼顶的过程是新鲜而且充满惊喜，沿着蜿蜒小道，路旁有各色树木、烂漫山花，还时不时可见潺潺山泉，嶙峋怪石，景观丰富多样。在一路有美景相伴的走走停停中，不知不觉便抵达了鸡笼顶。站在顶上放眼望去，视线所及之处皆是高高低低、绵延起伏的绿色小山丘，山丘之间形成的线条优美的小盆地时有湖泊积聚，在阳光的照射之下如同镜面般光滑澄明。山间偶有一两棵姿态奇异的树木坚挺生长，如高人般遗世而独立于此。运气好时，还可遇到三三两两结伴享用餐点的小牛，为这如画般美景增添了一丝活力与现实感。此外，稍远处还有据传由守护当地百姓安康十二道屏障所化的十二楞岭，兼具骏马奔腾之势与雄狮昂首英姿，气势磅礴，蔚为壮观。

　　每年5月前后是鸡笼顶最热闹的时节，漫山遍野的杜鹃花、山茶花和各种不知名的野花争相开放，形成数千亩成片的花海。阳光普照时，明艳爽朗；云雾翻涌时，朦胧美好。此景只应天上有，这五彩斑斓的盛世奇观，是大自然的慷慨馈赠。

🚌 **公共交通**：
可从阳春市乘车抵达阳春市双滘镇七星村，从阳春市区到鸡笼顶所在村镇约 95 千米；抵达七星村后，可租车前往鸡笼顶，暂无公共汽车抵达。

🫖 **餐饮**：
由豆腐压饼风干后的双滘豆饼极具特色，此外沙姜鸡和手工粉皮也独具当地风味，"春砂仁汤"、"捞粉"也于当地售卖。

🎫 **门票**：
暂无门票（尚处于开发建设阶段）。

🏠 **住宿**：
景区内部暂无住宿提供，可于周边村镇选择不同特色的住宿。

🎡 **民俗节庆**：
每年农历的正月初三，会有冯三公出游活动。

🎁 **风物**：
特色物产：沙姜、菠萝蜜等。
民间技艺：当地匠人会使用竹子编制一些日用品。

📍 **周边看点**

丰安梯田
丰安梯田错落有致散布于鸡笼山的山脚处。高高低低、大小各异的梯田围绕着鸡笼山，为这美丽自然风光增添了一丝人间烟火气息，别具风格。

鹅凰嶂
它是粤西第二高峰，海拔1 337.6米，位于阳春市西南部的八甲大山。鹅凰嶂历史极为悠久，该地区经考证是现存广东最老的陆地，动物品种繁多，珍稀植物资源丰富，极具保护价值。

发现广东：100个最美观景拍摄地 **99**

云雾山
如梦如幻，蔚为壮观

📍 **最佳观景拍摄点：**
思茅坪和山顶主峰
纬度： 22°70′N
经度： 111°95′E
大地高： 1 140 米
观看方位： 东北

⏳ **最佳拍摄季节：**
春季

🕐 **最佳拍摄时间：**
总体来说云雾山风景秀丽，白天光线充足时都是绝佳拍摄时间。

云雾山位于千年神话之乡云浮市，海拔高达1 140米，是粤西的最高峰。因峰顶终年云雾缭绕，景象影影绰绰而得名。实际上，云浮市的得名也在于境内有云雾山的缘故。

春天鲜花盛放，云雾山沿途风景秀丽，尤其是山顶的吊钟花，分外娇艳。山顶云雾在春季也显得更加浓郁，并有糖梨可以采摘。

可以选择在山顶观看日出，从镇上菜市口即可进山，但凌晨2、3点钟即要出发。

整个大云雾山地区，从山麓到山顶，层峦拢翠、茂林修竹，向东北方向不断延伸。群山相聚、风云变幻、山高谷深，蔚为壮观。

尤其是春天或雨后天晴时，整个山区被云

雾弥漫，群峰仿佛变成云中点点小岛。烟云缭绕、云蒸霞腾，如入仙境，置身其中仿佛能沾染其仙风道骨，脱离尘世的烦忧。

"一切有为法，如梦幻泡影，如露亦如电，应作如是观。"随风而变，云朵时卷时舒，千变万化。

云雾山有绝佳的徒步上山游玩路径，从山脚的石城镇出发，一路上行到海拔 600 多米的思茅坪，大约 2 小时的路程，一路沿潺潺溪流前行，穿过令人垂涎三尺的枇杷园、草莓田，更有漫山遍野的鲜花开放，香气扑鼻。

再往前走则依稀看到了成群的牛羊——原来绿树掩映下，当地还有村民居住。当地的村民还沿袭着古朴的畜牧方法，半年才会将放在此处的牛羊牵回。

山上的小村寨如今只剩下八九户人家，主要以种植经济作物和伐木为生，云雾山美丽的风景是他们赖以生存的天然宝库。这里民风淳朴，如需问路，你将得到热情的回答和指引。

摄 / 李向荣

公共交通：

不论从何地出发，都需先到达云浮市客运站或云浮市西客运站搭乘去往富林镇的班车，班车每 30 分钟一趟。到达富林镇后再转专线车到达大云雾山旅游景区。

餐饮：

云雾山当地没有餐饮设施，爬山过程中也没有农家乐等可以休息的地方，建议带足口粮和水。下了云雾山后，可到附近县城就餐。

门票：

成人票 160 元，预订价 65 元。
儿童票、老人票半价优惠，1.2 米以下儿童免票。
景区开放时间夏季 8:00~19:00，冬季 8:00~17:30。

住宿：

云雾山景区缺乏配套住宿条件，建议当天往返，可以选择富林镇的相应酒店，方便交通。

民俗节庆：

由于云浮特产树木竹子，其中秋赏灯活动别具特色，叫作"树中秋"，亦称"竖中秋"。当地人会用竹条扎灯，在夜里点燃，在下面联结许多小灯形成灯串，系在竹竿上插到房屋高处。入夜，满城灯火同月亮争辉，别有一番风情。

风物：

云雾山麓的石城镇又称托洞镇，当地盛产一种云浮特产，名为"托洞腐竹"。以云雾山脚生长的托洞黄豆或小青豆和云雾山上的清澈山泉为原料，经过精细的制作过程，不添加任何防腐剂制成的托洞腐竹软滑鲜香，各位老饕可不要错过。

摄影指导：

由于大云雾山云海反光能力较强，建议需要给相机增加曝光量才能达到较为理想的效果，可以选择侧光或逆光拍摄以显示出云海的层次感和透视感。拍摄云海一定要用三脚架，因为光线条件不稳定，适宜调慢快门速度，如果手持很容易使照片出现虚影。

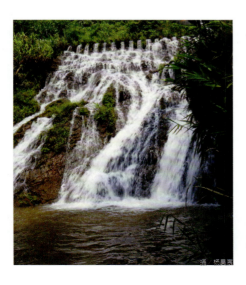

摄—李向荣

兰寨古村
幽谷出幽兰，古寨遗芳泽

📍 最佳观景拍摄点：
古建筑群，油菜田
纬度: 22° 57′ N
经度: 111° 45′ E
大地高: 15 米
观看方位: 村落中，四面皆可

⌛ 最佳拍摄季节：
2~3 月油菜花盛开时

🕐 最佳拍摄时间：
拍摄建筑时选择光线佳的上午，农忙时可以抓拍当地人劳作场景。

　　广东省云浮市郁南县的连滩镇，享有"中国民间艺术之乡"的美称，坐落于此的南江之滨的兰寨古村则有"南江文化之魂"的美名。兰寨之"兰"，取名于兰，种植兰花，也承袭了兰的精神品格。明朝时，村里的祖先林正己在房前屋后、漫山遍野都种植了兰花，取其美好、高洁的内涵，林氏族人也十分重视道德与品格精神的修养，林正己将村寨命名为兰寨，林氏祖训"十德修身纲要"不断被发扬光大。

　　兰寨古村保留着一系列古建筑群，"状元及第"林氏宗祠、双桂堂、福生堂、当铺、安宁庙等。保留至今的还有正己校道和正己学校。清末民初，为弘扬先辈之德，乡绅与商户以"正己"之名建立私塾，集百家众志终成正己学校。兰寨是个文化积淀深厚、人杰地灵、英才辈出的古村，至今保留着"状元"、"榜眼"、"探花"和"进士"的记录。林家瑞昌大屋是这群古建筑中的经典，90 多年前，乡绅秀才林葆初及其儿子林景芳建造这大屋，呈现了典型的岭南青砖古木瓦房院落特征，是"中国兰寨艺术创作基地"的示范性古大屋。

　　"绿树村边合，青山郭外斜"，兰寨古村于2015 年被评选为"中国最美休闲乡村"。

🚌 **公共交通:**

从广州出发,可乘坐高铁直接到达郁南站,出站后搭乘站外的车到飞凤车站,转乘县城到连滩方向的班车在兰寨村下车。也可以从各汽车客运站搭乘巴士到达云浮。

🥢 **餐饮:**

一家福,农家餐馆。

🏷 **门票:**

无。

🏠 **住宿:**

正己公寓、兰寨公寓、学生公寓。这里的住宿无法在网络上预订,建议到达兰寨后先找住宿。正己公寓共有 52 个房间,独立卫浴、24 小时热水、空调、电视、网线,100 元 / 晚。兰寨驿站有 35 个床位,大多是 6~8 人间,上下铺,床位 35~50 元 / 晚。学生公寓,多为 4 人间,上下铺,设有会客厅、阳台和书房,床位价40~60 元 / 晚。

🎎 **民俗节庆:**

社圩舞火捞,又名舞火蓝、舞火捞,出于古代对火的崇拜,当地人开展祭火活动,习俗流传至今。每年农历初十是太平社圩的"舞火捞"节日,已经纳入广东省"非物质文化遗产"名录。

🎁 **风物:**

连滩酿豆腐,裹蒸粽,天堂狗肉,簕竹田螺。

 周边看点

光二大屋

位于郁南县连滩镇西坝石桥头村，被誉为"广东第一大屋"、"清代古堡"。建筑结构遵循堪舆学原则选址和确定朝向，分布对称，层次分明，灰雕、木雕、壁画做装饰，规模宏大，至今保存完好。

天池庵

位于连滩镇上桥村，景区以奇山灵庵和农业生态游为主题，主要景点有天池古庵、银簪探秘、观音坐莲、百鸟投林、望君夕照等。

张公庙

位于郁南连滩镇，张公指的是明代万历年间广东总兵张元勋，张公庙是保存较完好的明代建筑，具有浓厚的粤西地方风格，司时对研究瑶族史和风俗有重要价值。

秀参林祠堂非物质文化遗产展示馆

位于云浮郁南县。展馆对南江文化、地方风俗、手工艺制品和历史名人有丰富的展示和介绍，内容包括禾楼舞、连滩飘色、横经席的制作技艺、连滩山歌、张公庙会、斗画眉、南江婚俗、手指画、张元勋传说等。

供图机构 （排名不分先后）

广东省摄影家协会、江门摄影家协会、茂名摄影家协会、高州摄影家协会
惠州摄影家协会、揭阳摄影家协会、梅州摄影家协会
梅州市海金文化发展有限公司、500px社区广东部落、视觉中国集团
Fotoe图片库、汇图网

摄影师团队 （排名不分先后）

陈碧信	方 杰	徐小天	陈明辉	陈汉添	邓爱良	陈伟坚	冉玉杰
陈 冲	蓝远峰	邹梓轩	余志满	刘卫东	黄镜亮	阮 煜	邹碧雄
邓 飞	曹展溢	林建玲	刘世辉	钟亦武	黄山湖	罗 杨	袁隆斌
陈 哲	王浩洪	陈 瑜	蒋清刚	黄文俊	罗俊杰	吕毅鹏	欧伟平
黄 全	朱泽辉	潘 力	许心铭	刘开友	欧镜开	周忠明	欧镜晖
曹汉营	陈杰林	张 展	李渊深	邓健鹏	黄健源	黄晓帆	李驹荣
黄朔军	陈剑云	袁会香	陈镜波	范伟明	谢 悦	吴孝惠	刘伟杰
曾贤强	陈伟东	胡金辉	江应声	马 辉	张敏洁	林洁玲	杜 凡
李维照	郑创忠	谢佳佳	沈绵钺	林德强	周坤亮	蔡继伟	张周荣
黄奕锋	孙 实	邱爱军	谢林珊	黄进强	田 伟	黄 河	李 力
宋志锋	黄志辉	吕志伟	柯 大	颜国强	陈志辉	王海鹏	张 兵
梁伟龙	冯天华	利路发	丘远彬	梁发期	陈 迅	刘三根	胡 彪
王小舒	林旭军	龙全明	何发祥	黄庆衡	朱 明	谭宣伟	李阳桂
李 静	袁伟强	冼卓明	招力行	刘小强	李学东	李 劲	贾亦真
陈兆武	蓝汉明	杨昊宸	洛伟玲	冯永红	李向荣	梁文栋	李 泮
李善周	蓝 军	曾林欢	薛海丰	张应霖	胡晓雪		

特别感谢

刘开友　李 力　吴孝惠　谢杰伟　方 雄

撰稿团队

魏乃馨　郭佳灵　闫曦元　曹波宇　江 路　雷梦舒　方宁宇　孟 圆
刘梓秋　廖嘉星　娄逸飞

项目实习生

刘一丹　张 憬　任炳旭　潘晨霞　靳 艺

欢迎读者将意见、信息更新等建议发送至zhangting@cng.com.cn，以便再版时修正。

中国国家地理·图书

CHINESE NATIONAL GEOGRAPHY

焦点之外	小宇宙：微距摄影的童话世界	非洲的眼睛	丝绸之路

极致之美	看见台湾	再发现四川	发现内蒙古

摄影眼的培养 I	摄影眼的培养 II	摄影眼的培养：关键思维	如何街拍

看见·看不见	时代瞬间	这世界不会给你第二次机会	彩色的中国

投稿邮箱：cngbook@cng.com.cn